ZHONGGUO KANGRI ZHANZHENG SHI
JIANMING DUBEN

中国抗日战争史

简 明 读 本

《中国抗日战争史简明读本》编写组

人民出版社

《中国抗日战争史简明读本》编写组

主 编 支绍曾

副 主 编 刘庭华 贺新城

主要成员 （以姓氏笔画为序）

于兴卫 张从田 步 平 李 蓉 孟国祥

岳思平 柳茂坤 耿成宽 彭玉龙 潘泽庆

目　录

绪 论

中国抗日战争，是中国人民反抗日本军国主义侵略的正义战争，是世界反法西斯战争的重要组成部分和东方主战场，也是中国近代以来抗击外敌入侵第一次取得完全胜利的伟大的民族解放战争。

一、艰难曲折的十四年抗战

中国抗日战争以 1931 年九一八事变为起点，到 1945 年日本宣布无条件投降结束，经历了 14 年艰难曲折的斗争。14 年抗日战争是一个整体，前 6 年局部抗战主要发生在东北、华北及上海等地区，是整个抗日战争的先声和重要组成部分；后 8 年的全国抗战是前期局部抗战的延伸和发展，也是中国以举国之力全面抗击并最终战胜日本侵略者的决战。

1931 年 9 月至 1932 年 12 月是局部抗战的兴起阶段。1931 年 9 月 18 日，日本悍然发动九一八事变，迅速占领中国东北全境，并于次年 1 月 28 日在上海挑起一·二八事变，以配合和掩护日军在东北的侵略行动。面对日本的大规模侵略，作为执政党的国民党及其政府采取"攘外必先安内"的方针，先是在东北采取不抵抗政策，继而在一·二八淞沪抗战中妥协退让，致使日军轻易实现了侵占中国东北、炮制伪满洲国的企图，并迫使中国签订了屈辱的《淞沪停战协定》。在中日民族矛盾迅速上升和抗日救亡成为中国社会政治主题的情况下，中国共产党坚决反对"攘外必先安内"的误国政策，率先号召全国人民武装抗日，积极支持中国军民在各地的抵抗，直接参与、推动并主导了东北地区的抗日战争。

1933年1月至1937年7月是局部抗战的扩大和发展阶段。在此阶段，侵华日军按照既定步骤向内蒙古东部和华北地区进犯，并企图炮制第二个伪满洲国。面对日本侵略的步步扩大和全国抗日救亡运动的巨大压力，国民党政府在继续坚持"攘外必先安内"方针的同时组织了一定的抵抗，国民党一些抗日将领率领守军相继进行了长城、察哈尔和绥远抗战。在此阶段，中国共产党为推动局部抗战向全国抗战的转变，及时提出了建立抗日民族统一战线的重大政策主张，并在处理西安事变的关键时刻予以贯彻，为国共两党结束内战、走向合作抗日奠定了基础。

1937年7月至1938年10月是全国抗战的战略防御阶段。1937年7月7日，日本挑起七七事变（亦称"卢沟桥事变"），发动了全面侵华战争。中国在以国共合作为基础的抗日民族统一战线旗帜下，开始了决定中华民族前途命运的举国抗战。在此阶段，国民党军队在正面战场大规模阻击日军，以巨大的牺牲连续进行了淞沪、太原、徐州、武汉等会战，正面战场成为战略防御阶段抗击日军战略进攻的主战场。与此同时，中国共产党领导的武装力量义无反顾挺进抗日前线，积极开展对日作战，取得平型关等作战的胜利；继而深入敌后开展游击战争，逐步开辟了独当一面的敌后战场。敌后战场的开辟，使中国抗战形成了敌后和正面两个战场相互配合、夹击敌人的战略格局，粉碎了日军速战速决灭亡中国的图谋。

1938年10月至1943年7月是全国抗战的战略相持阶段。1938年10月武汉会战以后，日军因战线过长、兵力不足，被迫放弃速战速决企图，转而实行在正面战场保持压力，主力着重针对后方游击战争的长期战争战略。在此阶段，国民党对日抗战逐渐趋向消极，反共磨擦明显增多。而中国共产党始终高举抗日民族统一战线旗帜，坚持抗战、团结、进步的方针，在与国民党顽固派进行斗争的同时，竭力维护国共两党合作抗日的大局。中国共产党领导的抗日军民不断战胜日军主力的残酷进攻，使敌后战场的地位、作用显著上升，逐步成为全国抗战的主战场。1941 年 12 月太平洋战争爆发后，长期独立坚持的中国抗日战争继续发挥着反法西斯同盟国对日作战东方主战场的作用。

1943 年 7 月至 1945 年 9 月是全国抗战的战略反攻阶段。中国抗日战争的战略反攻，是在世界反法西斯战争发生根本转折和日军逐渐丧失战略主动权的形势下进行的。1943 年夏秋之际，中国共产党领导的八路军率先在华北敌后开始转入反攻作战，揭开了中国战场对日军局部反攻的序幕。随后，中国驻印军和中国远征军也在缅北、滇西地区发起反攻。为挽救失败的命运，1944 年春，日军在中国正面战场发动了旨在打通大陆交通线的"一号作战"。面对日军孤注一掷的进攻，国民党军接连失利，甚至发生溃败。在此期间，中国共产党领导的敌后解放区战场的局部反攻不断发展，解放了大片国土和人口，迫使日军向其占领区的点、线龟缩。中国抗战的局部反攻牢牢牵制了日本陆军主力，有力支援了盟军在其他战场的对日进攻。1945 年 8 月上旬，美国在日本投掷原子弹，苏联对日开战。中国共产党领导的解放区战场同时发起猛烈的全面反攻，战果辉煌。8 月15 日，日本接受《波茨坦公告》，宣布无条件投降。9 月 2 日，日本正式签字投降。

在这场历时 14 年的抗日战争中，中国人民不仅收复了九一八事变后被日本强占的所有失地，而且光复了甲午战争时被日本掠夺的全部国土，一举洗雪了遭受日本野蛮侵略的奇耻大辱。为了世代铭记这场伟大的抗日战争，9 月 3 日被确定为中国人民抗日战争胜利纪念日。

二、中华民族由衰败走向复兴的重大转折

抗日战争是中国近代最重大的历史事件之一，是中华民族由衰败走向复兴的一个重大转折点。回望屈辱和悲壮的中国近代史，鸦片战争后的百年间，世界列强几乎都参与了对中国的侵略和掠夺。尽管中国人民进行过一次又一次抵抗，但没有一次战争不是以中国失败而结束的。抗日战争则不同，亿万中华儿女逐步凝聚起来、团结起来，形成举国御侮的伟大力量，最终赢得了近代以来民族解放战争的第一次完全胜利。

其一，抗日战争是一场促进民族觉醒和团结的战争。近代中国反抗帝国主义列强的侵略，经历了漫长而曲折的斗争。抗日战争更是以前所未有的气势震撼着全体中华儿女的心灵，激发起全国人民团结御侮的巨大能量，彰显出气贯长虹的以爱国主义为核心的抗战精神。这种伟大的民族觉醒和空前的民族团结，比近代以来中国人民进行的历次抗争都表现得更强烈、更广泛，从根本上决定了战争的进程和结局。抗日战争的伟大胜利，改变了中国自近代以来饱受帝国主义列强欺凌的屈辱地位，一扫近百年屡战屡败的悲观阴霾，鼓舞着中国人民走出灰暗的历史低谷，重新找回民族的自尊与自信。中华民族的觉醒和团结，不但是战胜日本侵略者的力量支撑，更是实现民族复兴的不竭动力，是中华民族弥足珍贵的精神财富。

其二，抗日战争是一场改变国家命运的战争。从鸦片战争到抗日战争之前，中国在世界上是一个饱受列强欺压的对象，不要说在国际事务中发挥重要作用，就连起码的平等对话的资格都没有。一个屡战屡败的民族，可能赢得同情，但不可能赢得尊重。抗日战争为争取中华民族独立和解放创造了历史机遇。中国的抗日战争为世界反法西斯战争作出巨大贡献，中国获得国际社会的尊重，国际地位也随之提高。中国初步废除了各国通过对华不平等条约攫取的许多特权，使一

个世纪以来世界列强强加给中国的不平等条约体系开始崩溃，重新确立了世界大国地位。

其三，抗日战争是一场推动中国新民主主义革命历史进程的战争。这场战争不仅是争取独立和解放的民族战争，而且是追求民主与进步的深刻社会变革。在抗日战争中，作为中国两大政治力量的国民党和共产党合作抗日，共赴国难，创造了团结御侮的光辉业绩。但以蒋介石为首的国民党统治集团，实行单纯依靠政府和军队的片面抗战路线，不敢放手发动群众，不肯放弃反共政策，特别是到全国抗战后期，不断强化独裁统治，逐渐失去了民心。而以毛泽东为代表的中国共产党人，从中国广大民众的根本利益出发，动员、组织和武装人民群众，实行全面全民族的抗战路线，得到了广大群众和各民主党派、无党派爱国人士的拥护和支持。经过抗日战争的洗礼，中国社会政治力量的对比发生了重大改变，为新中国建立和中华民族伟大复兴奠定了坚实的政治基础和群众基础。

三、世界反法西斯战争的东方主战场

中国抗日战争是世界反法西斯战争的重要组成部分，中国战场是世界反法西斯战争的东方主战场。在这场正义与邪恶、光明与黑暗的殊死搏斗中，中国人民和世界反法西斯力量结成国际同盟，相互支援、相互配合，终于打败了侵略者。毛泽东曾经指出："我们的敌人是世界性的敌人，中国的抗战是世界性的抗战"。① 在这场关乎世界和平、人类命运的世界反法西斯战争中，中国抗日战争开始时间最早，持续时间最长，抗击和消灭日军最多，付出代价最大，对彻底战胜日本法西斯起到了决定性作用。

---

① 《毛泽东文集》第二卷，人民出版社1993年版，第146页。

第一，中国首先揭开了世界反法西斯战争的序幕。日、德、意法西斯发动的第二次世界大战，是在东、西方分别酝酿，通过发动一系列局部战争逐步演变而成的。日本率先发动侵略中国东北的九一八事变，点燃了世界法西斯对外侵略战争的第一把战火，打破了第一次世界大战后欧美列强确立的凡尔赛—华盛顿体系，在世界东方形成第一个战争策源地。其后，德、意两国又在西方形成战争策源地。德、日、意法西斯结为同盟，成为世界人民共同的最危险的敌人。当西方主要国家对日本的侵略行动实行妥协纵容政策时，中国人民高举反法西斯侵略的旗帜，奋起抵抗，打响了反法西斯战争的第一枪，揭开了世界反法西斯战争的序幕。至 1939 年 9 月战争在欧洲爆发时，中国已独立进行了 8 年的抗战；至 1941 年 12 月太平洋战争爆发时，中国独立抗战则已持续了 10 年之久。

第二，中国开辟了世界反法西斯战争的东方主战场。1937 年，日本发动七七事变，开始了以灭亡全中国为目标的全面侵华战争。中国人民展开全国性抗日战争，在世界东方首先开辟了大规模反法西斯战场。在日本战略进攻、中国战略防御期间，中日双方投入总兵力达 400 余万人，战线长达 1800 多公里，战火遍及中国 10 多个省区，战区面积约 160 万平方公里，被卷入战争的中国人口达 4 亿之多。中日战争的全面爆发，是法西斯与反法西斯的矛盾开始上升为世界主要矛盾的表现，它对世界产生了牵动全局乃至改变格局的影响，实际上已成为第二次世界大战的起点。中国人民持续进行了 8 年全国抗战，直至第二次世界大战最后结束。

第三，中国始终抗击和牵制着日本陆军主力，制约着日本的"北进"和"南进"，保障了同盟国"先欧后亚"大战略的实施。在反法西斯的第二次世界大战中，中国战场抗击和牵制了日本 2/3 以上的陆军兵力和部分海空军事力量，牢牢地捆住日本法西斯的手脚，使其陷入长期战争的泥潭而不能自拔。中国的持久抗战，遏止了日本侵犯西伯利亚的北进计划，使苏联得以避免两线作战；牵制和推迟了日本进攻南洋的南进步伐，致使日军被迫背着中国战场的沉重包袱南进，从而粉碎了日本与德、意法西斯东西对进、称霸全球的战略图谋。中国还派出远征军开赴缅甸，与盟军共同对日作战。作为亚太地区盟军对日作战的重要战略基地，中国为同盟国提供了大量战略物资和军事情报，在人力、物力、财力上支援了同盟国的反法西斯斗争。

中国的持久抗战不但为苏、美、英等反法西斯国家赢得了宝贵的战争准备时间，而且为保证同盟国实施"先欧后亚"大战略起了重要作用。苏联元帅崔可夫说过："在我们最艰苦的战争年代里日本也没有进攻苏联，却把中国淹没在血泊中，稍微尊重客观事实的人都不能不考虑到这一明显而无可争辩的事实。"①美国总统罗斯福在1942年说过一段话："假如没有中国，假如中国被打坍了，你想一想有多少师团的日本兵可以因此调到其他方面来作战？他们可以马上打下澳洲，打下印度——他们可以毫不费力地把这些地方打下来。他们并且可以一直冲向中东"，"日本可以和德国配合起来，举行一个大规模的夹攻，在近东会师，把俄国完全隔离起来，割吞埃及，斩断通过地中海的一切交通线"。②英国首相丘吉尔也说过，如果"中国一崩溃，至少会使（日军）十五个师团，也许有二十个师团腾出手来。其后，大举进犯印度，就确实可能了"。③

第四，中国积极倡导和推动了世界反法西斯统一战线的建立，并为创建联合国作出了历史性的贡献。世界反法西斯战争是一场国际性的战争，建立广泛的世界反法西斯统一战线，是战胜德、日、意侵略者的重要保证。中国不但在世界东方率先建成抗日民族统一战线，而

---

① ［苏］瓦·伊·崔可夫：《在华使命——一个军事顾问的笔记》，新华出版社1980年版，第38页。
② ［美］伊利奥·罗斯福：《罗斯福见闻秘录》，新群出版社1951年版，第49页。
③ ［英］温斯顿·丘吉尔：《第二次世界大战回忆录》第4卷，商务印书馆1975年版，第266页。

且为建立国际反法西斯统一战线进行了长期不懈的努力。当日本发动太平洋战争、第二次世界大战扩大到全球范围时，中国主动加强与美、英、苏等同盟国的战略协调，促成国际反法西斯统一战线的正式建立，并与同盟国并肩战斗，为最后取得战争胜利创造了有利条件。战争后期，中国又参与联合国的创建，成为联合国安全理事会 5 个常任理事国之一，为彻底打败法西斯发挥了重大作用。

四、全民族团结抗战的中流砥柱

中国抗日战争，是一场全民族共同奋起御侮的人民战争。在中国共产党倡导的以国共合作为基础的抗日民族统一战线旗帜下，全国各民族、各阶级、各党派、各社会团体、各界爱国人士、港澳台同胞和海外侨胞，同仇敌忾，共赴国难，都为取得这场战争的胜利作出了重要贡献。

中国共产党作为中华民族解放的先锋队，先后提出一系列重大思想理论和方针政策，创造性地回答了决定抗日战争成败的根本性、战略性问题，开辟了广大的敌后战场，支撑起全民族救亡图存的希望，成为坚持持久抗战、夺取抗战胜利的中流砥柱。

一是积极倡导建立并坚决维护抗日民族统一战线，凝聚全民族的力量共御外侮。从鸦片战争开始，几代中华儿女前仆后继抗击外敌入侵，但始终不能集全民族之力共同御侮，摆脱不了一盘散沙、屡战屡败的命运。正如毛泽东所说："日本敢于欺负我们，主要的原因在于中国民众的无组织状态。"[①]九一八事变后，中国共产党作为最具政治组织力的先进政党，率先提出武装抗日和建立抗日民族统一战线的主张；全力促成西安事变的和平解决，推动了全国抗日民族统一战线的

---

① 《毛泽东选集》第二卷，人民出版社 1991 年版，第 511 页。

初步建立。全国抗战爆发后，中国共产党继续不懈努力，促成了抗日民族统一战线的正式建立，实现了近代以来不曾有过的全民族共同抗敌的崭新局面。无论条件多么艰苦、形势多么险恶、战争多么残酷，中国共产党始终都是抗日民族统一战线的坚定维护者。

二是明确提出并坚持实行全面全民族的抗战路线和持久战的战略总方针，实行以弱胜强的战争指导。中国作为半殖民地半封建的弱国，要战胜日本帝国主义强国，必须实行一条弱国打败强国的战争指导方略。全国抗战爆发后，中国共产党就提出了彻底战胜日本侵略者的十大救国纲领，并完整系统地提出了实行全面全民族的抗战路线和持久战的战略总方针。毛泽东在《论持久战》这篇纲领性文献中，科学分析了所处时代和中日双方的特点，揭示了抗日战争的发展规律，以极富前瞻性的战略眼光，勾画出全国持久抗战发展演变的 3 个阶段，阐述了中国在战略相持阶段转弱为强、准备反攻的重要意义，并且指明最后胜利属于中国的光明前景。其光辉思想，指引全国军民最大限度地动员、武装起来，陷敌于人民战争的汪洋大海之中。

三是开辟和发展敌后战场，开展游击战争，创造有利于全国抗战的战略格局。中国抗日战争是弱者同强者的较量。基于对中日双方优劣短长的科学分析，中国共产党实行战略创新，把抗日游击战争提高到战略地位，制定了一整套开辟敌后战场、开展游击战争的纲领、原则和方针。中国共产党领导的抗日武装，开辟了华北、华中、华南和东北四大敌后战场，把敌人的后方变成抗日的前线。敌后战场与正面战场相互策应，构成了中国抗日战争两个战场的战略格局。中国共产党领导的敌后军民，独立自主地开展游击战争，实行人民战争的战略战术，有效地牵制和歼灭了大量日军，抗击了几乎全部伪军。人民抗日武装在战争中赢得群众的极大拥护，不断发展壮大，逐渐成为坚持抗战的主力军。广阔的敌后战场，逐渐上升为中国抗战的主战场。大规模的敌后游击战争，在持久抗战中发挥了重大的战略作用。

　　四是创建抗日民主根据地，打造争取抗战最后胜利的战略基地。抗日根据地是游击战争赖以执行自己的战略任务，达到保存和发展自己、消灭和驱逐敌人目的的战略基地，是敌后抗战的基本依托。中国共产党及其领导的抗日武装在开辟敌后战场、发展抗日游击战争的过程中，在全国创建了许多抗日根据地。在各抗日根据地，实行了一整套抗日民主的方针政策，开展了调整生产关系、促进生产力发展的各项社会改革，尤其进行了新民主主义的政治、经济和文化建设，提高了广大群众抗战和生产的积极性。因此，抗日根据地不仅成为游击战争最能长期支持的坚强阵地和全国抗战的重要堡垒，而且成为抗日民主建设的典范，并为建立新中国提供了丰富借鉴。

　　五是充分发挥共产党人的表率作用，以崇高精神和模范行动鼓舞全国人民的抗战意志和必胜信念。中国抗日战争是一场长期、艰苦、复杂的民族解放战争。中国共产党始终把号召、带领和团结全国人民共同抗战视为崇高的使命，并且身体力行，充分发挥先锋和模范作用。中共中央所在地延安作为敌后抗战的大本营和指导中心，是广大进步人士和革命青年向往的革命圣地。在抗日各条战线上，无数共产党人用鲜血和生命铸就不朽的民族之魂，表现出不屈不挠的战斗意志，并强有力地感染和激励着全国人民的抗战热情和斗志，从而赢得了人民群众的信赖和拥护。

　　伟大的中国抗日战争，充分显示了中华民族有同侵略者血战到底的气概，有在自力更生的基础上光复旧物的决心，有自立于世界民族之林的能力；是中国人民近代以来争取独立自由史册上可歌可泣的一页，是中华民族历史发展进程中饱经沧桑的一章。

第一章 日本发动侵华战争，中国局部抗战揭开世界反法西斯战争序幕

日本侵略者为了实现征服中国，进而称霸亚洲和世界的战略目标，于1931年在沈阳制造九一八事变，并迅速侵占中国东北，率先点燃了侵略的战火。中国人民为反抗日本侵略，冲破国民党政府不抵抗政策的束缚，展开英勇的局部抗战，开启了历时14年的抗日战争，并揭开了世界反法西斯战争的序幕。

一、日本军国主义与东方战争策源地的形成

近代军国主义是日本发动侵华战争的总祸根，灭亡中国是日本军国主义的既定国策。

19世纪中叶以前，日本是一个比较封闭、落后的封建主义国家。自1853年日本闭关锁国的大门被欧美列强砸开后，倒幕维新派于1868年推翻德川幕府，建立了以明治天皇为中心、由下级武士掌权的地主资产阶级维新政府。新的天皇制政权，实行明治维新，迅速开始了日本的资本主义近代化进程。但由于明治维新是一次不彻底的资产阶级变革，在政治、经济和社会各个方面都保留了较多的封建因素。这样，资本主义的掠夺性和封建主义的专制性相结合的近代军国主义，便逐渐滋生和繁衍开来，使日本成为世界上最典型的军国主义国家。其显著特征是对内实行法西斯独裁，对外推行穷兵黩武的侵略

扩张政策。

日本近代军国主义在实行资本主义近代化的进程中，逐渐形成了对近邻朝鲜、中国等亚洲国家侵略扩张的大陆政策。在大陆政策指导下，日本自明治维新以后到九一八事变前，曾多次发动和参加侵华战争及侵华行动，其过程大体分为4个阶段：

第一阶段，开启武力侵华。根据明治初年提出的"开拓万里波涛，布国威于四方"的对外战略方针，日本于1874年借口琉球漂流民在台南遇难事件，发兵入侵台湾，与清政府签订"北京专条"，并从中国勒索白银50万两，这成为日本侵略中国领土的开端。1875年，日本又将侵略矛头指向中国藩属国琉球。次年，日本派军舰攻击朝鲜江华岛，迫使朝鲜接受不平等条约。1879年，日本强占琉球，将其改为冲绳县。日本的这些侵略行动，扫清了这个岛国周边的障碍，取得了向大陆扩张的基地。

第二阶段，扩大对华侵略。1890年3月，日本首相山县有朋在上奏明治天皇的《外交政论略》中，提出了"二线说"，即主权线和利益线。他把日本疆土称为"主权线"，把朝鲜、中国等国疆土视为日本的"利益线"。他认为："方今立于列国之际，要维持国家之独立，仅仅防守主权线，业已不足，必须进而防护利益线"。[①] 同年12月，山县有朋在帝国议会上发表"施政方针"演说，反复强调"二线说"及其对外扩张构想，大肆鼓吹扩军备战。以此为标志，日本的大陆政策正式形成。

此后，日本加快了侵略中国的步伐。1894年至1895年，日本发动了中日甲午战争，迫使战败的清政府签订《马关条约》，攫取了对朝鲜的宗主权，侵占了中国的台湾和澎湖列岛，索取赔款白银2.315亿两（含0.3亿两"赎辽费"），约为日本1895年全年财政收入的4倍多。此外，日本通过多次侵略战争掠夺了大量财物，这些都为日本

---

① ［日］大山梓：《山县有朋意见书》，原书房1966年版，第196—197页。

经济发展积累了原始资本，加速了日本资本主义近代化的进程，也大大刺激了日本对外侵略扩张的欲望，使其大陆政策进一步强化，并跻身侵华强国的行列。甲午战争后，日本开启了大规模的资本输出，强化了对华的经济侵略。

第三阶段，参与列强瓜分中国。甲午战争的另一个恶果，就是引发了帝国主义列强瓜分中国的狂潮。1897年至1899年，除美国要求中国实施"门户开放"外，德、俄、英、法等国分别在山东、辽宁、广东、广西和云南等省划分势力范围。日本则把台湾对岸的福建省划为自己的势力范围，迫使清政府宣布"不将福建省内各地让与或租与他国"。1900年，英、法、德、美、日、俄、意、奥组成八国联军，攻占中国北京、天津等地，残酷镇压中国人民的反帝爱国斗争，强迫清政府签订《辛丑条约》。八国联军侵华的总兵力是3万多人，日军兵力达2万多人。日本是出兵最多的国家，充当了侵华的急先锋。日本从中国4.5亿两白银的总赔款中，分得3479万两，并取得在中国北京、天津等心脏地区的驻兵权。

日本在侵华战争中掠夺的不义之财，大部用于扩充陆、海军等军费开支及发展军事基础工业，不断扩大对外侵略扩张的实力。1904年至1905年，在英国配合下，日本与沙皇俄国在中国东北进行了一场争夺远东霸权的战争。作为战胜国，日本从俄国手中夺得了对中国旅顺、大连以及东北南部的控制权，获得了在中国东北的支配地位。从此，日本成为军事垄断与经济垄断相结合的军事封建性帝国主义国家，变本加厉地推行对外侵略扩张政策。1910年，日本正式吞并朝鲜。

1911年，中国辛亥革命爆发后，日本派出两艘军舰到旅顺巡弋，并策划出兵东北，阴谋分裂中国，乘机扩大在华权益。1913年，日本取得在中国东北的铁路修筑权，把它的势力伸到了内蒙古东部。1914年8月，日本以参加第一次世界大战为名，出兵中国山东，夺取了德国在山东的特权。1915年1月，日本利用欧美列强忙于欧战、无暇东顾之机，向中国的袁世凯政府提出了旨在独占中国的"二十一条"。由于中国人民的强烈反对，加之西方列强重返亚洲同日本争夺在华权益，已签字的"二十一条"被宣布无效。

第一次世界大战后，英、法、美等战胜国先后在巴黎和华盛顿召开会议，签署了一系列条约，构成了凡尔赛——华盛顿体系的国际战略格局。其中，1921年至1922年华盛顿会议所通过的九国公约等决议，重申"门户开放，机会均等"，使中国又回到被几个帝国主义国家共同支配的局面。日本独霸中国的野心受到遏制，作为战胜国，它对此并不甘心。

第四阶段，企图独占中国。第一次世界大战后，日本法西斯随着意大利和德国等国际法西斯的泛滥而迅速崛起。20世纪20年代，日本军内法西斯先后形成了以永田铁山、冈村宁次、东条英机等人为骨干的军内幕僚"革新派"和以陆军士官生西田税为首的基层军官"革新派"。军内"革新派"的出现，表明日本军部①法西斯正式形成。由于日本军部是近代天皇制的核心和军国主义的大本营，军部法西斯形成后便成为日本法西斯运动的主角。

日本法西斯形成后，极力煽动侵华战争狂热，通过各种渠道影响日本国策。1927年4月，田中义一内阁上台后，一方面借口保护侨民，出兵山东，阻止中国国民革命军北伐；另一方面召开东方会议，制定加速侵略中国的《对华政策纲领》。6月27日至7月7日，日本首相兼外相田中义一在东京主持召开了东方会议，主要讨论侵华问题。会后，田中义一根据会议精神起草了《帝国对满蒙②之积极根本政策》，并于7月25日上奏裕仁天皇，这就是臭名昭著的《田中奏折》。该

---

① 军部，指日本最高军事当局，包括陆军省、海军省和陆军参谋本部、海军军令部等，独立于政府和议会之外，直接对天皇负责。

② 满蒙，日本把中国东北辽宁、吉林、黑龙江三省和内蒙古东部等地区称为满蒙。

《奏折》宣称："惟欲征服支那，必先征服满蒙，如欲征服世界，必先征服支那。倘支那完全可被我国征服，其他如小中亚细亚及印度、南洋等异服之民族，必畏我敬我而降于我。使世界知东亚为我国之东亚，永不敢向我侵犯，此乃明治大帝之遗策，是亦我日本帝国之存立上必要之事也。"该《奏折》强调：日本要控制亚洲大陆，掌握满蒙利权是"第一大关键也"。[①]

东方会议和《田中奏折》，继承和发展了日本自明治维新以来所奉行的大陆政策。《田中奏折》露骨地表明了先攫取满蒙，再占领整个中国，进而吞并亚洲、称霸世界的狂妄野心构想，成为 20 世纪三四十年代日本军国主义对外发动侵略战争的总纲领。

1927 年，日本内阁召开东方会议，制定侵华政策。图中右 3 为时任日本首相兼外相田中义一。

---

①　复旦大学历史系中国近代史教研组编：《中国近代对外关系史资料选辑（1840—1949）》下卷第一分册，上海人民出版社 1977 年版，第 143、144 页。

东方会议后，日本加紧了攫取中国东北权益的步伐。1928年6月，日本关东军制造皇姑屯事件，炸死不愿俯首听命的奉系军阀张作霖，企图乘机出兵占领中国东北，建立伪政权。以张学良为首的东北当局妥善处理了这一事件，日本关东军的阴谋化为泡影。

1930年9月，日本军内最大的法西斯组织樱会成立，得到陆军省大臣宇垣一成、陆军省次官杉山元、军务局局长小矶国昭，参谋本部次长二宫治重、第二部部长建川美次等军部上层将领的支持。日本法西斯正式登上政治舞台，意味着日本新的侵华战争的临近。

日本军国主义及其大陆政策的形成与发展，表明日本不仅要发动独霸中国的大规模战争，而且正在成为发动法西斯侵略的战争策源地。

二、日本发动九一八事变，挑起局部侵华战争

1. 日本发动九一八事变与侵占中国东北

日本自发动甲午战争后，从中国东北获得了巨大的政治、经济和军事利益，已把中国东北视为生命线。东三省保安总司令张学良在东北易帜、宣布服从南京国民政府后，积极发展东北经济，并得到英美等列强的支持。这引起了日本尤其是军部的恐慌和反对，他们叫嚷：中国开港筑路侵犯了日本"在满蒙的特殊利益"，到了下决心"解决满蒙问题"的时候了。

1930年，席卷资本主义世界的经济危机波及日本，国内阶级矛盾加剧，社会动荡。同时，日本从中国东北攫取的经济利益急剧减少，它在东北最大的企业"满铁"的收益，也比1929年减少了一半。1931年1月，"满铁"前副总裁松冈洋右宣称："满蒙问题是关系到我国生死存亡的问题，是我国的生命线"，"要牢牢确保和死守"。[①]3月，

---

① ［日］历史学研究会：《太平洋战争史1·满洲事变》，青木书店1971年版，第247页。

日本关东军高级参谋板垣征四郎公然声称："满蒙是帝国国防的第一线"，"如果单纯地使用外交的和平手段，归根结底是不可能达到解决满蒙问题的目的的"。①

此时，日本法西斯势力认为：英、法、美等西方大国由于忙于应付国内的经济危机，无暇顾及远东问题；"中国忙于内乱，对满洲问题尚无反弹力量"；"即使进击北满，苏联也不会采取行动，国际联盟也没有实力干涉满洲事态"，侵略中国东北的客观条件已基本成熟。因此，日本决定使用武力攻占中国东北。

为入侵中国东北，日军进行了一系列的策划和准备。其中包括：侦察地形，拟订作战计划；调兵遣将，加紧军事部署；频繁挑衅，制造各种借口；利用万宝山事件②和中村事件③，狂热煽动侵华战争。

1931 年 9 月 18 日 22 时 20 分，日本关东军按照预定计划，炸毁了沈阳北郊柳条湖附近南满铁路的一段路轨，反诬是中国军队所为。继而以此为借口，迅速以独立守备队一部攻击东北军独立第 7 旅驻地北大营，并以第 2 师团一部进攻沈阳城。九一八事变爆发。

9 月 19 日晨，关东军攻占北大营，占领沈阳城，然后向沈阳以北和东南两个方向进攻。至 9 月 25 日，关东军侵占辽宁、吉林两省大部，占领了长春、吉林等 30 余座城市和 12 条铁路。

10 月 3 日，关东军以辽、吉两省为基地，开始向黑龙江省省会齐齐哈尔方向进攻，于 11 月 19 日占领齐齐哈尔。1932 年 1 月 3 日，

---

① [日]《现代史资料 7·满洲事变》，美铃书房 1964 年版，第 140、144 页。
② 万宝山事件：1931 年年初，经日本人策划，长农稻田公司经理、汉奸郝永德承租长春北郊万宝山村生荒熟地 500 余垧。随后，他擅自将地转租给朝鲜人，开沟挖渠，引水灌溉，使附近中国农民耕地受害，造成损失，引起双方纠纷。7 月 2 日，日本领事馆乘机出动口警，抓捕中国农民，当中国民众往回抢人时，竟向人群开枪。万宝山事件发生后，日本在其国内和朝鲜制造反华排华声浪。
③ 中村事件：日军参谋本部现役大尉中村震太郎等 4 人，伪装成农业专家，于 1931 年 6 月间潜入大兴安岭索伦山一带刺探军事情报，被中国驻军捕杀。日本以此为借口发出战争叫嚣，并增兵南满。

1931 年，日本发动九一八事变。图为侵华日军在沈阳城垣上向城内射击。

日军占领锦州。

1 月 8 日，日本天皇裕仁颁布敕语，赞扬关东军"果断神速，以寡克众"，并"嘉奖其忠烈"；[①] 日本贵族院、众议院也分别通过决议，对日军侵华的"功勋"，致以最大的"敬意"。这一事实雄辩地证明，侵略中国东北是日本统治集团的共同意志，而天皇则是日军发动侵华战争的最大怂恿者和支持者。

关东军占领锦州和辽西后继续北上，于 2 月 5 日占领哈尔滨。至此，东北三省全部沦陷。

日本此举是第一次世界大战后首次以武力重新瓜分世界的重大行动，它开始打破凡尔赛—华盛顿体系所确立的世界秩序，标志着东方战争策源地的正式形成。

2. 蒋介石的不抵抗政策与英美的不干涉政策

日本发动九一八事变，在短短的 4 个月零 18 天内，就击败了近 20

---

① ［日］《现代史资料 7·满洲事变》，美铃书房 1964 年版，第 337 页。

万中国东北军，占领了 3 倍于日本领土的东北广大地区，世界为之震惊。日本军国主义之所以能够如此轻而易举地实现其狂妄野心，最重要的原因是以蒋介石为首的国民党政府采取了对日不抵抗政策。早在 1927 年 11 月，蒋介石在访问日本时，就曾与日本首相田中义一达成协议，承认日本在满洲的特殊权益，并表示坚决反共到底，以换取对方的支持和援助。1928 年 5 月，当日本入侵山东时，蒋介石提出"决取不抵抗主义"。[①] 1931 年七八月间，蒋介石连续致电张学良，要求对日军挑衅采取不抵抗政策，在 8 月 16 日的电报中更指明："无论日本军队此后如何在东北寻衅，我方应不予抵抗，力避冲突，吾兄万勿逞一时之愤，置国家民族于不顾"。[②] 9 月 22 日，当日军占领辽宁、吉林两省大部地区后，蒋介石还在南京发表演说，要"国民此刻必须上下一致，先以公理对强权，以和平对野蛮，忍痛含愤，暂取逆来顺受的态度，静待国际公理之判断"。[③] 正是由于张学良忠实贯彻蒋介石的不抵抗政策，一方面解除了东北军的思想武装，另一方面对日本发动军事进攻的战略意图严重误判，当事变发生后又缺乏有力的指挥，导致东北军大多不战自溃。

蒋介石之所以对日本侵略采取不抵抗政策，其基本理由就是认为中国共产党是主要敌人，而日本则是次要敌人，因此"攘外必先安内"。九一八事变前夕，他宣称："惟攘外应先安内……不先消灭赤匪……则不能御侮"。[④] 九一八事变发生后，蒋介石仍顽固坚持"攘外必先安内"的方针，他认定"外寇不足虑，内匪实为心腹之患"，故应"先清内匪"再言抗日，[⑤] 并亲自坐镇江西指挥"围剿"中央红

---

① 蒋介石日记，1928 年 5 月 10 日。
② 王芸生：《六十年来中国与日本》第 8 卷，生活·读书·新知三联书店 1982 年版，第 236 页。
③ 李云汉编：《九一八史料》，（台湾）正中书局 1977 年版，第 322 页。
④ ［日］古屋奎二：《蒋总统秘录》第 7 册，（台湾）中央日报社 1976 年译印，第 185 页。
⑤ 秦孝仪主编：《中华民国重要史料初编——对日抗战时期》绪编（3），中国国民党中央委员会党史委员会 1981 年版，第 35 页。

军，而坐视东北大好河山沦入敌手。

蒋介石对日实行不抵抗政策的另一个重要原因，就是把遏制日本侵略的希望寄托于英美等列强的出面干涉，幻想依赖国际联盟压迫日本撤兵，与日本达成某种妥协。

1931年9月21日，国民党政府就九一八事变向国联提出申诉，并"要求国人镇静忍耐"，"信赖国联公理处断"。[①] 但是，英、法、美等西方大国政府和国际组织，并非如蒋介石国民党政府所愿，而是从各自的国家和集团利益出发，对日本采取了纵容姑息和妥协退让的政策。

九一八事变后，美国政府虽对日本独占东北不满，曾宣布"不承认主义"，但并无任何反对日本侵略扩张的实际行动。英国的对华政策是维持现状，只要日本的侵略不妨碍其在中国长江流域和华南地区的利益，也不愿得罪日本。法国也采取了与英国大体相同的立场。美英还照样供应日本军火，法国则向日本贷款8亿法郎。西方列强采取的这些绥靖政策，大大助长了日本侵略者的嚣张气焰。

在英法等国操纵下的国联，一开始就把九一八事变看成是中日冲突事件，不分是非曲直，只是劝告中日双方撤兵。随后，虽然国联作出要求日本限期撤军的决议，但日军置之不理，照样向东北全境进攻，国联也无可奈何。列强对日本独霸东北并不甘心。在中国代表一再要求下，国联于1932年1月派出以英国前代理印度总督李顿为首的5国代表组成的调查团，前往东北进行实地调查，并于10月2日公布了《国联调查团报告书》。《报告书》总的倾向是牺牲中国，姑息日本的侵略行为。正如李顿后来在伦敦的演说中所说："现在的问题不是在怎样强迫日本撤出满洲，而是在造成容许日本能够留在满洲

---

① 秦孝仪主编：《中华民国重要史料初编——对日抗战时期》绪编（1），中国国民党中央委员会党史委员会1981年版，第281页。

的条件。"①1933 年 2 月 24 日，国联大会通过决议，声明对伪满洲国不给予事实上或法律上的承认，但未采取任何制裁日本的措施。受到西方绥靖政策鼓励的日本，却以侵占中国热河和宣布退出国联的行动，表明了它坚持侵略扩张政策的决心。西方大国与国联的姑息退让态度，并未能阻止日本对中国东北的侵略，也使国民党政府依赖欧美列强和国际联盟遏制日本侵略的期望落空。

3. 日本炮制伪满洲国与实行殖民统治

为混淆国际视听，掩盖侵略行径，达到长期占领中国东北的目的，九一八事变后的第 4 天，日本就决定炮制伪满洲国。

为加快炮制伪满洲国的速度，日本关东军首先拼凑了以臧式毅、熙洽、张景惠等人为首的辽宁、吉林、黑龙江和东三省特别区伪政权，并宣布其"独立"，为伪满洲国出笼打下基础。与此同时，关东军利用隐居在天津的清废帝爱新觉罗·溥仪梦想复辟帝制的欲望，派奉天特务机关长土肥原贤二到天津，诓骗和引诱溥仪去东北重新"登基"。在日本的压力和引诱下，溥仪于 1931 年 11 月 18 日秘密抵达旅顺。

通过上述活动，日本认为建立伪满洲国的条件已经成熟，应抢在国联调查团到来之前成立伪满洲国，以蒙骗世界各国。1932 年 1 月 6 日，日本的陆军省、海军省、外务省共同制定了《中国问题处理方针纲要》，指出："满蒙应从中国主权下分离出来，作为一个独立政权的统治地区，并逐渐形成一个国家"。"满蒙对外防卫，主要由日本帝国担任，要把满蒙作为对俄、对华作战的第一线"。②2 月 25 日，经日本内阁和军部同意，规定伪满洲国"国家元首"为"执政"，年

---

① ［苏］赛沃其奇维诺夫：《美国在远东战争策源地形成中的积极作用》，世界知识出版社 1957 年版，第 114—115 页。
② ［日］《现代史资料 7·满洲事变》，美铃书房 1964 年版，第 343 页。

号"大同","定都"长春，改称"新京"，其所划定的地域包括辽宁、吉林、黑龙江和热河①省及呼伦贝尔、哲里木、昭乌达、卓索各盟。29日，日本决定溥仪为伪满洲国"执政"。3月1日，伪满洲国正式成立。3月9日，举行溥仪"就职典礼"。

9月15日，日本宣布正式承认"满洲国"，双方在长春签订了《日满议定书》，以所谓条约的形式确认了日本在中国东北的军事、政治和经济上的控制权。1934年3月，"满洲国"更名为"满洲帝国"，溥仪由"执政"改当"皇帝"，年号改为"康德"。溥仪终以出卖主权为代价，当上了"儿皇帝"。

伪满洲国成立后，日本在中国东北开始了长达14年的殖民统治。

日本对中国东北的殖民统治，主要是以伪满洲国的名义进行的。日本虽然在形式上给伪满洲国披上了"独立国家"的外衣，但实际上对其进行严格的控制和操纵，使其沦为日本在东北实行法西斯专政的工具。这种统治主要由关东军来实施，关东军司令官是伪满洲国的"太上皇"。

日本制定了包括"国体"、军队、经济、财政、交通、教育和司法等14个方面的政策，以保证关东军对伪满政权的控制和操纵。为了落实这些政策，日本主要采取了四项组织措施：一是由关东军司令官兼任驻伪满洲国"大使"，废除关东厅，在东北实行以关东军为中心的军事统治；二是向伪满各级政权机构派遣日本官吏或顾问进行严厉控制，并不断加大日本官吏比例；三是在伪满"皇帝"身边派出常驻代表，指导溥仪按照日本的腔调演傀儡戏；四是利用总务厅、次长制等，直接或间接控制伪满"国务院"及其所属各部的权力。

---

① 热河，旧省名。1928年设省，辖今河北省东北部、辽宁省西南部、内蒙古自治区东南部。1955年撤销。

由日本关东军控制，伪满政权建立了庞大的军队、警察、宪兵和特务系统，以配合关东军"讨伐"抗日游击队、迫害抗日志士、镇压抗日群众；颁布了一系列伪法令，诸如"治安维持法""治安警察法""时局特别法""暂时保甲法""枪炮取缔暂行条例"和"思想矫正法"等，赋予军、警、宪、特以特权。

关东军通过官办的汉奸组织"协和会"，配合日伪军警维持"治安"和奴役民众，对青壮年进行法西斯训练，控制各种群众团体的活动，并把反共作为"国民运动"来推行。

关东军在中国东北建立细菌部队，实验、制造和使用细菌武器，屠杀中国人民；在东北广大农村推行集家并村的所谓"集团部落"制，制造"无人区"，使大批农民流离失所；在工矿和施工单位实行野蛮的劳工政策，成千上万的劳工被迫害致死，或惨遭杀害。

日本还在东北地区实行文化专制，摧残中华民族思想文化，推行奴化教育，宣传宗教迷信，企图将东北民众变成日本天皇的顺民。

日本实行移民政策，增强殖民统治力量。据不完全统计，到1945年，日本已向中国东北移民8.8万户、21万人，侵占土地330万町步（约合329万公顷）。在日本移民安置区内被剥夺土地而未离开的中国农民，则沦为佃户，遭受奴役和剥削。

日本诱骗东北百姓种植鸦片，以麻痹和摧毁中国人民的斗争意志，并牟取暴利。日伪法定的鸦片种植面积，由1933年的94.1万公顷上升到1937年的103万公顷。鸦片产量，仅热河在1936年即达815万两。吸大烟成瘾者登记的人数，1937年比1933年增加了14倍，达81.1万人。

日本实行"日满经济一体化"的方针，将中国东北经济纳入其经济控制的轨道。由关东军和"满铁"掌握伪满洲国的经济支配权，全面控制东北的铁路、采矿、通信、金融、贸易和海关等经济命脉，大肆掠夺各种战略资源，为其扩大侵略战争服务。

三、中国局部抗战的兴起

九一八事变后，富有爱国主义传统的中国军民，在中国共产党的号召、影响和领导下，同日本侵略者展开了以武装抗击为主要内容的局部抗战，打响了世界反法西斯战争的第一枪。

1. 中国共产党发出抗日救国的号召

中国共产党代表全国人民抗日意愿，坚决反对日本军国主义的侵略和蒋介石"攘外必先安内"的方针，提出了收复失地、抗日救国的正确主张。

自 1931 年 9 月 20 日至 1932 年 4 月 15 日，中共中央与中华苏维埃共和国临时中央政府先后发表了《为日本帝国主义强暴占领东三省事件宣言》《中央关于日本帝国主义强占满洲事变的决议》《为国民党反动政府出卖中华民族利益告全国民众书》和《对日战争宣言》等 10 多份文件。这些文件的要点有：

1931 年 9 月 22 日，中共中央作出《中央关于日本帝国主义强占满洲事变的决议》，号召人民组织武装抗日。

一是分析日本帝国主义发动九一八事变的原因，揭露日本以占领中国东北为突破口，进而侵占全中国，并称霸亚洲太平洋地区的阴谋。

二是谴责蒋介石国民党

政府对内镇压人民、对日实行不抵抗政策，以及要求民众在日本的侵略面前"镇静忍耐"的错误立场。

三是表明中国共产党坚决捍卫国家和民族独立的严正立场："中华苏维埃共和国临时中央政府特正式宣布对日战争，领导全中国工农红军和广大被压迫民众，以民族革命战争，驱逐日本帝国主义出中国，以求中华民族彻底的解放和独立。"①

四是号召全中国的民众自动地组织起来，广泛开展抗日救亡运动，迫使国民党政府立即对日宣战，武装抗日群众，驱逐日本帝国主义出中国。

五是要求各革命根据地对所属红军、地方武装和广大民众进行对日宣战的政治动员，准备与日本侵略者直接作战；"特别在满洲更应该加紧的组织群众的反帝运动……来反抗日本帝国主义的侵略，加紧在北满军队中的工作，组织他的兵变与游击战争"。②

六是呼吁苏联和全世界无产阶级及一切被压迫民族，"尤其是希望日本的工人、农民、士兵兄弟们和我们一致起来，推翻日本帝国主义在中国和日本的统治"。③

中国共产党所发表的上述抗日宣言、决议和号召，反映了中华民族面对日本侵略决不屈服的顽强意志，宣告了中国人民与日本侵略者战斗到底的坚强决心，表明了中国共产党坚决反对日本侵略的鲜明立场。

2. 全国抗日救亡运动的兴起

面对日本军国主义的武装侵略、祖国国土的大片沦丧和国民党政

---

① 中央档案馆编：《中共中央文件选集》第 8 册，中共中央党校出版社 1985 年版，第 178 页。
② 中央档案馆编：《中共中央文件选集》第 7 册，中共中央党校出版社 1991 年版，第 423 页。
③ 中央档案馆编：《中共中央文件选集》第 8 册，中共中央党校出版社 1985 年版，第 181 页。

府的屈辱退让，全国各族人民无不痛心疾首、义愤填膺。在中国共产党的号召和推动下，在其他爱国党派团体和爱国人士的呼吁下，抗日救亡运动在全国城乡蓬勃兴起。

青年学生是全国抗日救亡运动的先锋。九一八事变之初，北平、上海、南京等10多个城市的青年学生，举行示威游行，要求国民党政府停止内战、出兵抗日。随着日军扩大对东北的军事占领，学生运动的浪潮更加高涨。从1931年9月末开始，各地先后有两万多大中学校学生代表组团到南京向国民党中央请愿，迫使蒋介石几次出面答复学生的质问。11月末，当国民党政府向国联提出将锦州划为"中立区"的消息传出后，各地爱国学生又掀起前往南京示威抗议的高潮。12月17日，汇集南京的各地学生3万多人举行联合大示威，行至珍珠桥一带时，遭到国民党政府宪警的残酷镇压，死伤学生130多人。随后，各地学生和各阶层人民纷纷集会，揭露和控诉国民党政府镇压爱国学生的罪行。上海70多个民众团体近万人集会，追悼珍珠桥惨案的死难烈士。

九一八事变后，各地青年学生到南京向国民党中央请愿出兵抗日。图为蒋介石出面答复学生的质问。

工人在抗日救亡运动中发挥了重要作用。在上海，1931年9月，先后有3.5万名码头工人举行反日大罢工，100多个工会团体和各界群众数万人举行抗日示威大游行。10月，又有150多个工会团体的500多名代表集会，强烈要求国民党政府"立即出兵抗日"。此外，北平、天津、南京、青岛、太原、长沙、芜湖、桂林、重庆、广州和武汉等地工人，也以各种不同形式，开展抗日救亡运动。处在抗日斗争最前线的沈阳兵工厂3万多名工人先后离厂，拒绝为日军生产武器；长春中东铁路工人自发组织起来，将机车转移，阻碍日军运输。

与此同时，全国大中城市纷纷成立抗日救亡团体，积极开展抗日活动。9月27日，从东北流亡到北平的知名人士500余人，成立了东北民众抗日救国会，宣誓"抵抗日本侵略者，共谋收复失地，保护主权"。在此前后，哈尔滨各界联合会、北平工界抗日救国会、南京农界抗日救国会、上海妇女救国大同盟等抗日救亡团体也相继成立，并动员领导各界群众投入抗日救国的洪流。

国民党内的抗战派、民族资产阶级和海外华侨、港澳台同胞，也加入了抗日救亡的行列。国民党左派领袖宋庆龄、何香凝和冯玉祥等人，坚决反对蒋介石"攘外必先安内"的方针。全国商会联合会发表《告世界各国书》，呼吁世界各国人民支持中国人民的抗日斗争。海外爱国华侨不仅积极捐赠资金和物资，而且组织华侨义勇军直接参加对日作战。

中国人民抗日救亡运动的兴起，沉重打击了日本侵略者的嚣张气焰，显示了中国人民的不屈精神，促进了中华民族的觉醒，对局部抗战的发展起了推动作用。

3. 东北军民的抗日武装斗争

九一八事变后，东北军民在白山黑水之间燃起了民族自卫战争的烽火。

部分东北军的爱国官兵出于民族义愤，拒绝执行不抵抗命令，奋起武装反抗。

在沈阳地区，1931年9月18日夜，当日军独立守备队向驻守沈阳北大营的东北军独立第7旅进攻时，该旅部分官兵忍无可忍，冲破"不准抵抗"的命令，被迫进行自卫还击，第620团团长王铁汉率部掩护全旅突出重围。此战，东北军伤亡中校以下官兵300余人，日军伤亡24人。东北军独立第7旅爱国官兵主动的自卫还击行动，成为九一八抗战的先声。

在长春地区，9月19日凌晨，日军第3旅团一部，先后进攻长春宽城子兵营和南岭兵营，遭到中国守军的顽强抵抗，共毙伤日军中队长以下145人。

在齐齐哈尔地区，10月初，日军沿洮昂铁路进逼齐齐哈尔。黑龙江省代主席兼代军事总指挥马占山，立即调兵加强江桥一线防御。10月中旬，日军指使伪军张海鹏部进犯江桥南岸失败后，即组成嫩江支队，于11月上旬连续3次向江桥地区发起进攻。守军经过顽强抵抗并给敌以沉重打击后，退守三间房一带。11月中旬，日军先以步、骑兵3000余人，后增至7000余人，反复向三间房地区发动进攻。激战至11月18日下午，中国守军伤亡惨重，被迫撤退。11月19日，齐齐哈尔沦陷。江桥抗战，是九一八事变后东北军爱国官兵所进行的大规模抵抗日军侵略的壮举，受到全国人民的颂扬和支持。

日军占领齐齐哈尔后，回兵南下，进攻东北军司令长官公署和辽宁省政府所在地锦州。12月下旬，辽宁省政府委员、警务处处长黄显声指挥所属3个公安骑兵总队，沿大凌河一线多次与日军激战，迟滞了日军的进攻。

在哈尔滨地区，1932年1月，东北军一部先后在哈尔滨香坊、南岗、三棵树和双城堡等地抗击日军进攻。2月2日，日军集中主力和伪军一部，分左右两路向哈尔滨进攻。吉林自卫军总司令李杜等人亲临指挥，全体将士拼死杀敌，终因寡不敌众，激战至 2 月 5 日晚撤出哈尔滨。

九一八事变后不久，东北地区就开始有义勇军的活动。从 1931 年 10 月起，中共满洲省委先后派出 200 多名党、团员到各地，直接组织或协助创建义勇军。省委的一些主要负责人，还分赴各地检查指导义勇军的工作。11 月后，在中国共产党的影响、支持和抗日救亡运动的推动下，义勇军蓬勃发展起来。

当东北各地抗日义勇军普遍兴起之时，中共中央领导人周恩来于 11 月中旬在中共中央机关报《红旗周报》发表文章指出："现在救国义勇军的组织已成为工农劳苦群众的普遍要求，我们要领导工农及一切被压迫民族自己组织武装的救国义勇军"。[1] 其后，中共满洲省委提出："用目前各地的反日战争，来动员广大群众建立起义勇军组织，党应积极领导去参加这一战争"。[2]

由黄显声、熊飞、邓铁梅、苗可秀、唐聚伍领导的辽宁地区抗日义勇军，李杜、冯占海、王德林等人领导的吉林地区抗日义勇军，马占山、苏炳文、张殿九等人领导的黑龙江地区抗日义勇军，在抗日斗争中迅猛发展。据不完全统计，到 1932 年 4 月，东三省抗日义勇军总数已达 30 万人以上。

在东三省 154 个县中，有义勇军活动的达 93 个县，占 60.4%。他们四处出击，袭击日伪军据点，破坏铁路桥梁，伏击出扰之敌。1932 年 1 月 9 日，辽宁第 24 路义勇军刘纯启部在锦西县城外设伏，毙伤日军第 19 师团骑兵第 27 联队联队长古贺以下官兵 80 余人。据不完全统计，仅 1932 年，抗日义勇军就袭击辽、吉两省重要城镇 30 次，从侵略者手中夺回了 40 余座县城，控制了安东（今丹东）、岫

---

① 《日本帝国主义占领满洲与我们党当前任务》，载《红旗周报》1931 年第 20 期。
② 《满洲省委接受中央关于上海事件致各级党部信的决议》（1932 年 3 月 31 日）。

岩、凤城和松花江以南，哈长线以东，延边和吉敦路以北等 13 个县区。东北义勇军奋起抗战，牵制了大量日军，有力地打击了日本侵略者。

但是，东北义勇军实力有限，加之成分极其复杂，又缺乏集中统一领导，没有明确的政治纲领和严格的组织纪律，因而在日军重兵进攻下遭受严重挫折。到 1933 年春，义勇军伤亡 13 万人左右，溃散 7 万余人，退入苏联和热河境内共 6 万余人，尚有 4 万余人仍分散在东北各地坚持抗日斗争，其中一部分加入了中共领导的抗日游击队。

在东北军和义勇军相继失败后，中共直接领导的抗日游击队逐渐成为东北抗战的主体。

九一八事变后，中共中央曾发出一系列指示，向中共满洲省委提出了建立党直接领导的抗日游击队的任务，号召党、团员到农村去，发动农民斗争，进行游击战争。

为落实中共中央关于创建游击队的方针，中共满洲省委陆续派出党的领导干部到各地指导游击队的工作。除原在义勇军中工作的周保中、李延禄、张寿篯（李兆麟）等人外，还相继派出省委军委书记杨林、杨靖宇到南满，大连市委书记童长荣到东满，省委军委书记赵尚志到巴彦、珠河，省委秘书长冯仲云到汤原，直接指导当地游击队的创建和抗日游击战争的开展。

从 1932 年起，中共满洲省委和各地中共组织先后在东北地区创建了 10 多支抗日游击队。在南满地区，有杨靖宇、李红光领导的南满游击队（原磐石游击队）、海龙游击队；在东满地区，有童长荣、王德泰等人领导的汪清、珲春、和龙、延吉与安图等多支抗日游击队；在吉东地区，有周保中、李延禄、李荆璞和崔石泉（崔庸健）等人分别领导的抗日救国游击军、宁安工农反日义务队和饶河农工义勇军；在北满地区，有赵尚志、冯仲云、张甲洲等人分别领导的珠河东北反日游击队、汤原反日游击队和巴彦游击队等。

中国共产党直接创建的东北抗日游击队，尽管人数少、装备差，又处于日军频繁"讨伐"状态，但由于有集中统一的组织领导，有明确的政治纲领和严明的军事纪律，有同人民群众的血肉联系及英勇无畏的牺牲精神，因而自成立之日起，就表现出一般群众武装所不具备的战斗力和战斗精神。1933 年 1 月至 5 月，杨靖宇指挥的南满游击队与日伪军作战 60 余次，打退日军 4 次大围攻，歼敌近千人。东满游击队自 1932 年秋至 1934 年春，与日伪军经过大小几百次战斗，打破了日伪军的两期"讨伐"。1933 年上半年，吉东地区的抗日游击队与日伪军进行了磨刀石、八道河子和东京城等战斗，毙伤日军 100 多人，迫使 1000 余伪军反正。1934 年 4 月，赵尚志率领珠河游击队，在庙岭战斗中歼灭日伪军 300 多人；5 月，又攻入宾县县城，全歼守城日军。中国共产党直接领导的抗日游击队，得到了东北广大民众的拥护和支持，在斗争中不断壮大，相继建立了南满、东满、吉东和北满等游击区，给日伪军以沉重打击，将东北抗日游击战争推向了新阶段。

4. 一·二八事变与淞沪抗战

日本侵占中国东北后，又在上海发动进攻，企图转移欧美各国对其侵占东北、炮制伪满洲国的注意力，并夺取侵略中国东部沿海富庶区域的新基地。

1932 年 1 月 18 日，日本驻上海公使馆助理武官田中隆吉奉命与日本女间谍川岛芳子密谋，唆使妙法寺日本僧人天崎等 5 人，故意向三友实业社总厂工人义勇军抛石挑衅。日方借口日本僧人被中国工人击伤、一人死于医院，指使暴徒前往三友实业社纵火和破坏，煽动日本侨民集会、闹事。1 月 21 日，日本驻上海总领事村井苍松向上海市政府提出四项无理要求，即道歉、惩凶、赔偿、解散抗日团体。1 月 27 日，日军进攻准备就绪后，村井苍松又向上海市市长吴铁城发出最后通牒，限定在 1 月 28 日 18 时以前给予答复。此时，国民党政府继续执行"攘外必先安内"的方针，忙于在江西"剿共"，遂急电吴铁城全盘接受日方的无理要求。接到吴铁城的答复后，蓄意挑起事端的日方并不满足，进而要求中国军队撤出闸北；并且不待中方答复，即于当晚突袭闸北，挑起了震惊中外的一·二八事变。

事变之初，驻上海日军有海军陆战队 1800 余人及武装日侨 4000 余人、飞机 40 余架、军舰 23 艘，统由日海军第 1 遣外舰队司令官盐泽幸一指挥。中国驻防淞沪地区的是由总指挥蒋光鼐、军长蔡廷锴率领的国民革命军第 19 路军，共 3.3 万余人，但驻沪兵力只有 2 个旅。

1 月 28 日午夜，日海军陆战队分 3 路突袭闸北，第 19 路军奋起抵抗，一·二八淞沪抗战由此爆发。闸北守军经过近一周的战斗，粉碎了日军的第一次总攻。

2 月 2 日，日军增派第 3 舰队和先遣混成旅团等部增援上海，并以第 3 舰队司令官野村吉三郎接替盐泽幸一为总指挥。蒋光鼐、蔡廷锴则急调所属两个师入沪参战。

2 月 7 日，日军进攻吴淞、江湾，企图从守军右翼突破。第 19 路军依托吴淞要塞及蕴藻浜水网地带与日军激战。2 月 13 日拂晓，日军突破蕴藻浜曹家桥防线。中国守军第 122 旅将千余日军三面包围，激战终日，肉搏数十次，全歼日军。在激战中，该旅坚守阵地的 60 余名战士，用火油淋湿全身，背负重型炸弹，猛扑日军阵地，为全歼日军献出了宝贵生命。至 2 月 14 日，日军被迫退回到租界，其第二次总攻又被粉碎。

2 月 13 日至 14 日，日军参谋本部急调的援军第 9 师团登陆上海，并以该师团师团长植田谦吉接替野村吉三郎为总指挥，使在沪日军达 3 万余人。同时，国民党政府派请缨抗日的张治中任第 5 军军长，率部增援上海，归第 19 路军统一指挥。2 月 20 日，日军以第 9 师团主攻江湾、庙行结合部，突破后围攻闸北、吴淞。第 19 路军与第 5 军紧密配合，经 6 昼夜激战，迫使日军停止进攻。日军的第三次总攻也被粉碎。

由于久攻不下，日本内阁决定增调第 11、第 14 师团组成上海派遣军，命前陆军大臣白川义则为司令官，急援上海。2 月底，上海日军总兵力增至 9 万人，而中国守军仅有 4 万余人，且装备落后、防线过长。

3 月 1 日，日军发起第四次总攻。白川义则吸取前三次正面进攻受挫的教训，一面指挥第 9 师团等部从正面攻击淞沪地区，一面以第 3 舰队掩护第 11 师团从江防薄弱的浏河地域突然登陆，包抄守军后路。在日军优势兵力进攻下，中国守军腹背受敌，孤立无援，被迫于当晚退守太仓、嘉定一线。3 月 2 日，日军占领上海。

随后，在英、美、法、意等国调停下，中日双方于 5 月 5 日签订了《淞沪停战协定》。这个协定是国民党政府对日妥协退让政策的产物，规定中国不得在交战区驻兵，是对中国主权的出卖；规定日军可以留驻上海，为其日后发动全面侵华战争提供了条件。

一·二八淞沪抗战爆发后，中共上海地下组织响应中共中央号召，动员全市人民组织义勇军、救护队、担架队、通信队和运输队等，参加和支援前线作战。据不完全统计，仅在第 19 路军担任各种战勤工作的义勇军就有两万多人。在天通庵战斗中，复旦大学就有 200 多名义勇军战士血洒疆场。全国人民、海外侨胞，也从人力、物力、财力等各方面支援淞沪抗战。华侨飞行员、航空第 6 队副队长黄毓荃，英勇善战，击落日机数架，在 2 月 5 日的空战中不幸以身殉国，成为中国空军抵御外侮英勇献身的第一人。

日军占领上海后，于 4 月 29 日"天长节"（日本天皇裕仁的生日）上午，在虹口公园（今鲁迅公园）举行阅兵"祝捷大会"。朝鲜义士尹奉吉，装扮成日本人，携带日式水壶、饭盒模样的炸弹混入会场。当大会进入高潮时，尹奉吉突然将炸弹投向主席台，炸死炸伤日本军政要员多人。上海派遣军司令官白川义则大将被炸成重伤后毙命，第9师团师团长植田谦吉中将、第3舰队司令官野村吉三郎中将、日本驻华公使重光葵和驻沪总领事村井苍松等人被炸伤。尹奉吉当场被捕，后英勇就义。这次抗日义举，在国内外引起轰动。

在一·二八淞沪抗战中，中国军队迫使日军三易主将，数次增兵，死伤逾万，使其遭到九一八事变以来最沉重的打击。中国守军也付出了伤亡约1.4万人的代价，在中国抗日战争史上写下了光辉的一页。

第二章　中国局部抗战的发展，
　　　　　　抗日民族统一战线的初步形成

日本侵占中国东北后，又将侵略矛头指向华北。随着民族危机日益加深，中国的局部抗战也此伏彼起，抗日救亡已经成为全民族的强烈要求。中国共产党适时提出建立抗日民族统一战线的主张，并坚持不懈地为实现"停止内战，一致抗日"的目标而努力。西安事变和平解决后，国民党接受共产党的抗日民族统一战线主张，实现了国共两党的再度合作。

一、日本扩大侵略与中国局部抗战的发展

1. 热河失守与长城抗战

1932 年年底，随着日本完成对中国东北三省的占领，热河、冀东又成为其窥伺的目标。热河省位于长城以北，地处辽宁、河北和察哈尔①三省之间，扼据华北与东北的交通要冲。日本侵略者早在炮制伪满洲国时就公然宣称热河在其版图之内，认为占据热河就可以巩固对东北三省的统治，并为全面入侵华北乃至全中国打开方便之门。为此，日军首先于 1933 年 1 月初攻占素有"天下第一关"之称的山海

---

① 察哈尔，旧省名。1928 年设省，辖今河北省西北部及内蒙古自治区锡林郭勒盟。1949 年改辖今河北省西北部及山西省北部。1952 年撤销。

关，接着向周围战略要地发动进攻，控制了关内外的交通要道。

2月23日，日军以两个师团及伪军数万人，以夺取承德为主要作战目标发起攻击。中国驻热河军队共8万余人，其中半数以上尚未到达指定位置，各部只好仓促应战。特别是地方军阀汤玉麟任热河省主席达5年之久，横征暴敛，鱼肉百姓，军队中官长腐败、士气低落。因此，战事开始后，除少数部队顽强抵抗外，大部守军稍战甚至不战即退，各地城镇相继陷落。汤玉麟更是惊慌失措，把搜刮来的大批民脂民膏运往天津租界，并于3月4日逃离承德。当天中午，日军一支仅100多人的先头部队兵不血刃地侵占了承德。

日军占领承德后，随即以8万人的兵力和数万伪军南下，分头向长城各口推进。驻守长城的中国军队，包括原属冯玉祥的西北军、原属张学良的东北军及蒋介石嫡系的中央军共13个军约25万人，在全国抗日浪潮的推动下，奋起抵抗，展开了长城抗战。

长城抗战于3月上旬首先在冷口打响，接着扩展到东段各隘口。日军以坦克、飞机、大炮开路，向长城一线猛攻。中国军队在冷口、界岭口、喜峰口、罗文峪、古北口等长城主要关口与日军展开激烈的争夺，阻止了日军攻势。特别是在喜峰口、罗文峪战斗中，第29军官兵以有我无敌的气概，手持大刀，拼死肉搏，予日军以大量杀伤，打出了中国军队的威风，振奋了全国的人心。当时日本报纸哀叹，这是"六十年来未有之侮辱"。后来风靡华夏的歌曲《大刀进行曲》，虽然是在全国抗战爆发后创作的，但其题材源自于此。

3月底以后，日本关东军主力越过长城防线，向滦东地区进攻，并猛攻冷口方向，至4月11日，防线终被突破。冷口失陷后，两侧的中国守军腹背受敌，被迫后撤。4月20日夜，日军又向南天门发动进攻。中国第17军所属3个师轮番上阵抵抗，与日军血战8昼夜，后奉命转移，南天门失守。5月上旬，日军越过长城各口，向长城以南的冀东地区发动了侵华战争以来规模最大的进攻。

1933 年 3 月，中国军队展开长城抗战。图为坚守在喜峰口的第 29 军战士。

此时，国民党政府已对长城抗战失去了信心，坚持不再增兵，欲与日本妥协，并成立以黄郛为委员长的北平政务整理委员会，负责对日交涉停战问题。华北守军人员、弹药消耗严重，战斗力下降，在日军的进攻下节节败退。至 5 月 22 日，日军已进至顺义、三河附近，逼近通县、香河，对北平形成三面包围之势。

5 月 31 日，由国民党政府军事委员会北平分会总参议熊斌与日本关东军副参谋长冈村宁次分别代表中日双方签订《塘沽协定》，规定中国军队一律迅速撤至延庆、昌平、顺义、通县、香河、宝坻、宁河、芦台所连之线以西、以南地区；尔后不得越过该线，不得有"挑战扰乱之行为"。这实际上承认了日本侵占中国东北三省和热河省的"合法性"，并使整个华北地区门户洞开，为日军进一步扩大侵略提供了条件。日本天皇裕仁得知协定签订后，特意亲临靖国神社祭拜战死的日军。

长城抗战是九一八事变后国民党军在华北所进行的第一次较大规模的抗击日本侵略的战役。这次战役中，广大爱国官兵奋勇苦战80余日，以牺牲近两万人的代价，给骄横一时的日军以沉重打击，鼓舞了全国民众的抗日热情和信心。但是，长城抗战的失败、《塘沽协定》的签订，也使国人更加看清了国民党政府对日妥协退让的面目，激起了全国各阶层爱国人士更强烈的愤慨。

2. 察哈尔抗战

1933年四五月份，日军在进犯长城地区的同时，纠集伪军先后侵占察东重镇多伦、沽源，察哈尔省全境行将不保。为阻止日军侵略的扩大并收复失地，5月26日，爱国将领冯玉祥、方振武、吉鸿昌等人，在中国共产党的影响和帮助下，于张家口成立了察哈尔民众抗日同盟军，冯玉祥任总司令。短时间内，部队发展到10万余人。

6月上旬，日军相继攻陷宝昌、康保，张北危急，张家口震动。6月20日，冯玉祥任命吉鸿昌为北路前敌总指挥，率军克日北上；接着又任命方振武为北路前敌总司令，以加强统一指挥。6月下旬至7月初，抗日同盟军先后克复康保、宝昌和沽源，并血战5昼夜，光复多伦，使察哈尔省失地全部收复。这是九一八事变以来中国军队首次从日伪军手中收复失地的壮举。

察哈尔民众抗日同盟军北征的胜利，特别是血战多伦的壮举，给全国民众带来希望。各地抗日组织、爱国团体和爱国人士纷纷致电祝贺，并组织慰问团，捐款捐物，支援前线。但抗日同盟军的成立及其抗日斗争，"违背"了蒋介石"攘外必先安内"的方针。国民党政府对抗日同盟军采取软硬兼施的破坏政策，先后调集16个整师共15万兵力进行"围剿"，并对冯玉祥的部下进行政治拉拢和分化瓦解。日军也乘机向察哈尔边界移动，进攻多伦。冯玉祥在内外交困、腹背受敌的情况下，被迫于8月5日通电宣布将察哈尔省军政大权交给国民党政府任命的察哈尔省主席宋哲元，随后撤销抗日同盟军总部，离开张家口。

冯玉祥出走后，抗日同盟军的大部被宋哲元部收编或瓦解。方振武、吉鸿昌等人在中共河北前线委员会的支持下，率余部转战于热河、长城一带。到10月中旬，该部在北平近郊遭受日军和国民党军的联合进攻，损失殆尽。方振武流亡香港。吉鸿昌于11月9日被国民党政府逮捕，11月24日在北平英勇就义。临刑前，他捡起一节树枝，在大地上愤然写下了正气浩然的就义诗："恨不抗日死，留作今日羞。国破尚如此，我何惜此头。"

察哈尔民众抗日同盟军的崛起，是冯玉祥等爱国官兵响应中国共产党团结抗日号召、举起武装抗日旗帜、实施联合抗日的一次有益尝试，对于推动全国的抗日运动、促进国共两党后来的合作抗日，产生了积极影响。

3. 绥远[①] 抗战

绥远省是连接华北和西北的战略要地。日本侵略者认为，控制了这一地区，北可向苏联出击，南可抵华北腹地。为此，日军从1935年夏即制订了以政治谋略和军事进攻两手并用夺取绥远的计划。随后，日本关东军参谋长板垣征四郎、中国驻屯军司令官多田骏等人纷纷窜至归绥（绥远省省会，今呼和浩特），向绥远当局进行威逼利诱。同时，日军帮助内蒙古锡林郭勒盟副盟长兼苏尼特右旗王公德穆楚克栋鲁普（德王）傀儡政权加紧编练骑兵，策动当地匪首王英收罗汉奸组成"西北防共自治军"，并向察、绥边界要地多次发动试探性进攻。1936年11月15日，关东军派遣内蒙古特务机关长田中隆吉

---

① 绥远，旧省名。1928年设省，辖今内蒙古自治区乌兰察布盟、巴彦淖尔盟东部及呼和浩特市、包头市、鄂尔多斯市等地。1954年撤销。

直接指挥日伪军5000余人，分3路向绥东门户红格尔图镇的中国守军阵地发动猛烈攻击。

绥远省主席兼第35军军长傅作义在侦得上述敌情后，决心奋起抗击侵略者。他秘密快速集结兵力，并亲赴集宁前线指挥作战。经7天7夜激战，红格尔图守军顽强抵抗，打退了日伪军的进犯，摧毁了田中隆吉和王英的指挥所。

红格尔图初战告捷后，傅作义决定先发制人、主动出击，指挥所部于11月24日向百灵庙地区守敌发起猛攻，全歼日伪军1300余人，一举收复绥北重地百灵庙。12月3日，傅作义部又粉碎日伪军4000余人对百灵庙的反扑，再歼其700余人。12月9日，傅作义部乘胜克复另一战略要地——锡拉木楞庙（即大庙）。在傅作义部的强大攻势下，伪军王英部所属两个旅于12月17日举义反正。傅作义部三战三捷，肃清了绥远境内的伪军，挫败了日军西侵绥远、建立"蒙古国"的图谋。

中国共产党对绥远抗战给予高度评价。11月21日，毛泽东、朱德在致傅作义的贺电中称其"为中华民族争一口气，为中国军人争一口气"，并派代表团赴绥慰问。12月1日，中共中央和中华苏维埃共和国临时中央政府发表通电，要求国民党政府调集军队增援晋绥前线；并号召全国各界不分党派、阶级和职业，更亲密地联合起来，组织各种救国团体与武装力量，援助绥远抗日将士。

绥远抗战是中国局部抗战时期取得胜利的战役，极大地振奋了全国人民的民族精神。社会各界掀起了一场轰轰烈烈的援绥抗战热潮，向绥远前方抗日将士祝贺与慰问的电信如雪片般飞来。北平、上海、天津、西安、武汉等大城市的人民团体代表，携带慰问品和捐款，到前方慰劳军队。国民党政府中的一些上层人士及地方实力派，也积极支持和声援绥远抗战。

从长城抗战到绥远抗战，虽然作战大都以失利而告终，但反映了中国爱国将士抗击日本侵略者的勇气和斗志，打击了日军的侵略气焰，延缓了日本军国主义对华北的大举进犯，是中国抗日战争的重要组成部分。

二、日本制造华北事变与中国抗日救亡运动的高涨

1. 华北事变与中华民族危机的加深

华北是中国的政治、经济、文化中心地区之一，当时包括河北、山东、山西、察哈尔、绥远五省和北平、天津两市。1933年7月6日，日本陆军省和陆军参谋本部向内阁提交《对华政策大纲》，提出"必须使华北政权压制国民党在华北的抗日活动，并使国民党逐渐减少其力量，最后迫使其解体"[①]的方针。1934年4月17日，日本外务省情报部部长天羽英二在记者招待会上公开宣布，中国为日本的势力范围。正是这个"天羽声明"，赤裸裸地道出了日本独霸中国的野心。12月7日，日本陆军省、海军省和外务省联合制定了《有关对华政策的文件》，规定日本在华北的基本宗旨是"形成南京政权的政令不能达及的情势"，并提出在政治、经济上应努力达到的目标。[②]为实现这一图谋，日本关东军于1935年1月和3月两次在大连召开有日本驻中国各地武官参加的会议，着重制定了推行上述政策的具体步骤。

1935年5月29日，日军中国驻屯军借口中国军队援助东北义勇军余部进入滦东"非武装区"和天津两名亲日的报社社长被暗杀，即所谓河北事件，向北平军分会代委员长何应钦提出关于中国军政机构退出平津地区的无理要求。翌日，日军还炫耀武力，进行恫吓。国民

---

① 远东国际军事法庭战犯审讯记录（IMTFE）文件三，第147页。
② ［日］《现代史资料8·日中战争1》，美铃书房1964年版，第22—24页。

党政府屈服于日本的压力，表示愿意谈判。6月9日，日军中国驻屯军司令官梅津美治郎向何应钦提交"备忘录"，并限期实行。"备忘录"的内容主要有：罢免河北省主席于学忠、天津市市长张廷谔，撤退国民党在河北省内的党部，撤退驻河北的东北军、中央军和宪兵第3团，解散北平军分会政治训练所，禁止中国国内的排外、排日行为等。7月6日，何应钦致函梅津美治郎，表示6月9日所提各事均承诺之。中日双方以复函的特殊形式而实际达成的协议，史称"何梅协定"。

河北事件纠缠未清，日本关东军又在察哈尔省挑起了张北事件。日方借口其人员在张北受到中国军队盘查，于6月11日向察哈尔省代主席、民政厅厅长兼第29军副军长秦德纯提出蛮横要求。6月27日，国民党政府指派秦德纯与日军代表、奉天特务机关长土肥原贤二以换文形式订立了"秦土协定"。国民党当局答应从长城防线和张家口以北地区撤退中国驻军，解散抗日组织，发展与日本和伪满洲国的经济、交通，"招聘"日本人为军事和政治顾问，协助日军建立军事设施等。

"何梅协定"和"秦土协定"的签订，实际上使中国丧失了包括北平、天津在内的河北、察哈尔两省的大部分主权，标志着日本侵略河北、察哈尔新局势的形成。这是日本分离冀、察两省的一种形式，也是由此着手分离华北的一个重要步骤。

为了控制华北五省二市，日本侵略者大肆收买汉奸，鼓动"防共自治运动"。11月25日，日本扶植汉奸殷汝耕在河北省通县宣布成立"冀东防共自治委员会"（后改组为"冀东防共自治政府"），控制冀东22县。此后，南京政府同意在北平成立拥有一定自治权的冀察政务委员会，管辖河北、察哈尔及北平、天津，以此来迁就日本关于"华北自治"的要求。这个委员会以国民党军第29军军长、曾任察哈尔省主席的宋哲元为委员长，委员中包括日本推荐的老官僚王揖唐、王克敏等人。冀察政务委员会的成立，适应了日本的侵略要求，改变了华北行政传统和行政机构，冀、察两省实际上已变相"自治"。

与此同时，日本还拉拢、操纵部分内蒙古上层的叛乱分子，策划"内蒙古独立"。1935 年 7 月 25 日，关东军参谋部制定《对内蒙措施要领》，提出要"首先设法扩大和加强内蒙的亲日满地区，内蒙应随着华北工作的进展，脱离中央而独立"。[①] 之后，关东军与锡林郭勒盟德王密谋，商定先在内蒙古西部搞一个"独立"局面，然后再建立"蒙古国"。1936 年 2 月 12 日，德王成立"蒙古军总司令部"，自任总司令。5 月 12 日，伪蒙古军政府成立，其一切重要部门均由日本顾问通过"内部指导"掌握实权。这是继伪满洲国之后，日本在中国扶植起来的又一个地区性傀儡政权。

在这期间，日本还以"经济提携"为幌子，加紧对华北进行经济掠夺。日本垄断资本渗透到华北铁、煤、盐等资源开采和棉纺织、交通运输、电力设备、贸易金融等行业，逐步控制了华北的经济命脉和重要战略物资。华北部分农村也逐渐变成日本的植棉区。在天津、青岛等大城市，日本单独经营的公司迅速增加，不少工厂、矿山变成中日"联营"的企业。日本商人还大规模地武装走私，从私运白银出口到私运日货进口，使白银源源流入日本国内、日货泛滥于中国市场，本来就很脆弱的中国民族工商业遭到严重削弱甚至被挤垮。

通过华北事变，日本轻而易举地控制了华北大部分地区。日本咄咄逼人、猖狂至极的侵略行径，使中华民族陷入空前严重的民族危机。

2. 一二·九运动与全国抗日救亡运动的高涨

正当日本向华北发动新的侵略、华北形势严重危急的时刻，1935年 12 月，北平爆发了一二·九运动，中国人民被压抑的抗日爱国热

---

① 　[日]《现代史资料 8·日中战争 1》，美铃书房 1964 年版，第 492 页。

情猛烈地迸发出来。

在冀察政务委员会即将成立的时候，华北人民痛感华北的沦亡已迫在眉睫。北平、天津的广大青年学生，悲愤地喊出："华北之大，已安放不下一张平静的书桌了！"在中共北平地下组织的领导和影响下，12月6日，各校学生自治会联合发出通电，反对"防共自治"，呼吁国民党政府抵抗日本的侵略。经过深入发动，北平学生联合会召开各校代表会议，决定于12月9日发动全市学生进行抗日救国的请愿游行。

12月9日，古城北平怒吼了！在中共北平临时工委的领导下，北平学联发动全市数千名爱国学生涌上街头，振臂高呼"打倒日本帝国主义""停止内战，一致抗日"等口号。游行队伍沿途遭到国民党军警的野蛮镇压，100余人受伤，30余人被捕。爱国学生并没有被吓倒，北平学联决定在冀察政务委员会预定成立的12月16日这天举行更大规模的游行示威。12月16日清晨，北平各校学生从四面八方涌向天桥，举行3万余人的市民大会，通过了"不承认冀察政务委员会""反对华北任何傀儡组织""收复东北失地"等决议案。会后，学生和市民一起举行了数万人的示威游行。国民党政府再次调动军警镇压，学生被捕者数十人、受伤者300余人。但慑于人民爱国运动的压力，冀察政务委员会不得不宣布"延期成立"。

北平学生的抗日救亡风暴迅速席卷长城内外、大江南北，许多城市爆发了学生的爱国集会和示威游行，并得到社会各界的广泛响应和支持。12月18日，中华全国总工会致书全国工人，号召工人组织起来，声援北平学生的救国运动。接着，许多地方的工厂举行罢工。各地爱国人士、爱国团体纷纷发表宣言和通电，要求停止内战、出兵抗日。12月20日，中国共产党通过共青团中央发表宣言，号召青年学生走与工农相结合的道路，"把反日救国运动扩大起来！到工人中去，到农民中去，到商民中去，到军队中去"。12月26日，北平、天津

1935 年，北平爆发一二·九运动。图为学生们向北平市民演讲。

学生成立了平津学生联合会，随后组织南下扩大宣传团，到河北农村进行抗日宣传。上海、济南、杭州、武汉等地的学生也组织了宣传团，深入工厂、农村扩大宣传。学生运动与工农运动的结合，进一步促进了抗日救亡运动与工农运动的发展。

一二·九运动冲破了国民党统治下沉寂的政治局面，公开揭露了日本吞并华北进而侵略全中国的阴谋，极大地促进了中华民族的觉醒，为随后的全国抗战做了重要的思想准备和政治动员。

随着一二·九运动的爆发，各地的抗日救亡运动风起云涌，参加抗日救亡的各界、各派迅速走向全国规模的联合。1936 年 2 月 1 日，抗日救国先进青年的群众性组织——中华民族解放先锋队在北平成立。5 月 29 日，全国学生救国联合会在上海成立。5 月 31 日，来自全国 20 多个省市 60 多个救亡团体的代表，在上海成立了全国各界救国联合会，通过了《全国各界救国联合会成立大会宣言》《抗日救国初步政治纲领》等文件，提出了建立"人民救国阵线"的主张，呼吁各党各派立刻停止军事冲突、释放政治犯，立刻派遣正式代表进行谈判，以便制定共同抗敌纲领，建立一个统一的抗敌政权。全国各界救国联合会的政治主张，引起了社会各界的强烈反响。它的成立，使原来比较分散的爱国民众运动，很快汇合成一股持续的、团结统一的、更为壮观的抗日救亡洪流。

3. 中国共产党抗日民族统一战线基本政策的确立

早在九一八事变爆发后，中共中央即作出决议并通电全国，号召工农红军和全国广大被压迫民众，以民族革命战争驱逐日本侵略者出中国。1933 年 1 月 17 日，毛泽东、朱德等人发表宣言，首次提出中国工农红军愿在立即停止进攻苏维埃区域，立即保证民众的民主权利，立即武装民众、创立武装的义勇军 3 个条件下，准备与任何武装部队订立共同对日作战的协定。这一宣言成为中国共产党抗日民族统一战线思想发展的一块基石。1934 年 4 月 10 日，中共中央发表《为日本帝国主义对华北新进攻告民众书》，号召一切真正愿意反对日本帝国主义、不甘做亡国奴的中国人，不分政治倾向，不分职业与性别，都联合在反日统一战线之内。4 月 20 日，中国共产党又以"中国民族武装自卫委员会筹备会"的名义，经宋庆龄、何香凝等 1779 人签字，发表《中国人民对日作战的基本纲领》，提出抗日救国的六大纲领，旨在"尽最大可能团结一切反日的力量来建立真正广大的民众的反日统一战线"。[①] 中国共产党的抗日主张，对于推进全国的抗日救亡运动，促进部分国民党爱国军队和爱国人士同共产党人合作抗日，产生了重要影响。

1934 年 10 月中央苏区第五次反"围剿"失利后，中央红军被迫

---

① 中央档案馆编：《中共中央文件选集》第 10 册，中共中央党校出版社 1991 年版，第 256 页。

开始了举世闻名的二万五千里长征。1935年1月，中共中央政治局在遵义召开扩大会议，结束了"左"倾教条主义错误在中共中央的统治，实际上确立了毛泽东在中共中央和红军的领导地位，标志着中国共产党在政治上开始走向成熟。

1935年8月1日，中共驻共产国际代表团根据民族危机加深的形势和共产国际第七次代表大会关于建立反法西斯统一战线的精神，草拟了《中国苏维埃政府、中国共产党中央为抗日救国告全体同胞书》，并于10月1日正式以中华苏维埃共和国中央政府和中国共产党中央名义在法国巴黎出版的中文《救国报》上发表，史称《八一宣言》。宣言突出分析了中日民族矛盾，响亮地提出了"抗日救国"的口号，强调建立包括上层在内的统一战线，扩大抗日民族统一战线的范围，呼吁停止内战，全国各党派、各军队、各界同胞集中一切国力去为抗日救国的神圣事业而奋斗，并提出建立"全国统一的国防政府"、组织"全中国统一的抗日联军"等主张。这表明，中国共产党的政治策略开始发生新的转变。

为制定适合新形势的政治路线和策略方针，1935年12月17日至25日，中共中央在陕西省安定县（今子长县）瓦窑堡召开政治局扩大会议。会议通过了《中央关于目前政治形势与党的任务决议》，指出由于日本帝国主义正准备吞并全中国，把全中国从各帝国主义的殖民地变为它的独占殖民地，改变了中国政治生活中的各阶级、阶层、政党以及武装力量间的相互关系，中国共产党应该执行建立最广泛抗日民族统一战线的政策，纠正"左"倾关门主义，争取一切赞成抗日的力量。抗日民族统一战线的最高组织形式是建立国防政府和抗日联军。12月27日，毛泽东在党的活动分子会议上作了题为《论反对日本帝国主义的策略》的报告，进一步阐明了建立抗日民族统一战线的必要性和可能性，提出了对民族资产阶级既团结又斗争的原则，强调要反对狭隘的关门主义，建立广泛的民族革命统一战线。瓦窑堡会议正式确立了中国共产党关于抗日民族统一战线的基本政策，为中国共产党顺利地完成工作重心由国内革命战争向抗日民族战争的转变，促进抗日民族统一战线的形成，迎接抗日新高潮的到来做了政治上和理论上的准备。但是，由于蒋介石依然顽固坚持"攘外必先安内"的错误方针，还在继续调集重兵企图歼灭在陕北立足未稳的中国共产党和工农红军，当时中共中央仍旧将"抗日"与"反蒋"并列。

瓦窑堡会议后，中共中央进一步加强对统一战线工作的领导，努力做国民党上层人士和军队将领的工作。这个工作在地处西北"剿共"前线的张学良的东北军和杨虎城的第17路军中，取得了突破性进展。1936年4月9日晚至翌日晨，周恩来和张学良在肤施（即延安）秘密会谈。张学良接受了中国共产党关于停止内战、一致抗日的政治主张，并提出争取蒋介石抗日的意见。双方还就互不侵犯、互相帮助、互派代表、准备抗日等问题达成了具体协议。同时，中共中央先后派人与第17路军总指挥、西安绥靖公署主任杨虎城商谈，同他也达成合作抗日的初步协议。到1936年秋，西北地区已初步形成红军和东北军、第17路军三位一体的新局面。中共中央和中共中央北方局还通过各方面的关系，争取华北地方实力派宋哲元、阎锡山等人转向抗日，并同新疆的盛世才、四川的刘湘和刘文辉、云南的龙云、广东的陈济棠、广西的李宗仁和白崇禧等地方实力派，直接或间接地建立了联系。所有这些，都为广泛的抗日民族统一战线的建立、为全民族团结抗战局面的形成做了重要的准备。

三、东北敌后战场的形成与东北抗日游击战争的高涨

当全国抗日救亡运动在关内日益高涨之际，中国共产党独立领导的东北人民抗日武装斗争也在如火如荼地进行。1933年1月26日，

中共驻共产国际代表团以中共中央名义发出《给满洲各级党部及全体党员的信》，首次提出在东北组织反日民族统一战线的策略方针，对指导东北的中共组织转变斗争策略起了重要作用。中共满洲省委决定扩大党独立领导的抗日游击队，执行民族革命统一战线的策略。东北各地中共组织和抗日游击队主动争取团结各种抗日力量，收编和改造各地义勇军，在抗日游击队的基础上开始组建东北人民革命军。从 1933 年下半年到 1936 年年初，组建了东北人民革命军第 1 军（军长兼政治委员杨靖宇）、第 2 军（军长王德泰、政治委员魏拯民）、第 3 军（军长赵尚志）、第 6 军（军长夏云杰），东北抗日同盟军第 4 军（军长李延禄），东北反日联合军第 5 军（军长周保中），共 6 个军 6000 余人。各部队在连以上各级普遍建立了共产党和共青团组织，使部队的组织纪律性和战斗力不断提高；同时，实行游击战争的战略战术，依托山区，化整为零，大力开展抗日游击战争，粉碎了日军的多次"讨伐"。东北人民革命军在极其艰苦的条件下英勇作战，涌现出许多民族英雄。第 3 军第 2 团政治委员赵一曼，在反日伪军"讨伐"时被俘，受尽摧残、宁死不屈、英勇就义，表现出崇高的民族气节。

为进一步推动抗日民族统一战线的发展，中共驻共产国际代表团于 1936 年 2 月 10 日决定将东北人民革命军改称东北抗日联军。2 月 20 日，以杨靖宇、王德泰、赵尚志、周保中等人及汤原游击队、海伦游击队的名义发表了《东北抗日联军统一军队建制宣言》。此后，各地抗日武装力量陆续改编为东北抗日联军，抗日游击战争获得进一步发展。

东南满地区，是东北抗日联军第 1、第 2 军的活动区域。第 1 军于 1936 年春由东北人民革命军第 1 军改编而成，杨靖宇任军长兼政治委员，下辖两个师，约 3000 人，活动于以金川老游击区为中心的南满地区。3 月至 5 月，该部打破了日伪军的春季大"讨伐"，使游

坚持艰苦抗战的东北抗日联军。

击区得以扩大，全军发展到 6000 余人。第 2 军于 1936 年 3 月由东北人民革命军第 2 军改编而成，王德泰任军长，魏拯民任政治委员，下辖 3 个师，共 2000 余人。7 月初，中共东满、南满特委组成南满省委，由魏拯民任书记；同时，将第 1、第 2 军合编为东北抗日联军第 1 路军并成立总司令部，杨靖宇任总司令兼总政治委员，王德泰任副总司令。1936 年夏冬，第 1 路军先后两次派部队向辽西、热河地区西征，试图打通与中共中央及关内抗日军队的联系，但没有成功。这一时期，第 1 路军除据有抚松、濛江（今靖宇县）、通化等老游击区外，还在长白县境内和宁安南湖头新建或重建了游击根据地，打开了东南满地区的抗日斗争局面。

在北满地区，活动着东北抗日联军第 3、第 6 军。第 3 军于 1936 年 8 月 1 日以东北人民革命军第 3 军为基础改编而成，赵尚志任军长，先有 7 个师,后来又组建 3 个师,共 6000 多人。该军在松花江两岸开展游击战争。第 6 军于 1936 年 9 月由东北人民革命军第 6 军正式改编而成,夏云杰任军长,下辖 7 个团,共 2000 余人,在以汤原县为中心的松花江下游地区开展游击活动。第 3、第 6 军的游击战争,巩固和发展了北满游击根据地,使松花江沿岸 10 余县的游击区连成一片。

在吉东地区,活动着东北抗日联军第 4、第 5、第 7 军。第 4 军于 1936 年 3 月由东北抗日同盟军第 4 军正式改编而成,李延禄任军长,后由李延平代理,先有 3 个师,后发展为 4 个师。他们活动于松花江南岸并向东发展到乌苏里江西岸。第 5 军于 1936 年 2 月由东北反日联合军第 5 军正式改编而成,周保中任军长,下辖两个师。5 月以后,该部除留少数部队在宁安地区坚持斗争外,主力向穆棱、密山、依兰地区发展。1937 年 3 月,第 5 军攻克依兰县城,并在依兰东部地区建立了后方基地。第 7 军于 1936 年 11 月以东北抗日同盟军第 4 军第 2 师为基础扩编而成,陈荣久任军长,下辖 3 个师。此后,第 7 军分两路在乌苏里江沿岸和松花江下游开展游击战争,在巩固扩大虎(林)饶(河)游击根据地的同时,开辟了同(江)富(锦)新游击区。

东北抗日联军除了上述中国共产党直接领导的 7 个军以外,还有一些与中共有统战关系的抗日部队,经过中共的团结争取,也先后加入抗日联军行列。第 8 军于 1936 年 9 月由东北民众救国军改编而成,军长谢文东,共 300 余人,后发展到近 1000 人,主要在依兰、方正、延寿等地开展游击活动。第 9 军于 1937 年 1 月由吉林自卫军混成旅第 2 支队改编而成,军长李华堂,共 800 余人,后发展到 2000 余人;最初活动于汤原的汤旺河沟里一带,后转战于勃利、依兰、方正等地。第 10 军的前身是反满抗日救国义勇军,1936 年冬改编为东北抗日联军第 10 军,军长汪雅臣,共 1000 余人,主要活动于舒兰、苇河、五常一带。东北抗日联军独立师于 1936 年 5 月由东北人民革命军第

3 军方（正）依（兰）游击队改编而成，师长祁致中，共 800 余人，主要活动于勃利、富锦、桦川等地。

从 1936 年 2 月到 1937 年 7 月，东北抗日联军已编成 10 个军、1 个独立师，共 3 万余人，这是中国共产党实行抗日民族统一战线政策的重要成果。东北抗日联军在南起长白山麓、鸭绿江畔，北抵小兴安岭，东起乌苏里江，西至辽河东岸的辽阔地域，广泛开展游击战争，同日伪军作战数千次，歼敌 1 万余人，挫败和打破了日伪军上百次"讨伐"，开辟了包括东南满、吉东、北满三大抗日游击区在内的广阔的东北敌后战场，将东北抗日游击战争推向高潮。东北抗日联军的英勇斗争，牵制了大量日伪军，支援、鼓舞和推动了全国的抗日斗争。

四、国共合作局面的初步形成与全国抗战的准备

1. 国民党对日政策的调整与中共逼蒋抗日方针的确立

随着日本侵略中国步伐的加快、全国抗日救亡运动的日益高涨和国民党内部抗日要求的加强，加上英美等国同日本矛盾的显现，国民党政府不得不考虑调整对日政策。

1935 年 11 月，国民党召开第五次全国代表大会。蒋介石在外交报告中声称："和平未到完全绝望之时，决不放弃和平；牺牲未到最后关头，亦不轻言牺牲"；并提出："一切枝节问题当为最大之忍耐，复以不侵犯主权为限度"，否则"即当听命党国，下最后之决心"。① 大会宣言接受了这个方针。1936 年 6 月，广东的实力派陈济棠和广西的实力派李宗仁、白崇禧等人在广州召开会议，发表通电，并成立军事委员会和抗日救国军，宣布北上抗日反蒋等主张。两广事变表明，中日民族矛盾的发展已经进一步影响到国民党的内部关系，如果蒋介

---

① 《国闻周报》1935 年第 12 卷第 46 期。

石不在对日政策上改弦更张，国民党营垒内部将发生更大的分化。在随后召开的国民党五届二中全会上，蒋介石明确表示决不签订承认伪满洲国的协定，并对牺牲的"最后关头"作了"最低限度"的解释。会议通过的宣言也声称："对外则决不容忍任何侵害领土主权之事实，亦决不签订任何侵害领土主权之协定"。[①] 不仅如此，1935 年 12 月至 1937 年 2 月，国民党政府在同日本进行的长达一年多的外交谈判中，也坚持了比较强硬的立场。

为了遏制日本在华势力，从 1935 年年底开始，国民党政府一方面有意改善同苏联的关系，另一方面也打算利用抗日的旗号，以极其苛刻的条件同中国共产党谈判，以达到"溶共"和收编红军的目的。此后，国民党通过多种渠道秘密与共产党接触。

中国共产党为了建立广泛的统一战线，自瓦窑堡会议后，一直在积极争取同以蒋介石为首的国民党政府联合抗日，并根据形势变化不断调整方针政策。1936 年 2 月，中共中央从宋庆龄派来的代表董健吾（中共秘密党员，公开身份为牧师）那里得知，南京方面有同中共合作抗日的意愿。正在抗日东征中的中共领导人毛泽东、张闻天、彭德怀，于 3 月 4 日明确提出同国民党谈判的五条意见。4 月 25 日，中共中央发表宣言，首次公开把国民党列为组成抗日民族统一战线的对象。5 月 5 日发表的《停战议和一致抗日通电》，不再称蒋介石为卖国贼，而称其为"蒋介石氏"。8 月 25 日，中共中央公开发表《中国共产党致中国国民党书》，倡议在抗日的大目标下，国共两党实行第二次合作。9 月 1 日，中共中央向党内发出指示，明确指出："目前中国的主要敌人，是日帝，所以把日帝与蒋介石同等看待是错误的，'抗日反蒋'的口号，也是不适当的"，"我们的总方针，应是逼蒋抗

---

① 荣孟源主编：《中国国民党历次代表大会及中央全会资料》下册，光明日报出版社 1985 年版，第 412 页。

日"。9月17日，中共中央政治局会议通过的决议指出："中国人民的抗日救亡运动现在已经进入了一个新的阶段"，"推动国民党南京政府及其军队参加抗日战争，是实行全国性大规模的严重的抗日武装斗争之必要条件"。[①]决议同时宣布，中国共产党随时准备在任何地方与任何时候派出自己的全权代表，同国民党的全权代表开始具体实际的谈判，以期迅速订立抗日救国的具体协定。至此，中国共产党基本上完成了对国民党政策的转变，即由抗日反蒋到逼蒋抗日。这一方针的改变，有力地推动了抗日民族统一战线的形成。

2. 西安事变及其和平解决

蒋介石虽然进行了一些政策上的调整，但仍企图孤注一掷"剿灭"红军。1936年冬，蒋介石调集约30个师的兵力准备进攻陕甘地区。12月4日，蒋介石飞抵西安，迫令张学良、杨虎城率部进攻红军，否则，将东北军调往福建、杨虎城的第17路军调往安徽，由中央军进驻陕甘"剿共"。张学良、杨虎城既不愿与红军开战，也不愿离开西北。二人在反复劝说蒋介石接受抗日主张无效后，决心实行"兵谏"，以救时局。

12月12日凌晨，按照张学良、杨虎城商定的计划，东北军扣留了蒋介石，第17路军控制了西安城，并扣留了从南京来的几十名国民党军政要员。当天，张学良、杨虎城及东北军和第17路军高级将领联名通电全国，提出改组南京政府，容纳各党各派、共同负责救国，停止一切内战，立即释放上海被捕之爱国领袖，释放全国一切政治犯，开放民众爱国运动，保障人民集会、结社一切政治自由等八项主张。这就是震惊中外的西安事变。

---

① 中共中央文献研究室、中央档案馆编：《建党以来重要文献选编（一九二一——一九四九）》第13册，中央文献出版社2011年版，第283页。

西安事变爆发后，在国内引起强烈反响。南京政府在如何对待事变问题上，存在着武力"讨伐"和政治解决的两种态度。军政部部长何应钦等人极力主张"讨伐"张学良、杨虎城，他们调动陆军和空军力量准备进攻西安。宋美龄、宋子文、孔祥熙等人反对用武力"马上讨伐"，同时积极展开营救蒋介石的活动。在国民党地方实力派和中间阶级的众多人士中，少数人表示完全支持张学良、杨虎城；但大多数人担心会引发更大规模的内战，因而不支持张学良、杨虎城，要求恢复蒋介石的自由，主张和平解决西安事变。

国际上，各国对西安事变的态度也极为复杂。日本政府宣称张学良、杨虎城已经"赤化"，声明它不能坐视南京同西安妥协，极力挑动扩大中国内战，以便实现灭亡中国的野心。英国和美国力求维持蒋介石的统治，以免南京政府完全为亲日派所控制，因而支持事变的和平解决。苏联虽然支持和平解决事变，但对事变的性质作出了错误的判断，违背事实地指责张学良、杨虎城与亲日派有密切关系。

西安事变虽然是在中国共产党抗日民族统一战线政策的影响下发生的，但发动事变完全由张学良、杨虎城决定，事前中国共产党并不知情。事变发生后的当夜，毛泽东、周恩来等人根据张学良的来电，决定采取紧急步骤，给张学良、杨虎城以全力支持。12月13日，中共中央召开政治局常委扩大会议，提出争取南京政府、把局部的抗日统一战线转到全国性的抗日统一战线等方针政策。

12月17日，周恩来等人作为中共中央代表飞抵西安。周恩来与张学良商谈了关于正确解决西安事变的问题，并商定了与南京政府谈判的五项条件。他明确指出，中国共产党对于蒋介石的态度是：保证蒋介石的安全，但要声明如果南京政府挑起内战，则蒋介石的安全无保证。同时，周恩来又与杨虎城会谈，希望杨虎城从大局出发，逼蒋抗日。杨虎城表示同意。12月18日，周恩来致电中共中央，报告外界对西安事变的反应，并陈述他个人对解决事变的意见。同日，中共中央致电国民党，进一步提出和平解决西安事变的五项条件，包括召开抗日救国代表大会、承认红军和西安方面的抗日要求、停止内战一致抗日、开放人民抗日救国运动、实现孙中山先生的三大政策等。

12月19日，中共中央再次召开政治局扩大会议。会议明确肯定西安事变的目的是为了抗日救国，同时根据对有可能发生内战与共同抗日两种前途的分析，确定了和平解决事变的基本方针。同日，中华苏维埃中央政府及中共中央联名向南京、西安当局发出通电，重申和平解决西安事变的立场，敦促南京政府下决心接受张学良、杨虎城的主张，停止正在发动的内战。

南京方面在了解了张学良、杨虎城和中国共产党希望和平解决事变的态度后，于12月22日正式派出谈判代表宋子文、宋美龄到西安。周恩来和张学良、杨虎城一起参加谈判，共同商讨有关问题，并在同南京方面的谈判中做了大量工作。经过两天商谈，最后达成六项协议：（1）改组国民党与国民政府，驱逐亲日派，容纳抗日分子；（2）释放上海爱国领袖和一切政治犯，保障人民的自由权利；（3）停止"剿共"政策，联合红军抗日；（4）召集各党各派各界各军的救国会议，决定抗日救亡方针；（5）与同情中国抗日的国家建立合作关系；（6）实行其他具体的救国办法。12月24日晚，周恩来会见蒋介石，当面向蒋介石说明中国共产党抗日救国的政策。蒋介石表示："停止剿共，联红抗日"。①

12月25日，张学良亲自陪同蒋介石飞离西安回南京。一到南京，蒋介石就扣留了张学良。消息传出后，西安出现动荡不安的局势，内战危险重新显现。周恩来在极端困难的情况下进行坚定和细致的工作，及时解决一系列棘手问题，基本上保持了和平解决西安事变的成果。

---

① 《周恩来选集》上卷，人民出版社1980年版，第73页。

西安事变的和平解决，挫败了日本侵略者和亲日派的阴谋，促进了国内和平的初步实现，对国共两党的再度合作起了重大的推动作用，为全民族抗战的实现准备了必要前提，因而成为时局转换的枢纽。

1936年12月，西安事变发生。周恩来（右4）代表中共中央处理好西安事变后回到延安，受到毛泽东（右5）、张闻天（右6）等人的欢迎。

3. 抗日民族统一战线的初步形成

为促成国共两党合作抗日，防止蒋介石倒退，中共中央于1937年2月10日致电即将召开的国民党五届三中全会，提出五项要求和四项保证。五项要求即：停止内战，集中国力，一致对外；保障言论、集会、结社之自由，释放一切政治犯；召开各党各派各界各军的代表会议，集中全国人才，共同救国；迅速完成对日作战之一切准备工作；改善人民的生活。电文指出，如果国民党能毅然确定此为国策，中国共产党愿意作出四项保证，即：在全国范围内实行停止推翻国民党政府的武装暴动方针；工农政府改名为中华民国特区政府，红军改名为国民革命军；特区实行彻底的民主制度；停止没收地主土地的政策，坚决执行抗日民族统一战线的共同纲领。上述五项要求和四项保证，是中共中央公开向国民党提出的两党合作的基本条件，也是对国民党的一个重大让步，体现了强烈的爱国热忱和真诚团结抗日的决心，赢得了各界爱国人士的广泛称赞。

2月15日至22日，国民党五届三中全会在南京召开。会上，国民党左派宋庆龄、何香凝、冯玉祥等人拥护中国共产党关于建立抗日民族统一战线的主张，提出了恢复孙中山联俄、联共、扶助农工的三大政策案，反对亲日派汪精卫等人抛出的坚持"剿共"方针的政治决议草案。亲英美派的蒋介石集团从自身利益出发，且迫于大势，不得不同意对联共抗日有所表示。这次会议虽没有制定出明确的抗日方针，没有检讨国民党过去的错误政策，没有根本放弃反共立场，但通过的宣言和决议案确定了和平统一、修改选举法、扩大民主、开放言论自由、释放政治犯等原则，重申了保卫领土主权的立场，反映出国民党在内外政策上的明显转变，表明国民党在实际上接受了中国共产党关于两党合作抗日的正确主张。国民党五届三中全会标志着"国民党不能不开始转变它过去十年的错误政策，这即是由内战、独裁和对日不抵抗的政策，向着和平、民主和抗日的方向转变，而开始接受抗日民族统一战线政策"。[①] 由于中国共产党的积极促进和各方爱国人士与全国人民的不懈努力，以国共两党第二次合作为基础的抗日民族统一战线终于初步形成。

与此同时，国共两党派出全权代表就两党合作抗日进行正式谈判。从1937年2月中旬到7月全国抗战爆发前，中共中央代表周恩

---

① 《毛泽东选集》第一卷，人民出版社1991年版，第255页。

来、叶剑英、林伯渠、博古等人同国民党方面先后在西安、杭州、庐山举行多次谈判，主要解决国共两党关系、红军改编和陕甘宁边区改制等问题。由于国民党设置种种障碍，多方延宕刁难，谈判无法取得实质性的进展。然而，由中国共产党和各方面爱国人士及全国人民共同努力而形成的国共合作、团结御侮的新局面业已明朗化，历史潮流不可逆转地向着全国抗战新阶段过渡。

4.中国进行全国抗战的准备

抗日民族统一战线的初步形成，奠定了中华民族抗战的政治基础。国共两党着眼于各自的实际情况，分别从不同方面加快了全国抗战的准备。

掌握着全国政权和国家资源的国民党政府，从西安事变和平解决后加快了抗战准备的步伐。在国防领导体制方面，1936年7月，国民党五届二中全会决定组织国防会议，其任务是讨论国防方针及有关重要问题。1937年3月，设立国防委员会，作为全国国防最高决策机关，对国民党中央执行委员会政治委员会负责。该机构正、副主席分别由国民党中央执行委员会政治委员会正、副主席兼任，成员包括党、政、军各方面高级长官，这是国民党政府建立党、政、军一元化战时领导体制的肇始。在军费投入方面，通过了1937年度军费预算，在普通军费预算4.12亿元的基础上，增加了国防建设专款2.22亿元，使整个国防预算达到6.34亿元。这是九一八事变以来国民党政府拨付的第一笔用于加强国防的巨额军费。在军队建设方面，1935年1月，国民党政府召开军事整理会议，决定加强对全国军队的整理训练。至1937年7月，共完成85个调整师和整理师另92个独立旅，还整建了部分技术兵种部队。为了解决兵员补充问题，国民党政府于1936年3月1日明令实施兵役法，并将全国划分为60个师管区，负责征集兵员，进行后备兵员的动员和训练。此外，在国防工程、国防工业和交通建设等方面也开始投入较多人力物力，进行了一定的准备。国民党政府的抗战准备，在一定程度上为以后的全国抗战创造了有利条件。但是，这种准备还很不充分，特别是长期"剿共"消耗了大量国力，对抗战准备造成了不利影响。

中国共产党具有政治动员和理论指导上的优势，并拥有一支高素质的人民军队和一定规模的具有深厚群众基础的根据地及游击区。从1936年年底至1937年夏，毛泽东先后撰写了《中国革命战争的战略问题》和《实践论》《矛盾论》等重要论著，运用辩证唯物主义和历史唯物主义的基本原理，系统总结了中国革命的基本经验，为中国共产党在即将到来的全民族抗日战争中开创新局面奠定了重要的理论基础。1937年5月上旬至6月中旬，中共中央先后在延安召开中国共产党全国代表会议和中国共产党白区工作会议，对进一步动员和争取千百万群众投入抗战洪流起了巨大作用。集中于陕甘宁地区的红军进入了对日作战的直接准备阶段，开展了旨在提高军政素质的大练兵，使广大指战员的思想政治觉悟和技术战术能力都有了很大提高。各种专门学校陆续开办起来：中国人民抗日红军大学于1936年6月成立后，1937年1月改名为中国人民抗日军事政治大学；在此前后，还创办了通信、供给、卫生、摩托等学校。红军人数也迅速扩大，到1937年7月全国抗战爆发前，陕甘宁地区的主力红军和地方红军已发展到7.4万人，拥有各种枪械4万余支（挺）。全国抗战爆发后，中共中央和陕甘宁边区政府领导广大军民，努力加强边区建设，在政治、经济和文化教育等方面取得了显著成就。陕甘宁边区日益成为抗日民主的模范根据地，成为人民军队抗战的总后方。

第三章　日本发动全面侵华战争，中国全国抗战开辟世界反法西斯战争东方主战场

日本侵略者挑起七七事变，悍然发动全面侵华战争，在东方点燃了第二次世界大战的战火。中国人民在以国共两党合作为基础的抗日民族统一战线的旗帜下，展开了气壮山河、血战到底的全国抗战，开辟了世界反法西斯战争的东方主战场。

一、中国全国抗战开始，抗日民族统一战线正式形成

1. 七七事变爆发，中国全国抗战开始

1936 年 2 月，日本正式确立法西斯体制后，加快了侵华战争步伐。

1937 年 7 月 7 日夜，日军驻北平丰台的中国驻屯军一部，在卢沟桥附近举行挑衅性军事演习。深夜零时许，日军声称演习时一名士兵失踪，要求进入宛平城搜查，其无理要求遭到中方的拒绝后，即向中国守军发起攻击，并炮轰宛平城。日本全面侵华战争从此开始。中国驻军第 29 军一部被迫奋起抵抗，全国抗战由此爆发。

七七事变爆发后，国共两党对日本的侵略迅速作出反应。7 月 8 日，中国共产党向全国发出通电，指出只有实行全民族抗战，才是中国的出路；号召全国人民、军队和政府团结起来，筑成民族统一战线

1937 年 7 月，日军挑起卢沟桥事变。图为宛平城的中国守军紧急出动赴战。

的坚固长城，抵抗日本的侵略。7 月 15 日，中共代表团在庐山向蒋介石提交了《中共中央为公布国共合作宣言》，提出了发动全民族抗战、实行民权政治和改善人民生活三项政治主张，重申向国民党五届三中全会提出的四项保证。7 月 17 日，蒋介石在庐山发表谈话，指出：卢沟桥事变到了无可避免的最后关头，"再没有妥协的机会，如果放弃尺寸土地与主权，便是中华民族的千古罪人"，"如果战端一开，那就是地无分南北，年无分老幼，无论何人，皆有守土抗战之责任"；同时，"希望由和平的外交方法，求得卢事的解决"。

日本为了达到 3 个月内灭亡中国的战略企图，实行速战速决的战略方针，迅速作出对华增兵的决定。日本首相和陆、海军主官分别将派兵方案上奏天皇裕仁，均得到批准。7 月 11 日，日本内阁五相会议通过了派兵案，并把七七事变称为华北事变，企图掩盖发动全面侵华战争的性质。同日，日本政府发表了《派兵华北的声明》，诬陷中国第 29 军挑起了七七事变，声称："内阁会议上下了重大决心，决定采取必要的措施，立即增兵华北。"于是，日军第 20 师团和第 3、第 5、第 6、第 11 师团等部队陆续到达中国。

7 月 28 日，日军中国驻屯军以北平南苑地区为主要目标发起总攻。第 29 军副军长佟麟阁在南苑全军干部会议上慷慨陈词：日寇进犯，我军首当其冲。战死者光荣，偷生者耻辱。国家多难，军人应该马革裹尸，以死报国。他在率部抗击时表示：抗敌事大，个人安危事小！在抗击日军过程中，佟麟阁与第 132 师师长赵登禹先后壮烈殉国。毛泽东称赞他们"给了全中国人以崇高伟大的模范"。①

1937 年 7 月 29 日，北平沦陷。日军中国驻屯军一部，在第 20 师团一部、关东军堤支队及临时航空兵团的支援下，于 7 月 30 日攻占天津。事实表明，七七事变决不是偶然事件，它是日本大陆政策长期发展的必然结果，是日本天皇、政府和财阀共同意志的表现；日本全面侵华的"有关出兵、作战的事宜，无一不是依照圣命（天皇的命令）进行的"。② 征服中国是日本法西斯集团争霸世界的既定方针和关键步骤。在德、日、意法西斯轴心初步形成，其与世界人民之间的矛盾构成世界主要矛盾的形势下，日本发动的全面侵华战争，已超出中日两国的范围而成为第二次世界大战的开端。

日军以主力向华北展开战略进攻的同时，分兵一部在上海制造了震惊中外的八一三事变，向华中发动了进攻。在日军直接威胁国民政府首都南京后，蒋介石的抗战方针和政策发生了根本性的转变。8 月 14 日，国民政府发表《自卫抗战声明书》，指出："中国为日本无止境之侵略所逼迫，兹已不得不实行自卫，抵抗暴力。"在这种形势下，国共双方于 8 月 18 日就陕甘宁边区人事、红军改编等问题达成协议。9 月 22 日，国民党通过中央通讯社发表了《中共中央为公布国共合

---

① 《毛泽东文集》第二卷，人民出版社 1993 年版，第 113 页。
② ［日］祢津正志：《天皇裕仁和他的时代》，世界知识出版社 1988 年版，第 129—130 页。

作宣言》。9月23日，蒋介石发表《对中国共产党宣言的谈话》，认为"此次中国共产党发表之宣言，即为民族意识胜过一切之例证"，事实上承认了中国共产党在全国的合法地位。《中共中央为公布国共合作宣言》和蒋介石谈话的发表，标志着以国共两党合作为基础的抗日民族统一战线正式形成。这是中国共产党顺应历史潮流正确决策的结果，也是与中国国民党方针政策的转变分不开的。它受到全国各族人民、各民主党派、各爱国军队、各阶层爱国人士以及海外华侨的欢迎和支持。对此，毛泽东予以高度评价："这在中国革命史上开辟了一个新纪元。这将给予中国革命以广大的深刻的影响，将对于打倒日本帝国主义发生决定的作用。"①

2. 中日全面战争爆发对世界格局的影响

七七事变前后，德、日、意法西斯侵略集团与一切被侵略、被压迫、被威胁的反法西斯国家和人民之间的矛盾逐渐上升为世界主要矛盾。中国能否战胜日本，不仅关系到中华民族的生存，而且与世界反法西斯斗争的成败息息相关。日本全面侵华战争和中国全国抗战爆发，迅速成为国际问题的焦点，从而促使了世界各种力量的分化，对世界格局的新变化产生了重大影响。

当时，世界上存在着三大主要力量。德、日、意法西斯初步形成法西斯轴心集团，企图通过战争手段，改变第一次世界大战后英、法、美等国主宰的凡尔赛—华盛顿体系所确立的国际战略格局，从而形成了"打破现状派"和"维持现状派"两大国际力量。同时，世界上第一个社会主义国家苏联迅速发展和壮大，并同被侵略、被压迫的殖民地、半殖民地的国家与人民相结合，成为国际社会中另一新的重要力量。

以德、日、意法西斯为轴心的法西斯力量，加强了东、西方两

---

① 《毛泽东选集》第二卷，人民出版社1991年版，第364页。

个战争策源地的战略配合，进一步加快了法西斯国家间勾结的步伐。1937 年 11 月 6 日，德、日、意三国代表在罗马签订了《关于意大利加入反共产国际协定的议定书》，标志着柏林—罗马轴心已正式扩大和形成为柏林—罗马—东京轴心。在此以前日、德两国签订的《反共产国际协定》和此次德、日、意三国签订的《关于意大利加入反共产国际协定的议定书》，均以反苏反共为基调，这时的法西斯轴心还处在政治同盟阶段。随后，日本为摆脱全面侵华在世界上造成的孤立状态，又进一步与德、意勾结，谋求变政治同盟为军事同盟，以牵制西方和苏联。1939 年 5 月，德、意在柏林缔结了《德国和意大利同盟条约》，亦称"钢铁盟约"。1940 年 9 月，德、日、意三国签订了军事同盟条约。

面对德、日、意争霸世界的步伐日趋加紧，以英、法、美等西方国家为主的另一大国际力量也趋向联合。日本侵华进一步威胁到英、法、美等国在中国的利益，加剧了它们与日本的矛盾。但是，这些国家为了自身既得利益的最大化，在中国全国抗战爆发后，仍反对制裁日本，并向日本输出战略物资，在较长时期内实行妥协和纵容侵略的绥靖政策。这说明，英、法、美等西方国家联合起来对付日、德、意法西斯还有较长一段路要走。然而，面对咄咄逼人的共同强敌的威胁，实行联合是一个必然趋势，因此，它们不断地加强自身力量和相互合作。直到 1939 年 4 月，法国参加英国与波兰的互助协定，终于建立了实质性的军事同盟关系，并宣布对比利时、荷兰等国提供保护，这成为以英、法为核心的反德、意法西斯阵线形成的标志。

日本发动全面侵华战争后，中国独立抗击着日本法西斯，成为世界反法西斯战争的重要力量。面临强敌入侵，中国正式建立了抗日民族统一战线，为殖民地、半殖民地国家和人民团结御侮树立了榜样。与此同时，中国迫切要求各爱好和平的国家共同建立起广泛的国际反法西斯统一战线。1937 年 8 月 21 日，中国和苏联签订《中苏互不侵犯条约》，进一步密切了两国关系。苏联在日本和德国东西对进、威胁自身安全的形势下，为了牵制日本，保障远东地区的安全，从人力、物力、财力和道义上大力支持中国。共产国际和英国、法国、美国等诸多国家的人民，也都纷纷表示与中国政府和人民站在一起。

日本全面侵华战争和中国全国抗战的爆发，是世界新旧格局变化的重大转折点。随着中国抗战在世界反法西斯战争中的地位和作用日益突出，以英、法、美和中国、苏联为代表的两大国际力量，在反法西斯侵略的共同利益基础上逐步拉近了战略合作的距离。1938 年 11 月 7 日，美、英、法三国第一次对日本采取联合行动，就日军封锁长江、禁止外国船只航行问题，向日本提出抗议。它们不仅在政治上明确反对日本的"大东亚新秩序"，而且逐步加大了对中国的军事和经济援助。随着中日战争的扩大，三大国际力量在斗争中不断进行新的凝聚和组合，呈现出法西斯和反法西斯两大阵线对抗发展的趋势。

二、中国抗战的指导路线与战略方针

正确的抗战路线和战略方针，是抗日战争取得最后胜利的根本保证。全国抗战爆发后的新形势，要求国共两党及时正确地制定出新的路线和方针。

1. 共产党的抗战指导路线与战略方针

中国共产党积极主张实行全面全民族抗战路线。七七事变爆发后的第二天，即 1937 年 7 月 8 日，中共中央发表通电提出："只有全民族实行抗战，才是我们的出路！"[1]8 月 22 日至 25 日，中共中央

---

① 中共中央文献研究室、中央档案馆编：《建党以来重要文献选编（一九二———一九四九）》第 14 册，中央文献出版社 2011 年版，第 356 页。

在陕西省洛川县冯家村召开政治局扩大会议，正式确定了全面全民族抗战路线，指出"只有这种全面的全民族的抗战，才能使抗战得到最后的胜利"。① 会议通过的《抗日救国十大纲领》，具体阐述了全面全民族抗战路线，其要点是：打倒日本帝国主义，实行全国军事的总动员，进行全国人民的总动员，改革政治机

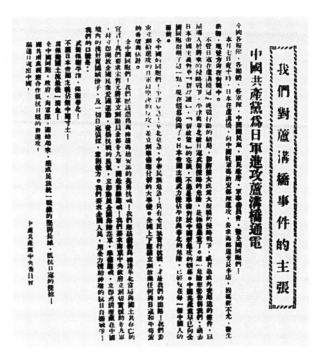

1937 年 7 月 8 日，中共中央发出为日军进攻卢沟桥通电，号召全国同胞奋起抵抗。

构，实行抗日的外交政策，实施战时的财政经济政策，改良人民生活，实行抗日的教育政策，肃清汉奸、卖国贼、亲日派并巩固后方，实现抗日的民族团结。中国共产党主张实行的全面全民族抗战路线，就是要进行一场人民战争。这与国民党不敢广泛发动群众、信奉单纯依靠政府和军队并依赖外援的片面抗战路线，有着很大不同。能否最大程度地相信、依靠、宣传、组织和武装人民群众，是国共两党两条抗战路线的根本区别。

　　要取得全国抗战的胜利，还必须实行正确的战略方针。中共中央早在 1935 年 12 月 25 日瓦窑堡会议上通过的《中央关于目前政治形势与党的任务决议》和会后毛泽东的《论反对日本帝国主义的策略》报告中，即科学预见到抗日战争的持久性，明确提出了对日实行持久

———————

① 《毛泽东选集》第二卷，人民出版社 1991 年版，第 446 页。

1937 年 7 月，毛泽东在延安召开的大会上进行抗日动员。

战的思想。洛川会议通过的《中央关于目前形势与党的任务的决定》又指出"应该看到这一抗战是艰苦的持久战"，从而正式确定了持久战的战略总方针。

为了贯彻全面全民族抗战路线和持久战战略总方针，中共中央、中共中央军委根据人民军队数量少和武器装备落后，作战对象由原来的国民党军变成日军、伪军，而国民党军成为友军的实际情况，逐步确定了人民军队的军事战略方针。在洛川会议上，毛泽东提出，人民军队要实行独立自主的山地游击战，包括在新条件下消灭敌人兵团与在平原发展游击战争，但着重于山地。所谓独立自主，是指在统一战线下相对的独立自主，一定要争取战略方针的共同商量；所谓山地，是指首先在山区创造抗日根据地，依托山地开展游击战争，并向平原发展；所谓游击战争，是指分散以发动群众，集中以消灭敌人，打得赢就打，打不赢就走。山地是人民军队开展游击战得心应手的用武之地，也是日军坦克、大炮等重装备难以充分发挥作用的地区。进行山地游击战，以己之长，击敌之短，从根本上解决了人民军队创建抗日根据地、发动群众与集中起来打仗，集中兵力开展大兵团作战与分散兵力进行游击战，保存并发展自己与消灭敌人的关系。1938 年 5 月，毛泽东发表《论持久战》一文，将人民军队的军事战略方针表述为："基本的是游击战，但不放松有利条件下的运动战。"[①]

新的军事战略方针要求人民军队在作战形式上由国内正规战争为主转变成抗日游击战争为主，同时在组织形式上也要由集中使用的正规军变为分散使用的游击军。毛泽东指出："必须把过去的正规军和运动战，转变成为游击军（说的是分散使用，不是说的组织性和纪律性）和游击战，才能同敌情和任务相符合。"实行军事战略转变，具有极端重要性，"这一转变关系于整个抗日战争的坚持、发展和胜利，

---

① 《毛泽东选集》第二卷，人民出版社 1991 年版，第 441 页。

关系于中国共产党的前途非常之大，只要想一想抗日游击战争在中国民族解放命运上的历史意义，就会知道的。中国的抗日游击战争，就其特殊的广大性和长期性说来，不但在东方是空前的，在整个人类历史上也可能是空前的"。① 毛泽东还科学地预见到在抗日战争的后期即战略反攻阶段，有一个以游击战争为主向以正规战争为主的军事战略转变问题。

关于中国抗战是持久战问题，毛泽东指出："中日战争不是任何别的战争，乃是半殖民地半封建的中国和帝国主义的日本之间在二十世纪三十年代进行的一个决死的战争。全部问题的根据就在这里。"② 具体表现为中日双方互相矛盾的 4 个基本特点，即敌强我弱，敌小我大，敌退步我进步，敌寡助我多助。

战略相持阶段的理论，是毛泽东持久战理论的精彩独到之处。他科学地分析了持久战三阶段发展的轮廓、进程和总趋势。持久战的主要特征在于表现在 3 个阶段之中的长期性：第一阶段，是敌之战略进攻、我之战略防御阶段；第二阶段，是敌之战略保守、我之准备反攻的战略相持阶段；第三阶段，是我之战略反攻、敌之战略退却阶段。战略相持阶段是转变敌强我弱力量对比的枢纽。中国将变为独立国，还是沦为殖民地，不决定于第一阶段大城市之是否丧失，而决定于战略相持阶段全民族努力的程度。中国将在此阶段中获得转弱为强的力量，从而迎来最后的胜利。

毛泽东强调，在抗日战争发展的 3 个阶段，必须正确地运用包括运动战、阵地战的正规战和游击战 3 种作战形式。全国抗战的战略防御和战略反攻两个阶段，以运动战为主，以游击战和阵地战为辅；而战略相持阶段则以游击战为主，以运动战和阵地战为辅。游击战的战

---

① 《毛泽东选集》第二卷，人民出版社 1991 年版，第 551 页。
② 《毛泽东选集》第二卷，人民出版社 1991 年版，第 447 页。

1938 年春，毛泽东在延安撰写《论持久战》。

略作用，一是辅助正规战；二是自身转变为正规战，即向运动战发展。

　　持久战期间的战争与政治的关系极为密切。抗日战争是全民族的战争，它的胜利离不开战争的政治目的——驱逐日本帝国主义、建立自由平等的新中国，离不开坚持抗战和坚持统一战线的总方针，离不开全国军民的动员。毛泽东深刻揭示了人民战争的极端重要性，指出："兵民是胜利之本"，"战争的伟力之最深厚的根源，存在于民众之中"，"动员了全国的老百姓，就造成了陷敌于灭顶之灾的汪洋大海，造成了弥补武器等等缺陷的补救条件，造成了克服一切战争困难的前提"。[1]

　　把抗日游击战争提高到战略地位，是毛泽东军事思想的伟大创造。毛泽东指出：中国是一个大而弱的国家，它被另一个小而强的国家所攻击，但是，这个大而弱的国家处于进步的时代。在这样的情况

────────────

[1]　《毛泽东选集》第二卷，人民出版社 1991 年版，第 477、511、480 页。

下，敌人占地甚广和战争的长期性发生了。因此，抗日游击战争就主要地不是在内线配合正规军的战役作战，而是在外线单独作战。并且，由于有中国共产党领导的坚强军队和广大人民群众存在，游击战争就不是小规模的，而是大规模的，这规定了游击战争不能不做许多异乎寻常的事情。于是，抗日根据地的问题，战略防御和战略反攻、向运动战发展等问题也发生了。这样，中国的抗日游击战争"就从战术范围跑了出来向战略敲门，要求把游击战争的问题放在战略的观点上加以考察。特别值得注意的，是这样又广大又持久的游击战争，在整个人类的战争史中，都是颇为新鲜的事情"。[①]

同时，毛泽东还特别强调了抗日根据地的重要性和必要性。抗日根据地是游击战争赖以执行自己的战略任务，达到保存和发展自己、消灭和驱逐敌人之目的的战略基地，是关系游击战争生存和发展的生死攸关问题。否则，一切战略任务的执行和战争目的的实现就失掉了依托，就得不到群众人力、物力、财力的支援，就不能长期坚持和发展。首先应把山地作为长期坚持的重要堡垒，然后向平原及河湖港汊地带发展，由游击抗日根据地逐渐发展为巩固的抗日根据地。

关于最后胜利为什么属于中国，毛泽东指出，主要缘于中日双方相互矛盾着的4个基本特点，它们决定了中国全国抗战的进程和结局。亡国论的实质是盲目悲观，看敌人如神物，而看自己如草芥；速胜论的实质则是盲目乐观，看敌人如草芥，而看自己如神物。两者均是战争问题上的唯心论者和机械论者。

关于持久战和抗日游击战争的理论，是中国共产党从中国抗战的实际出发，运用辩证唯物主义和历史唯物主义解决战争问题的光辉典范，不仅是中华民族抗日战争的理论指南，也是弱国战胜强敌战略理论的创新和发展。

[①] 《毛泽东选集》第二卷，人民出版社1991年版，第405页。

2. 国民党的抗战指导路线与战略方针

七七事变后，国民党当局也迅速制订战争指导方案和计划。1937年8月12日，蒋介石任陆海空军大元帅，以国民政府军事委员会为最高统帅部。8月20日，国民政府以大本营的训令颁发了《战争指导方案》，正式确定"以达成'持久战'为基本主旨"，即实行持久消耗战略，并将华北、华中和华南部分地区暂时划为5个战区。

国民党视持久消耗战略为最高战略。其基本思想是："利用我优势之人力与广大国土，采取持久消耗战，一面消耗敌人，一面培养国力，俟机转移攻势，击破敌人，争取最后胜利。"[1] 其内容要点是：实行"以空间换时间"的战略思想，认为这是"持久消耗战略的精髓"[2]；实行消耗战的战略原则，认为"要旨在于始终保持我军之战斗力，而尽量消耗敌人力量，使我军达到持久抵抗之目的"[3]；实行内线固守、分兵把口的作战方针，认为日军的利器是飞机、大炮和战

1937年7月，蒋介石在庐山发表抗战演说。

---

① 何应钦：《日军侵华八年抗战史》，（台湾）黎明文化事业股份有限公司1982年版，第13页。

② 秦孝仪主编：《总统蒋公思想言论总集》第15卷，（台湾）中央文物供应社1984年版，第122页。

③ 张其昀编：《先总统蒋公全集》第3册，（台湾）中国文化大学出版社1987年版，第3851页。

车，而我们的利器是深沟、高垒和厚壁。因此，抗战获胜的"要道"是："固守阵地，坚忍不退"，"层层布防，处处据守"。[①] 同时，依赖第三国和国际外交活动阻止日本侵略。

1938年3月29日至4月1日，国民党召开临时全国代表大会并通过《抗战建国纲领》，对全国抗战路线的诸多问题作出决议。其要点是：本独立自主之精神，联合世界上同情于我之国家及民族，为世界之和平与正义共同奋斗；联合一切反对日本帝国主义侵略之势力，制止日本侵略；充实民众武力，在敌人后方发动普遍的游击战；改善各级政治机构，严惩贪官污吏；改善人民生活，发展农村经济；严禁奸商垄断居奇，有钱者出钱，有力者出力，对于汉奸严行惩办；改订教育制度及教材，推行战时教程等。《抗战建国纲领》在如何抗战和争取最后胜利方面提出了一些比较进步的思想，也是国民党自西安事变后被迫放弃"攘外必先安内"的误国政策、走向全国抗战以来，所制定的相对较好的纲领。但是国民党政府言行不一，并没有完全将这一纲领付诸行动。

综观国共两党的抗战指导路线与战略方针，既有相同点，也有根本的区别。共同点是：均实行适应全国抗战的一些路线方针政策，实行持久战的战略方针，这是共同抗战的基础。同时也存在根本的不同点：共产党坚持的是全面全民族的抗战路线，实行的是立足于人民战争的持久战的战略方针，这是符合国情实际的、克敌制胜的战争指导方略。而国民党实行的是单纯依靠政府和军队的抗战路线，不能充分发动和武装群众，具有战争指导上的片面性；国民党实行的持久消耗战略，有比较符合敌强我弱实际的一面，但过分强调"以空间换时间"，过分强调依赖列强干涉和外援，没有看到转变敌强我弱力量对

---

① 张其昀编：《先总统蒋公全集》第1册，（台湾）中国文化大学出版社1984年版，第1073页。

比的战略相持阶段的极端重要性，因此又具有消极性的一面。

三、红军主力改编与平型关大捷

根据国共两党达成的协议和国民政府军事委员会 1937 年 8 月 22 日的命令，中共中央革命军事委员会（简称"中共中央军委"）于 8 月 25 日发出改编命令，将中国工农红军第一、第二、第四方面军及陕北红军等部改编为国民革命军第八路军。朱德任总指挥，彭德怀任副总指挥，叶剑英任参谋长，左权任副参谋长，任弼时任政治部主任，邓小平任政治部副主任。下辖第 115、第 120、第 129 师，师长依次是林彪、贺龙、刘伯承，副师长依次是聂荣臻、萧克、徐向前。全军共近 4.6 万人。9 月 11 日，国民政府军事委员会将国民革命军第八路军改称国民革命军第 18 集团军。但八路军的称呼，仍被广大指战员和人民群众习惯性地沿用下来。八路军直属国民政府军事委员会，1938 年 1 月改隶第 2 战区。

为了加强新形势下共产党对军事工作的领导，中共中央政治局洛川会议决定，毛泽东任中共中央军委书记（实际称主席），朱德、周恩来任副书记（实际称副主席）。10 月 10 日，中共中央军委决定成立总政治部，任弼时任主任。10 月 22 日，中共中央、中共中央军委决定恢复一度取消的政治委员制度，随后任命了各师、旅政治委员。聂荣臻、关向应、张浩分别为第 115、第 120、第 129 师政治委员。

八路军的基本任务是：创建抗日根据地，钳制与消耗敌人，配合友军作战，保存和扩大自己。八路军的作战地区初定为晋、冀、察、绥四省交界的恒山、五台山地区。日军占领平津后，按照速战速决的战略方针，沿平汉、平绥和津浦铁路在华北展开战略进攻。至 9 月中旬，日军在华北地区的兵力共约 37 万人。在日军大举增兵展开战略进攻、国民党军节节败退、华北战局严重危急的形势下，8 月下旬至

1937年9月，八路军在陕西省韩城县芝川镇东渡黄河，奔赴华北抗日前线。

9月下旬，八路军未等改编就绪就从陕西誓师出征，东渡黄河，开赴山西，昼夜兼程地奔赴华北抗日前线，从而形成了敌进、友退、我进的抗战局面。

正当八路军星夜开赴抗日前线之际，日本关东军察哈尔派遣兵团于9月13日占领大同后，以一部兵力于10月13日占领绥远省省会归绥、10月16日占领包头，结束了平绥铁路沿线作战；主力沿同蒲铁路南下晋北忻口，直趋太原。与此同时，日军华北方面军第5师团，亦由平绥铁路东段的宣化南下晋、察、冀交界地区。根据敌情这一变化，毛泽东于9月17日发出八路军变更战略部署的指示：敌之战略计划是以大迂回姿势，企图夺取太原，威胁平汉路友军侧背，进而实现夺取华北五省的计划。同时，判断恒山山脉一带必为日军夺取晋、察、冀三省的战略枢纽。遂决定将原来八路军3个师集中配置在恒山山脉一区的计划，改为分散配置于山西省的四角。随后，第115、第120师除一部在晋、察、冀边界的恒山和五台山地区活动外，第115师主力进至晋西南地区，第120师主力仍在晋西北地区活动，第 115 师第 344 旅和第 129 师进至晋东南地区。八路军变更战略部署后，对敌将占领的中心城市太原和交通要道同蒲、正太铁路等形成四面包围之势。这对于八路军保持战略上的主动、实行独立自主的山地游击战争和创建抗日根据地，具有重要的战略意义。

9 月中旬，由平绥铁路东段向西南方向进攻的日军华北方面军第 5 师团，在由大同向南进攻的关东军察哈尔派遣兵团主力的配合下，迅速向内长城线逼近，企图突破平型关要隘，歼灭中国第 2 战区部队，从右翼配合华北方面军主力沿平汉、津浦铁路的作战。针对这一情况，中国第 2 战区司令长官阎锡山决心在平型关—雁门关—神池的内长城线组织防御，凭借长城之险阻止日军进入山西腹地。为配合友军作战，9 月 24 日，八路军第 115 师师长林彪和副师长聂荣臻，确定在平型关东北方向的关沟经乔沟至东河南镇长约 13 公里的公路旁采取一翼伏击的战术，将日军歼灭于狭谷之中。同日，第 115 师独立团在位于涞源与灵丘间的腰站实施阻击，打退日军一部的多次冲击。9 月 25 日拂晓，日军第 5 师团辎重联队和第 21 旅团主力等部队沿灵丘至平型关公路由东向西开进，7 时许全部进入第 115 师预伏地域。第 115 师抓住战机，突然发起全线攻击。第 685 团迎头截击，歼日军先头部队。第 687 团在蔡家峪和西沟村之间，切断了日军退路。第 686 团于小寨至老爷庙之间的乔沟实施突击，把日军压缩在狭谷之中。在此期间，先期于 9 月 22 日进占东跑池的日军一部，试图回援老爷庙，亦被第 685 团所阻。日军多次反扑，但由于两军短兵相接，日军的飞机无能为力，其反扑被第 686 团一次又一次击退。随后，第 686 团在第 685 团的协同下，将该部日军全部歼灭，平型关战役胜利结束。

在平型关战役中，八路军第 115 师以自身伤亡 400 余人的代价，歼灭日军精锐第 5 师团辎重联队和第 21 旅团各一部共 1000 余人，并缴获大批军用物资，取得了全国抗战开始以来中国军队主动寻歼日军

1937 年 9 月，八路军取得平型关大捷。图为此战后，八路军部队向敌后挺进。

的第一个大胜利。9 月 26 日，蒋介石发出贺电："奸寇如麻，足证官兵用命，深堪嘉慰"。平型关大捷是八路军首次集中较大兵力对日军进行的一次成功的伏击战，打破了日军不可战胜的神话，极大地增强了全国军民的抗战信心，提高了共产党和八路军的威望，并赢得了国际舆论的称赞和好评。

四、淞沪会战与太原会战

1. 淞沪会战

淞沪地区位于长江下游黄浦、吴淞两江汇合处，扼长江和国民政府首都南京门户。上海是当时中国最大的工商业城市和进出口贸易港口，也是东方的金融贸易中心。优良的港口和京沪、沪杭铁路的起点，又使上海成为通往内地和国外的枢纽。上海在军事、政治和经济上具有重要战略地位。

日军为实现速战速决的战略方针，于 1937 年 8 月 13 日向上海发动全线进攻，中国军民奋勇抗敌，淞沪会战开始。8 月 15 日，日军上海派遣军成立，松井石根大将任司令官。9 月 2 日，日本内阁会议决定将华北事变正式改称中国事变。9 月 20 日，日军制订《作战计划大纲》，提出"大致以 10 月上旬为期，在华北与上海两方面发动攻击，务必给予重大打击，造成使敌人屈服的形势"。①

淞沪会战开始后，国民政府军事委员会于 8 月 20 日决定以第 3 战区对抗上海日军，粉碎沿江、沿海登陆的日军，巩固首都南京及经济中心地区。于是，中国军队与日本侵略军双方陆军展开全面激战。中国军队以第 9 集团军为主力，在炮火支援下，在虹口至杨树浦地区与日军反复争夺，第 88 师第 264 旅旅长黄梅兴以下伤亡 1000 余人。第 78 军第 215 团第 2 营 300 余名官兵，全部壮烈牺牲。8 月 23 日，日军上海派遣军向罗店、宝山发起进攻。中国军队奋起反击，但终因伤亡过重，罗店得而复失。9 月 5 日，日军向宝山发起猛攻。中国军队第 583 团 1 个营 500 名官兵奋战两昼夜，营长姚子青以下多数壮烈牺牲。

同时，中日两军展开空战。8 月 14 日，中国空军轰炸了日本海军特别陆战队司令部和海军第 3 舰队"出云"号旗舰。第 4 大队大队长高志航率两机群共 27 架战斗机，分途拦截袭击杭州和广德机场的日军飞机，击落轰炸机 3 架，首创空战胜利的纪录。后来，国民政府将 8 月 14 日定为空军节。8 月 19 日，中国空军飞行员沈崇海驾机向日舰俯冲，炸沉日巡洋舰一艘，壮烈牺牲。仅 8 月 14 日至 9 月初，中国空军直接击落的日军飞机就达 60 余架。

在此期间，中日两国海军在长江展开搏斗。8 月 16 日晚，江阴区江防司令部 102 号快艇，施放两枚鱼雷重创日军旗舰"出云"号。

---

① ［日］防卫厅防卫研究所战史室：《中国事变陆军作战》〈1〉，朝云新闻社 1975 年版，第 301 页。

8月中旬，中国海军"甘露""通济""大同""自强"等舰艇以及征集的轮船共30余艘，堵塞航道，布设水雷，阻止日舰溯江而上。至9月下旬，中国海军共击落日军飞机7架，重伤日军军舰2艘。

淞沪会战初期，上海中国守军有效地迟滞了日军的进攻。但日军不断增兵，至9月11日，日军上海派遣军总兵力达20万人。10月1日，中日双方在蕴藻浜南岸地区开始了淞沪会战中最为激烈的争夺战。10月26日大场失陷后，战局急转直下。至10月28日，中国守军第88师第524团团附谢晋元、营长杨瑞符率第1营"八百壮士"，据守苏州河北岸四行仓库。谢晋元发誓：决心待任务完成，作壮烈牺牲。他率部孤军奋战至10月30日，退入英租界，被国际上赞为奇迹。11月8日，第3战区指挥各部队撤离淞沪战场，被迫向吴（县）福（山）、（无）锡澄（江阴）防线转移。

至10月30日，华中日军已达两个军9个师团和两个支队，近30万人。这表明，关内侵华日军的作战重点已经由华北转移到华中。

1937年10月，"八百壮士"在淞沪会战中坚守上海四行仓库。

11 月 5 日，日军从上海南侧的杭州湾北岸登陆，从侧后严重威胁到上海中国军队。11 月 6 日至 8 日，中国军队第 67 军在松江县城死守 3 日。11 月 12 日，上海市区沦陷，淞沪会战结束。

淞沪会战，从 1937 年 8 月 13 日开始至 11 月 12 日上海市区沦陷为止，是中国全国抗战开始以来时间最长、规模最大的一次战略性战役。日军投入的总兵力约 30 万人，中国军队总兵力为 70 余万人。中国军队爱国官兵同仇敌忾，斗志昂扬，以劣势装备同优势装备的敌人殊死搏斗，以伤亡约 25 万人的巨大代价，毙伤日军 4 万余人，坚守上海达 3 个月。这次会战，极大地鼓舞了全国人民的抗日热情，也为掩护国家转入战时体制赢得了时间。但在日军掌握制空权和制海权的滨海城市作战，单靠拼阵地消耗，拖时间，并幻想求得国际干涉，解决中日战争，是战略指导上的严重失误，因而给尔后保卫首都南京的作战造成极为不利的影响。对此，国民党军第 3 战区前敌总指挥陈诚也认为："这次战略受政略的影响极大，乃是国家的不幸。"①

2. 太原会战

山西地处黄土高原，雁门关以南、娘子关以西为多山地带，具有重要的战略地位。1937 年 10 月 1 日，日军大本营向华北方面军下达攻占太原的命令。至 10 月 7 日，晋北忻口方向的日军为司令官板垣征四郎中将指挥的第 5 师团、独立混成第 1 旅团等部。

10 月 6 日，中国第 2 战区司令长官阎锡山决定在太原以北要隘忻口采取攻势防御，以主力占领原平以南、忻口以北的既设阵地，两翼依托五台及宁武附近山地，乘日军立足未稳，迅速歼灭之，并将国共两军编为左翼军、右翼军、中央军和总预备军。当日，毛泽东即

---

① 《民国档案》1987 年第 1 期，第 18 页。

指出，太原战役的关键在于晋东方向娘子关、龙泉关的坚守；正面忻口地区的守备与出击，其中出击是主要的；对敌后方要予以破坏。然而，这一正确建议并未被完全采纳。

忻口位于太原以北，居忻县、崞县、定襄三县之交，东托五台山，西倚云中山，滹沱河从两山穿流而过，同蒲铁路和一条公路沿河岸纵贯南北，自古以来为兵家必争要地。10月7日，日军在飞机、大炮支援下占领崞县县城，并与原平的中国军队形成对峙。阎锡山决定全线改取守势。八路军则向敌侧后展开了积极主动的攻击，相继收复平鲁、宁武、涞源等县城，并在同蒲铁路大同至朔县段展开破袭战，逼近大同。10月11日，日军继续猛攻原平。中国中央军第19军第196旅英勇抗击，全旅官兵伤亡惨重，仅剩下200余人，旅长姜玉贞壮烈殉国，原平失陷。10月13日，日军开始向忻口阵地攻击，忻口方向中国军队奋起反击。10月15日，日军与中国军队在1300高地经过7次争夺，在南怀化阵地形成对峙。

鉴于南怀化为忻口方向的锁钥，关系晋北忻口战役的全局，中央军总指挥卫立煌决定集中5个旅的兵力于10月16日凌晨正式展开南怀化阵地反击战。阵地几经易手，战斗异常激烈。经昼夜激战，中日双方军队均伤亡数千人。在前沿指挥的第9军军长郝梦龄、第54师师长刘家骐等人壮烈殉国。12月16日，国民政府褒奖他们："身先士卒，奋厉无前"。1938年3月12日，毛泽东表示：郝梦龄将军等的鲜血是不会白流的，要真诚地悼念，永远纪念他们。

在正面部队对日军展开反击的同时，八路军向日军两翼及后方广泛展开游击战。第115师自1937年10月10日至29日，收复灵丘、广灵、蔚县、浑源、阳原和繁峙等多座县城。第120师自10月18日至21日，在雁门关以南黑石头沟公路两侧设伏，歼灭日军500余人。由于八路军的积极作战，进攻忻口的日军与大同、张家口的交通联系一度中断，粮、弹、油料等供应断绝。对此，蒋介石致电朱德、彭德怀："贵部林师及张旅，屡建奇功，强寇迭遭重创，深堪嘉慰。"[1]

日军在地面攻击受挫和后勤补给不断受阻的情况下，不得不加强空中支援，从阳明堡机场频繁出动飞机，轰炸忻口阵地。八路军第129师先头部队第769团发现这一情况后，决定袭击阳明堡机场。10月19日夜，担任主攻的第3营由滹沱河东岸苏龙口一带，顺利偷渡至对岸的日军阳明堡机场，展开猛烈的火力袭击。经过1小时激战，共毁伤日军飞机24架，歼灭日军100余人。第3营伤亡30余人，营长赵崇德光荣殉国。夜袭阳明堡机场的胜利，是八路军第129师出师华北抗战取得的第一个重要胜利，使日军在忻口战场上一时失去了空中支援力量。当地人民颂扬八路军："万里长城万里长，雁门关下古战场，阳明堡里一把火，日寇飞机一扫光。"八路军各部队的积极作战，大大减轻了忻口国民党军正面防御的压力，起到了暂时稳定晋北战局的作用。

娘子关位于晋东平定县以东、冀西井陉县以西的正太铁路线上，为晋冀两省的要冲，是太原的东面门户。日军华北方面军于10月10日侵占石家庄后，除以主力继续沿平汉铁路南侵外，以第20师团等部沿正太铁路西进，企图由晋东迂回晋北忻口侧后，配合其在忻口正面进攻的部队会攻太原。至此，娘子关地区的局势遂告紧张，山西成为华北日军夺取的主要战略目标。

10月11日，晋东的中国军队尚未全部进入阵地，日军即开始发起攻击。从10月21日起，日军增援部队逐次到达娘子关一带，以步兵、炮兵、飞机联合向中国守军阵地展开了全线攻击。中国军队虽顽强抗击，但防线多处被日军突破。八路军第129师遂火速向娘子关东南敌之侧后挺进，在平定东南长生口、东石门和马山村等地连战皆

---

[1] 《民国档案》1985年第2期，第34页。电报中所说"林师"指林彪任师长的八路军第115师，"张旅"指张宗逊任旅长的八路军第120师第358旅。

捷。10月26日，娘子关失陷，晋东战局急转直下。10月26日和28日，第129师第386旅在七亘村地区两次设伏，收出其不意之效，共歼灭日军400余人。八路军总部统一指挥第129师和第115师两师主力，在黄崖底、广阳和户封等地连续伏击日军，迟滞西进太原的日军达一星期之久，掩护了沿正太铁路撤退的国民党军。

太原是山西省省会。由于晋东娘子关方面作战失利，晋北忻口侧后受到威胁，太原危在旦夕。阎锡山为集中兵力固守太原，遂决定忻口守军于11月2日全线撤退。11月4日，阎锡山等人率部撤离太原。晋北日军在获悉忻口中国守军撤退后，遂跟踪追击。11月5日至6日，守卫太原城垣的中国军队，唯有第35军第211、第213、第218旅和独立第1旅等部。增援守城的部队，仅有独立第8旅一个营渡过汾河加入战斗。这样，"依城野战"变成了"孤城独战"。11月8日，城内守军除部分突围外，大部壮烈牺牲，太原陷落。

太原会战历时一个多月，毙伤日军两万多人。中国军队广大官兵表现出不屈不挠的爱国热情。尽管国民党军事当局在作战指导上严重失误，尤其是对娘子关方面的防御重视不够，致使战役全局陷入被动，但此战仍不失为全国抗战初期华北战场上规模最大、战绩最显著的一次会战，也是整个抗日战争时期国共两党两军在战役战斗上协同抗击日军最好的一次会战。

第四章 中国正面与敌后两个战场的战略配合，粉碎日本法西斯速战速决的战略企图

侵华日军占领太原、上海后，为了实现速战速决、一举灭亡中国的战略，将绝大部分兵力投入中国战场，继续在华北、华中和华南展开大规模的战略进攻。国民党军在正面战场抗击日军，共产党领导的八路军、新四军开辟敌后战场，从而形成了两个战场夹击日军的战略态势。

一、华北敌后战场的开辟

1. 八路军开展独立自主的山地游击战与创建敌后抗日根据地

全国抗战开始后，在日军的大举进攻下，国民党军节节后退，许多地方的国民党政权随之瓦解，一些溃败的国民党军、封建地主护卫队等投降人员陆续被日军收编为伪军。在此情况下，八路军挺进华北敌后，在中共地方组织的协助下，广泛发动群众，开展抗日游击战争，创建抗日根据地，开辟了广阔的敌后战场。

1937 年 11 月 8 日，华北日军攻陷太原后，继续沿平汉、津浦、同蒲、平绥等铁路线展开进攻。至 11 月中旬，晋、察、冀、绥、鲁等省大片国土沦入日军之手。

11 月 12 日，毛泽东在题为《上海太原失陷以后抗日战争的形势

和任务》的报告中指出："在华北，以国民党为主体的正规战争已经结束，以共产党为主体的游击战争进入主要地位。"①11月13日，毛泽东又电示中共中央北方局和八路军总部：八路军当前的任务是"发挥进一步的独立自主原则，坚持华北游击战争，同日寇力争山西全省的大多数乡村，使之化为游击根据地，发动民众，收编溃军，扩大自己，自给自足，不靠别人，多打小胜仗，兴奋士气，用以影响全国"。②据此，中共中央北方局和八路军总部决定，第115、第120、第129师分赴晋察冀、晋西南、晋西北、晋冀豫地区创建抗日根据地。

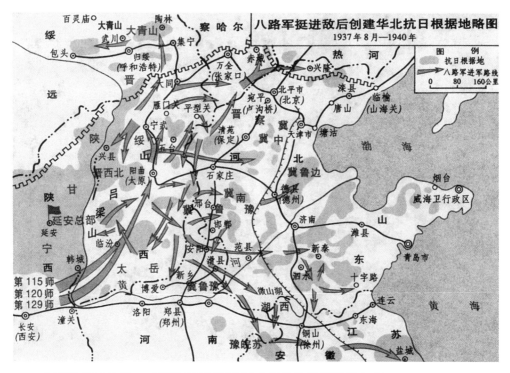

全国抗战开始后，八路军挺进敌后创建华北抗日根据地略图。

（1）晋察冀抗日根据地。八路军第115师独立团、骑兵营和八路军总部特务团一部及第120师第359旅一部等共约3000人，在第

---

① 《毛泽东选集》第二卷，人民出版社1991年版，第388页。
② 中央档案馆编：《中共中央文件选集》第11册，中共中央党校出版社1991年版，第390页。

115师副师长聂荣臻的率领下，于10月下旬以五台山为中心开辟晋、冀、察三省边界地区抗日根据地。各部队一面作战，一面宣传发动群众、建立抗日民主政权，开始实行减租减息、没收汉奸财产、废除苛捐杂税等抗日经济政策，迅速打开了局面。1937年11月7日，八路军晋察冀军区正式成立，聂荣臻任司令员兼政治委员。

晋察冀军区的成立，大大振奋了这一地区军民的抗战热情。各抗日武装主动出击，四处袭扰日军，断敌交通，攻取城镇，使其日夜不得安宁。为消除后顾之忧，日军华北方面军司令官寺内寿一调集两万余兵力，于11月24日分8路向晋察冀抗日根据地进行大规模围攻。晋察冀军区军民密切配合，奋力反击，在第120、第129师各一部的有力配合下，至12月21日共毙伤日军2000余人，粉碎了敌之围攻。

1938年1月，晋察冀边区军政民代表大会在阜平隆重召开，民主选举产生了抗日民主政权——边区临时行政委员会，标志着八路军开辟的第一个敌后抗日民主根据地的形成。

为配合正面战场作战，晋察冀军区部队根据八路军总部的命令，于2月上旬在平汉、正太、同蒲铁路进行了破袭作战，破坏铁路数十公里，焚毁新乐等6处火车站，钳制了正在沿平汉铁路南进之敌，有力地策应了津浦铁路上的友军作战。

日军遭到打击后，调集1.2万余兵力，从3月4日起，向晋察冀边区再次发起进攻。晋察冀军区部队经20余天作战，共毙伤日军1400余人，收复涞源、易县广大地区，使晋察冀抗日根据地北岳区日益扩大。

（2）晋西北抗日根据地。八路军第120师在师长贺龙、政治委员关向应率领下，一面侧击沿同蒲铁路南侵的日军，配合友军作战，一面在晋西北大力发动、组织群众，一个月内，组织起抗日游击队和脱离生产的自卫军达1.1万余人。至1938年1月，全师除留守陕北的部队外，由出征时的 8200 余人扩大到 2.5 万余人，各县也都成立了自卫军和游击队，晋西北抗日根据地初步形成。

从 1938 年 2 月中旬起，第 120 师根据八路军总部的命令，对同蒲铁路北段及太原、忻县间的公路展开了破袭战。在 2 月 18 日至 27 日的 10 天中，第 120 师即歼灭日军 500 余人，拆毁铁路 20 余公里，并袭击了太原火车站和飞机场，有力地配合了友军作战。

正当第 120 师对同蒲铁路展开破袭战之时，日军调集驻蒙兵团、华北方面军各一部共 1 万余人，于 2 月下旬分 5 路向晋西北发起围攻，妄图摧毁晋西北抗日根据地。第 120 师集中 4 个团的兵力，采取围困、夜袭、伏击等战法，机动灵活地打击入侵敌人。至 3 月 31 日，共歼灭日伪军 1500 余人，收复了被日军侵占的晋西北 7 座县城。这一胜利，挫败了日军摧毁晋西北抗日根据地的企图，对保卫陕甘宁边区也有重要意义。

（3）晋冀豫抗日根据地。八路军第 129 师在师长刘伯承、政治委员张浩率领下，深入发动与组织群众，扩大抗日武装，很快建立了新的抗日民主政权。至 1938 年 2 月中旬，相继组建了数支游击队，晋冀豫抗日根据地初步形成。

日军华北方面军第 1 军调集 5000 余兵力，自 1937 年 12 月 22 日起，分 6 路向活动于寿阳以南地区的第 129 师部队进行围攻。第 129 师内外线部队密切配合，毙伤日军 700 余人，日军被迫相继撤退。

为了打击向晋南、晋西进攻的日军，配合国民党军作战，第 129 师于 1938 年 2 月与第 115 师第 344 旅协同，向正太铁路阳泉至井陉地区的日伪军展开进攻。先后在长生口、娘子关至井陉间伏击、袭击日伪军，毙伤日伪军 300 余人，拆毁铁路 100 余米，一度切断了正太铁路交通。3 月 16 日，第 129 师又在神头岭地区设伏，毙伤日军 1500 余人。为进一步打击西犯日军，第 129 师在副师长徐向前指挥下，于 3 月 31 日在响堂铺地区再次设伏，毙伤日军 400 余人。

第 129 师在正太铁路和邯长公路上连连获胜，对华北日军构成严重威胁。从 4 月 4 日开始，日军华北方面军纠集 3 万余人，分 9 路向晋东南地区大举围攻。

为粉碎日军的围攻，八路军总司令兼第 2 战区东路军总指挥朱德、八路军副总司令兼第 2 战区东路军副总指挥彭德怀，于 3 月 24 日至 28 日主持召开了东路军将领会议。除八路军将领外，国民党军第 3 军军长曾万钟、第 17 军军长李家钰等人也出席了会议。会议明确了反围攻作战方针，部署了各部队任务。根据八路军总部的命令，八路军各部队深入进行政治动员，并协同中共地方组织发动群众，进行"空室清野"等各项准备。当日军开始出动时，第 129 师主力及第 115 师第 344 旅第 689 团，由辽县以南转移至敌人合击圈外的涉县以北地区隐蔽待机；晋察冀军区和第 120 师各以一部兵力向平汉、同蒲等铁路出击，钳制日军。经 23 天激战，八路军共歼灭日军 4000 余人，收复县城 19 座，日军对晋东南地区的 9 路围攻被彻底粉碎。战斗中，第 772 团团长叶成焕光荣殉国。

1938 年 4 月下旬，八路军晋冀豫军区正式成立，第 129 师参谋长倪志亮兼任司令员，黄镇任政治委员，王树声任副司令员。

（4）晋西南抗日根据地。八路军第 115 师师部及第 343 旅部队，在师长林彪、师政治部主任罗荣桓率领下，为支援晋西南国民党军抗击日军的作战，于 1938 年 2 月中旬先后在孝义以西的兑九峪、辛庄等地袭击、侧击由孝义西进之敌。2 月下旬，日军继续向西、向南推进，直接威胁着陕甘宁边区。根据毛泽东关于巩固战略枢纽和寻机歼敌的指示，第 115 师一面深入各地发动群众，建立抗日根据地；一面以主力进至隰县、午城地区。3 月 14 日至 19 日，第 115 师先后在午城、井沟地区伏击由蒲县西进的日军，共歼灭日军 1000 余人，粉碎了日军西犯黄河河防的企图。1938 年春夏之交，以孝义和灵石、隰县部分地区为中心的晋西南抗日根据地初步形成。

2. 华北各地人民抗日武装的建立与游击战争的开展

七七事变后，中共华北地区组织迅速执行党的抗日民族统一战线政策，大力发展抗日群众运动，开展游击战争，保卫华北。

（1）在山西建立山西新军。全国抗战爆发前，中共中央北方局决定成立山西省公开工作委员会，薄一波任书记。1936年10月下旬，工作委员会与阎锡山建立了特殊的统一战线关系，并接办和改组了山西牺牲救国同盟会，组建了13个训练团，训练了两万多名知识青年，为组建山西新军准备了大批骨干。全国抗战爆发后，以刘少奇为书记的中共中央北方局领导机关迁到太原，加强了山西党的工作。1937年8月1日，以训练团一部组成山西青年抗敌决死队。山西新军在共产党的领导和八路军的帮助下，不断发展壮大，到1939年冬，共有决死队4个纵队、1个工人武装自卫旅、3个政治保卫旅及暂编第1师等部，共有50个团，计7万余人。山西新军在建制上归第2战区的晋绥军，实际上是中共领导的抗日武装。山西新军建立后，分别活动于晋西北、晋西南、晋东南地区，积极配合八路军发动群众、建立抗日根据地，广泛开展抗日游击战争，为华北敌后战场的开辟及敌后抗战发挥了重要作用。

（2）在河北建立人民抗日武装。全国抗战开始后，中共河北省各地方组织即在平西、冀中、冀南等地发动群众，建立人民抗日武装，开展了轰轰烈烈的抗日游击战争。

1937年8月10日，在中共北平市委的领导下，组建了国民抗日军，后改编为八路军晋察冀军区第5支队。与此同时，晋察冀军区以第1支队一部组成邓华支队，进抵平西地区。两个支队相互配合，积极袭击日军，连续攻克日军据点，逐步打开了平西的抗日局面。

为统一领导中共地方组织组建的冀中区各抗日武装，河北游击军司令部于10月10日成立。10月中旬，国民党军第53军第691团团长吕正操（共产党员）脱离向南撤退的国民党军，率部回师抗日，在晋县小樵镇改编为人民自卫军。人民自卫军与河北游击军紧密配合，袭击日军据点，共进行大小战斗100余次，毙伤日伪军1000余人，充分显示了冀中军民团结抗战的威力。1938年5月4日，上述两支部队合编为八路军第3纵队兼冀中军区，冀中抗日根据地初步形成。

1937年10月，中共冀南特委先后组建了八路军别动大队、抗日义勇军第5支队等抗日武装。翌年年初，在第129师先后派出的挺进支队和东进纵队的协助下，成立了统一战线组织——冀南抗日军政委员会，统辖冀南各抗日部队。为加强冀南的领导和军事力量，第129师骑兵团于1938年3月开赴冀南。到4月底，东进纵队发展到2万余人。冀南20余个县先后建立了抗日政权。4月27日，成立了冀南抗日游击军区。具有政权性质的冀南军政委员会筹备会也于4月间正式成立。至此，以南宫为中心的冀南抗日根据地初步建成。

（3）在山东发动十大抗日武装起义。1937年10月，中共山东省委制订了分区发动抗日武装起义的计划。从10月至翌年1月，相继在冀鲁边的盐山、鲁西北、文登县天福山、清河地区黑铁山、寿光和潍县、徂徕山的华光寺、泰西、沂水城西公家疃、沛县和滕县及峄县、微山湖西等地举行抗日武装起义，建立了华北民众抗日救国军、山东省第6区抗日游击司令部第10支队、山东人民抗日救国军第3军、山东人民抗日救国军第5军、八路军鲁东游击第7及第8支队、八路军山东人民抗日游击第4支队、山东西区人民抗敌自卫团、八路军山东人民抗日游击第4支队第6大队、鲁南人民抗日义勇队第1总队、苏鲁人民抗日义勇队第2总队。抗日烽火燃遍齐鲁大地。

山东的抗日起义武装，到1938年6月发展到4万人，作战100余次，收复县城15座，极大地鼓舞了山东人民抗战胜利的信心，为山东抗日根据地的建立奠定了基础。

3. 八路军开展平原游击战与保卫山区抗日根据地

辽阔的冀鲁平原，缺乏山地依托和隐蔽，不利于开展游击战争。

然而，平原地区人口稠密，物产丰富，平汉、津浦铁路纵贯南北，在这里发展抗日游击战争，具有重要的战略意义。七七事变后，该地区的人民群众在中共中央北方局及中共各级地方组织的领导下，同日本侵略者展开了各种形式的斗争。为进一步发展平原游击战争，中共领导人毛泽东、张闻天、刘少奇于1938年4月21日向八路军发出关于开展平原游击战争的指示。

根据中共中央的指示及八路军总部的部署，八路军第129师副师长徐向前率第769团、第115师第344旅第689团及第5支队，于1938年5月初抵达河北南宫地区，与冀南抗日游击军区部队会合。至6月底，冀南八路军部队歼灭伪军约2000人，收复了卫河东西和漳河以北广大地区。与此同时，第386旅第771团进至永年、肥乡、成安地区，第385旅汪乃贵支队进至赵县、栾城、宁晋、束鹿地区。7月5日，八路军第129师政治委员邓小平由太行山区到达冀南，将冀南部队统一整编为新编第1团、青年抗日游击纵队、冀豫支队、东进纵队等。另外，还从部队中抽调大批党员干部协助中共地方组织在近30个县建立了抗日政权。8月中旬，将冀南军政委员会改为冀南行政主任公署。至此，冀南抗日根据地基本形成。为钳制企图进攻潼关、洛阳的日军，乘势开辟漳河以南地区，第129师青年纵队、东进纵队、第689团和新1团等部于8月31日发起漳南战役。经过近一个月的作战，共歼灭伪军7000余人，基本上肃清了平汉铁路以东、漳河以南、卫河以西地区的伪军和土匪，并协助中共直南特委建立了安阳、内黄、汤阴等县的抗日民主政权，为建立冀鲁豫边抗日根据地奠定了基础。

冀东是东北通向华北的咽喉地带。在1937年8月，毛泽东就曾指出，红军可以出一部兵力于敌后的冀东，以雾灵山为根据地进行游击战争。根据毛泽东和八路军总部指令，第120师宋时轮支队由雁北地区东进平西，于1938年5月下旬抵达平西斋堂地区，与邓华支队合编为八路军第4纵队。6月8日，第4纵队由平西向冀东地区挺进。7月，第4纵队配合中共冀热边特委发动和领导了冀东22个县及开滦煤矿共20余万人的武装暴动，组建抗日武装10余万人，先后攻克玉田、乐亭、卢龙、蓟县、平谷、迁安6座县城，予日伪军和伪政权以沉重打击，初步形成以蓟县、平谷、密云为基本区的冀东抗日游击根据地。

在冀中地区，八路军第3纵队自成立至1938年10月底的半年间，对日作战100余次，给日伪军以有力打击。为配合国民党军在徐州及武汉地区的作战，第3纵队还发动群众不断对平汉、津浦、北宁三大铁路进行破击作战，有力地钳制了日军的行动。为了创造开展平原游击战的有利条件，第3纵队兼冀中军区发动全区军民掀起了破路拆城、改造平原地形的运动。冀中军民的创举，对坚持平原游击战争发挥了重要作用。

冀鲁边地区东临渤海，西接津浦路，南靠黄河边，北逼天津城，战略地位十分重要。为发展该地区的抗日游击战争，八路军第115师第5支队和第129师津浦支队，于1938年7月上旬由冀南地区进抵乐陵、宁津地区，7月至8月间共歼灭伪军1800余人，打开了这一地区的抗战局面。9月27日，第115师第343旅司令部、政治部机关及补充团部分干部共100余人，进抵乐陵城。随即成立了冀鲁边军政委员会和八路军东进抗日挺进纵队，并建立了抗日民主政权。到1938年年底，以乐陵、宁津为中心的冀鲁边抗日游击根据地基本建成。

在八路军部分主力部队挺进冀鲁平原的同时，在华北山区敌后抗日根据地也展开了更加广泛的抗日游击战争。

1938年4月下旬，八路军第129师第386旅进入平汉铁路西邢台地区，统一指挥先遣支队等部，由北向南横扫邢台、沙河、武安、磁县以西山区的伪军。至8月间，初步开辟安阳、林县（今林州）、辉县等山区抗日根据地和道清铁路两侧的游击区。第 385 旅在正太铁路以南、平汉铁路石家庄至邢台段以西地区继续袭击、伏击日伪军，粉碎了敌依托交通线扩大占领区的企图。活动于晋南地区的第 115 师第 344 旅，于 7 月 6 日在町店附近地区袭击日军第 108 师团一部，歼敌 500 余人，有力地策应了国民党军卫立煌部在侯马地区的作战。为了配合国民党军在徐州、武汉地区的作战，5 月至 10 月间，八路军第 129 师统一指挥第 385、第 386、第 344 旅及各基干支队与当地人民群众一起，在晋冀豫边区对平汉、正太、道清等铁路进行了 10 余次破击，有力地钳制了日军的行动。

1938 年 6 月，八路军第 120 师以第 358 旅第 715 团及师直骑兵营一部等组成大青山支队。该支队在中共地方组织与人民群众的支援和配合下，经 3 个多月的积极作战，初步开辟了绥南、绥中、绥西 3 个抗日游击区，建立了具有政权性质的绥蒙总动员委员会。至此，大青山抗日游击根据地初步建成，使晋西北抗日根据地扩展成晋绥抗日根据地。

1938 年 9 月，八路军第 115 师第 343 旅对同蒲、太军（太原至军渡公路）两路发起游击作战，连续在薛公岭、油房坪、王家池附近地区伏击日军第 108 师团，共歼灭日军 1200 余人，予敌以沉重打击，防止日军西渡黄河，解除了日军对陕甘宁边区的威胁。

晋察冀军区和第 120 师第 359 旅在八路军总部统一部署下，自 1938 年 4 月下旬至 7 月，向平绥、平汉、津浦等铁路线和附近城镇据点发起了连续破击作战，共毙伤日伪军 1450 余人，俘伪军 130 余人，破坏铁路 130 余公里，使平汉线北段的交通一度中断。八路军连续作战的胜利，令华北日军惊恐不安。为消除后顾之忧，日军华北方面军先后调集 5 万余兵力，对晋察冀抗日根据地发动大规模的多路围攻。针对日军的企图，八路军总部决定由晋察冀军区司令员聂荣臻指挥所属部队和第 120 师主力，在广大民兵、游击队的配合下，采取内线与外线、广泛的游击战与有利条件下的运动战相结合的作战方针，粉碎敌之围攻。9 月 20 日起，日军开始向晋察冀边区城镇要点进犯。晋察冀军区以各大队化整为零开展游击战，而以主力部队转移到敌人的包围线以外行动，对敌展开了灵活的斗争。至 11 月 7 日，晋察冀边区反围攻作战基本结束。八路军毙伤日伪军 5200 余人。反围攻的胜利，进一步巩固了晋察冀抗日根据地，有力地策应了国民党军队在武汉地区的对日作战。

在山东，中共苏鲁豫皖边区省委根据中共中央的指示，于 1938 年 6 月间对各地起义部队进行了初步整编，并领导各地抗日武装大力开展游击战争，积极打击日伪军。8 月至 9 月间，先后袭击了张店、周村、黄台火车站，一度攻入济南北关，占领伪省政府；并对胶济铁路周村至张店段及张（店）博（山）铁路进行了破袭战。为进一步统一山东各抗日武装的领导，中共中央于 12 月决定成立八路军山东纵队，张经武任指挥，黎玉任政治委员。同时，将中共苏鲁豫皖边区省委改为山东分局，郭洪涛任书记。山东纵队的成立，标志着山东各抗日武装由分散的游击队成长为统一指挥的游击兵团，对山东抗日游击战争的开展具有重要意义。

此外，根据国共两党谈判达成的协议，陕甘宁边区政府于 1937 年 9 月在延安正式成立，林伯渠为边区政府主席团主席，张国焘为副主席。陕甘宁边区随着自身的巩固和各项事业的发展，成为全国模范的抗日根据地。在八路军主力挺进抗日前线后，八路军后方留守处担负起保卫边区的任务，主任由萧劲光担任（后改称留守兵团，萧劲光改任司令员）。从 1938 年春到 1939 年年底，日军在对山西各抗日根据地发起围攻的同时，先后调集数千至万余人兵力，向陕甘宁边区河防发动了 23 次进犯。八路军留守兵团河防部队利用黄河天险，沿河西岸构筑河防工事，并派出小分队至河东岸开展游击战争，与八路军主力部队密切配合，拒敌于河东。先后取得神府、宋家川、碛口等 70 余次战斗的胜利，共毙伤日军 800 余人，击退了日军的进攻，千里河防始终未被日军突破，胜利完成了保卫陕甘宁边区安全的任务。

八路军自 1937 年 8 月誓师出征至 1938 年 10 月，共作战 1500 余次，歼灭日伪军 5 万余人，缴获各种枪械 1.2 万余支（挺），收复大片国土，建立了晋察冀、晋绥、晋冀豫、晋西南及山东等抗日根据地，形成了广阔的华北敌后战场，部队发展到 15 万余人，成为华北抗战的中坚力量。八路军在华北敌后战场连续作战的胜利，有力有效地钳制和消耗了大量日军，使其难以抽调更多兵力用于正面战场，迫使日军大大削弱对正面战场的进攻，对抗日战争加速进入战略相持阶段起到了重大作用。

二、南京保卫战与徐州会战

日军攻陷上海后，气焰更为嚣张，为实现灭亡中国的既定计划，相继对中国首都南京和战略要地徐州发起了进攻，特别是在南京实施了惨绝人寰的大屠杀。中国军民同仇敌忾，誓死御敌，在徐州地区同日本侵略军展开了一场大规模的生死较量。

1. 南京保卫战

1937 年 11 月 17 日，为加强对侵华战争的战略指导，日本当局设立了直接受命于天皇的最高统帅部——日军大本营。11 月 24 日，日军大本营召开第一次御前会议，决定利用占领上海周围的有利形势，不停地追击，进攻南京。此时，日军华中方面军司令官松井石根指挥 8 个师团的兵力沿京沪铁路和公路及京杭线，兵分 3 路，直逼南京。

对于是否固守南京，蒋介石连续召开 3 次高级幕僚会议，商讨对策。11 月 18 日晚召开的第 3 次会议，最终决定"短期固守"南京，并当即任命唐生智为南京卫戍司令。随后，调集 13 个师及教导总队、江宁要塞、宪兵部队等共 10 多万兵力防守南京。

12 月 1 日，日军华中方面军接到大本营攻占南京的命令后，当即命令上海派遣军、第 10 军分路向南京进击，夺取中国守军阵地，准备攻占南京。12 月初，各路日军抵近栖霞山、汤山、淳化镇、秣陵镇等地，对南京形成三面包围。

12 月上旬，日军向南京发起围攻，同时以机群、舰炮大举轰击。中国守军英勇抵抗，牺牲甚多。12 月 12 日午后，城内各处均受日军炮火直接控制，中华门被日军一部突入，光华门、中山门亦相继被突破。第 88 师第 262 旅旅长朱赤、第 264 旅旅长高致嵩，第 87 师第 259 旅旅长易安华等人在南京保卫战中壮烈殉国。12 月 13 日，南京陷落。

南京保卫战，是中国军队在淞沪会战中遭受重大损失的情况下进行的，就其结果而言，不论是在战略指导还是战役指挥上都存在重大失误。在战略指导上，不顾敌强我弱的客观现实而固守，违背了国民党自己制定的"持久消耗"的战略总方针。在战役指挥上，战前未做充分防守准备；战时又无攻守进退的计划，部署失当，消极防御；突围时，指挥失控，损失惨重。南京沦陷，为中国抗战史上一个重大事件。

侵华日军野蛮侵入南京后，制造了罪恶滔天的南京大屠杀惨案。30 万同胞惨遭杀戮，无数妇女遭到蹂躏残害，无数儿童死于非命，1 / 3 建筑遭到毁坏，大量财物遭到掠夺。这一灭绝人性的大屠杀惨案，是骇人听闻的反人类罪行，是人类历史上十分黑暗的一页。

2. 徐州会战与台儿庄大捷

日军占领南京后，于 1937 年 12 月 24 日和 27 日相继占领杭州和济南。日本为了实现迅速灭亡中国的侵略计划，决心攻占徐州，打通津浦线，使南北日军连成一气，进而攫取中原、攻占武汉。

日军先后调集 8 个师团及 3 个旅团、2 个支队约 24 万人，分别由华中派遣军（1938 年 2 月 18 日，由华中方面军改编）司令官畑俊六和华北方面军司令官寺内寿一担任指挥，实行南北对进，夹击徐州。国民政府军事委员会先后调集 64 个师另 3 个旅约 60 万人，由第 5 战区司令长官李宗仁指挥，在以徐州为中心的津浦路南北的广阔地域上，同日军展开了一场大规模的会战。

在南线，日军自攻陷南京后，其第 13 师团沿津浦路北上，相继攻陷滁县、盱眙、临淮关、蚌埠，并于 1938 年 1 月 10 日强渡淮河，向北岸发起进攻。第 5 战区以 4 个军兵力顽强抗击，战至 3 月初，恢复淮河以北全部阵地，形成两军隔河对峙的局面。

在北线，日军占领济南后，第 10 师团长驱直入，至 1938 年 1 月上旬，连陷泰安、济宁等地。津浦路北段正面，大门洞开。

1938 年 1 月中旬，日军第 5 师团在青岛强行登陆后，沿胶济路西进，至潍县转南，进迫临沂，同津浦路上的第 10 师团遥相呼应，齐头猛进，企图会攻台儿庄。3 月 10 日，日军第 5 师团向临沂猛攻。中国军队第 3 军团只有 5 个团据城死守，李宗仁即令第 59 军紧急驰援。3 月 14 日，第 59 军与守军两部合力夹击，激战 5 昼夜，重创日军，迫其于 3 月 18 日向莒县逃窜。此战，守军以伤亡 3000 余人的代价，毙伤日军精锐师团 3000 余人，粉碎了日军第 5、第 10 师团在台儿庄会师的计划。

沿津浦路南犯的日军第 10 师团，其长濑支队向嘉祥进攻，遭守军第 3 集团军顽强抵抗。其濑谷支队于 3 月 14 日开始向滕县（今滕州）进攻。守军第 22 集团军中的川军第 41 军代军长兼第 122 师师长王铭章督战死守，誓与城池共存亡。该师官兵英勇异常，舍生忘死，与敌肉搏。数百日军屡登城垣，屡被击退。血战至 3 月 17 日，王铭章及官兵大部壮烈殉国。3 月 18 日，滕县失守。滕县之战，历时 4

天半，守军伤亡近万人，毙伤日军 2000 余人。第 122 师不惜重大牺牲，阻敌南下，延缓敌南进时间，使援军孙连仲、汤恩伯等部及时赶到参战，完成作战任务。

在徐州会战中，最著名的是台儿庄战役。

台儿庄位于徐州东北 30 公里大运河北岸，扼运河咽喉，是徐州的门户。守住台儿庄，日军则难以攻占徐州。周恩来派张爱萍以八路军代表的名义与李宗仁会商，建议在台儿庄一带打一个大仗，给日军一次沉重打击。李宗仁表示同意这个意见。1938 年 3 月 20 日，日军濑谷支队不顾第 5 师团和长濑支队在两侧进攻受阻，孤军深入，向台儿庄突进，企图一举攻占徐州。李宗仁为保卫徐州，令第 2 集团军 3 个师扼守台儿庄。3 月 24 日起，日军濑谷支队在空军火力支援下，向台儿庄猛攻 3 昼夜。至 3 月 27 日，守军已伤亡过半，守军指挥官、第 31 师师长池峰城率部与敌展开了激烈的肉搏巷战。第 2 集团军同时与日军展开反复拉锯战，予敌以重大杀伤。日军进攻受阻，战斗形成胶着状态。

李宗仁根据战局发展，于 4 月 2 日下达围歼台儿庄地区日军的命令：以第 20 军团为右翼兵团，向台儿庄左侧背之敌攻击；第 2 集团军为左翼兵团，消灭台儿庄之敌；第 3 集团军为堵击兵团，进至枣庄、临城以北，断敌后路。4 月 3 日，中国守军向台儿庄的日军发起全线反攻，激战 4 天，歼灭日军濑谷支队大部、坂本支队一部。其余日军残部于 4 月 7 日分别向峄县、枣庄逃窜。

台儿庄战役是中国军队取得的一次重大胜利。在历时半个多月的激战中，中国参战部队达 4.6 万人，伤亡、失踪 7500 人，歼灭日军 1 万余人，缴获大批武器装备。捷报传开，举国若狂，全国各界、海外华侨和国际友人的祝捷贺电纷至沓来。台儿庄大捷，不仅极大地鼓舞了全国人民抗战必胜的信心，在国内外产生了巨大影响，也使日本侵略者为之胆寒。台儿庄之战的胜利，是全国军民同仇敌忾、誓死御敌的充分体现。

1938 年，血战之后的台儿庄。

台儿庄战役之后，日军大本营认为中国军队主力集中在徐州地区，决心攻占徐州。4 月 7 日，日军决定以华北方面军 4 个师团南下进攻徐州，以华中派遣军两个师团从南面策应华北方面军作战，企图从侧后迂回包围徐州，歼灭第 5 战区主力。

蒋介石为扩大台儿庄战役战果，准备在徐州地区与日军决战，以使武汉有更充足的备战时间。他下令将各战区部队大批调往徐州，使第 5 战区的总兵力由 29 个师增加到 64 个师另 3 个旅。李宗仁将部队分别组成鲁南、淮南、淮北、苏北及预备兵团。各兵团以徐州为中心，分别阻击日军。

4 月 18 日，日军第 10、第 5 师团先后从峄县和临沂西北的义堂地区南进。5 月 5 日起，日军开始从南北两个方面向徐州西侧迂回包围。至 5 月 15 日，日军已形成对徐州的四面合围态势。为了保存有生力量，国民政府军事委员会决定放弃徐州。

5 月 19 日徐州失陷以后，日军沿陇海路向西侵入，相继攻陷安徽砀山、河南归德，6 月 6 日，又占开封。为了阻止日军西进，国民党当局决定"以水代兵"，竟于 6 月 9 日命令炸开河南郑州附近的花园口黄河大堤，虽暂时阻挡了日军的西进，但给豫、皖、苏 3 省 44 县人民造成了巨大的黄泛之灾。

1938 年 6 月，花园口决堤后，黄河泛滥成灾。

　　徐州会战历时 4 个多月，是继淞沪、太原会战之后中国战场上又一次大的会战。中国军队广大官兵英勇奋战，付出重大牺牲，歼灭了数以万计的日军。台儿庄大捷后，徐州地区数十万中国军队成功地突围、转移，为抗战保留了大量有生力量，也为武汉保卫战赢得了准备时间，并鼓舞了全国人民的抗战意志。

三、新四军出师抗战与华中敌后战场的开辟

1. 南方八省红军游击队改编为新四军

早在 1934 年 10 月中央红军主力长征后，奉命留在湘、赣、粤、浙、闽、鄂、豫、皖 8 省的红军游击队，在同中共中央失去联系的情

况下，与数十倍于己的国民党军进行了九死一生的艰苦斗争。全国抗战爆发后，国民党虽陆续停止了军事"围剿"，但仍企图通过"谈判"改编并取消红军游击队。

根据形势的变化，中共中央于 1937 年 8 月 1 日发出《关于南方各游击区域工作的指示》，指出：南方各红军游击队在保存与巩固革命武装、保障党的绝对领导的原则下，可与附近的国民党驻军或地方政权进行谈判，改变番号与编制以取得合法地位，但必须严防对方瓦解与消灭我们的阴谋诡计与包围袭击。红军游击队领导人项英、陈毅、曾山、张云逸等人分赴各游击队，传达中共中央指示，阐明时局，进行抗日民族统一战线政策的教育，从而为红军游击队顺利实现下山改编、完成历史性的战略任务转变奠定了思想基础。

中共中央在指导南方各省红军游击队与国民党地方当局进行谈判的同时，还派出代表同国民政府代表谈判。经中共中央的努力，加之日军进攻上海、威胁南京，蒋介石急欲调动红军开赴抗日前线，国民政府始同中共中央就南方红军游击队改编为抗日武装问题达成协议。1937 年 9 月 28 日，蒋介石任命叶挺为国民革命军陆军新编第四军（简称"新四军"）军长。10 月 12 日，国民政府军事委员会宣布南方 8 省 14 个地区的红军游击队改编为新四军。

继叶挺任新四军军长后，由中共中央提名，经国民政府军事委员会核定，相继任命项英为副军长，张云逸为参谋长，周子昆为副参谋长，袁国平为政治部主任，邓子恢为政治部副主任。为加强对新四军的领导，中共中央于 12 月 14 日决定成立中共中央东南分局和中共中央革命军事委员会新四军分会。中共中央东南分局由项英任书记，曾山任副书记。新四军军分会由项英任书记，陈毅任副书记。12 月 25 日，新四军军部在汉口成立，1938 年 1 月 6 日移至南昌。2 月上旬，新四军军部命令江南各游击队到皖南歙县的岩寺集结整编，江北各游击队在安徽省霍山县流波礄集结整编。全军编为 4 个支队：第 1 支队，陈毅任司令员，傅秋涛任副司令员；第 2 支队，张鼎丞任司令员，粟裕任副司令员；第 3 支队，张云逸兼任司令员，谭震林任副司令员；第 4 支队，高敬亭任司令员。全军共 1 万余人，有各种枪械 6200 余支（挺）。

1938 年 2 月，新四军各支队开始向皖南、皖中集中。3 月至 4 月间，第 1、第 2 和第 3 支队分别到达皖南岩寺，第 4 支队于皖西流波磘会合后进至皖中舒城地区。4 月 4 日，新四军军部进抵岩寺。在短短两个多月的时间内，分散于南方 8 省 14 个地区的红军游击队，胜利地完成了下山、开进、集中整编为新四军的任务。这对于迅速壮大人民抗日武装力量、开展华中敌后抗战，具有重大的战略意义。

2. 新四军挺进华中敌后开展游击战与创建抗日根据地

1938 年春，日军华中派遣军协同华北方面军沿津浦铁路夹击徐州，苏、浙、皖大部地区已成敌后。

毛泽东于 1938 年 2 月 15 日致电项英、陈毅，指出要在江苏境内的茅山山脉，即以溧阳、溧水为中心，向南京、镇江、丹阳、金坛、宜兴、长兴、广德线上之敌作战，必能建立根据地。5 月 4 日，毛泽东又指示新四军在茅山根据地大体建立起来之后，还应准备分兵一部进入苏州、镇江、吴淞三角地区，再分一部渡江进入江北地区。5 月 14 日，中共中央进一步指出：新四军应利用目前的有利时机，主动地、积极地深入到敌人的后方，以自己灵活坚决的行动、模范的纪律与群众工作，去发动与组织群众，在大江以南，创立一些模范的游击根据地，以建立新四军的威信，扩大新四军的影响。

根据上述方针部署，新四军军部于 5 月间指示所属部队深入敌人后方，开展广泛的游击战争，牵制和分散敌人的兵力，配合国民党军正面作战，在持久抗战中争取胜利。新四军各支队开始向华中敌后挺进，实行战略展开，在大江南北开展了广泛的抗日游击战争。

活跃在江南的新四军游击部队。

第 1、第 2 支队创建以茅山为中心的苏南抗日根据地。新四军抽调部分干部和侦察分队共 400 余人，组成先遣支队，由粟裕率领，深入苏南敌后进行战略侦察。4 月 28 日，先遣支队从岩寺的潜口出发，5 月中旬进入苏南镇江地区。6 月 17 日，先遣支队在韦岗伏击日军汽车队，毙伤日军少佐土井以下 20 余人，首战告捷。

陈毅率第 1 支队于 5 月 12 日由太平县出发，6 月 12 日到达苏南溧阳竹簧桥，展开于镇江、句容、金坛、丹阳地区。第 2 支队于 6 月中旬从皖南出发东进，展开于江宁、当涂、溧水、高淳地区。6 月至 8 月间，第 1、第 2 支队先后取得新丰车站、句容、珥陵等百余次战斗的胜利，还在地方武装的配合下，频繁破击铁路、公路、桥梁和日军的通信设施，使敌交通运输屡屡中断，迟滞了日军进攻武汉的兵力和粮弹转运。第 1、第 2 支队还大力摧毁伪政权，团结、争取、扶助拥护抗日的武装，并派出战地服务团和民运工作组深入广大乡村，配合中共地方组织发动群众，开展统一战线工作，实行减租减息，稳定社会秩序，调动了人民群众的抗日热情，初步形成了以茅山为中心的苏南抗日根据地。

苏南敌后游击战争的开展和抗日根据地的开创，严重威胁着日军的后方。8月22日，日军第3师团调集4500余人，在飞机、坦克掩护下，分8路水陆并进，围攻小丹阳地区的第2支队，企图摧毁初创的抗日根据地。第1、第2支队运用灵活机动的战术，先后取得鸡笼山、天王寺等一系列战斗的胜利。至12月，粉碎日军近30次"扫荡"，初步巩固了苏南抗日根据地。

第3支队战斗在皖南抗日前线。1938年5月下旬，谭震林率第3支队随新四军军部由岩寺挥师北上，7月1日进入皖南抗日前线，展开于东起芜湖、宣城，西至青阳、大通镇，南起章家渡，北至长江的横宽百余公里、纵深不足50公里的狭长地带，执行正面战场的守备任务。第3支队多次击退小股日军的袭扰。10月30日至11月4日，日军调集第15师团第60联队和第116师团一部，向青弋江阵地进犯。第3支队以机动防御战法与日军周旋，先后在清水潭、马家园等地予敌以痛击和袭击，毙伤日伪军300余人，迫使日军退回据点。

第4支队挺进皖中敌后开展游击战争。1938年4月初，第4支队由皖西霍山县流波磇向皖中挺进，4月底展开于舒城、桐城、庐江、无为地区。5月12日，第4支队以第9团一部设伏于蒋家河口，歼灭日军20余人，揭开了新四军华中敌后抗战的序幕。6月至10月间，为配合国民党军保卫武汉的作战，第4支队在安（庆）合（肥）、六（安）合公路沿线，以伏击、奇袭战术，积极开展游击战。他们先后取得了运漕、棋盘岭等数十次战斗的胜利，共毙伤日军1000余人，牵制了日军西犯行动，有力支援和配合了正面战场友军的作战。

游击支队向豫皖苏边挺进。1938年年初，中共中央决定派八路军总部参谋处处长、驻晋办事处主任彭雪枫由山西省临汾到达河南省确山县竹沟镇，担任中共河南省委军事部部长，主持军事工作，筹划豫皖苏边抗战事宜。彭雪枫在中共河南省委的支持下，积极开展统战工作，创办军政教导大队，培养抗日干部，组建地方武装，为开展敌后游击战争做准备。徐州失陷后，中共河南省委立即在豫东一带建立数支抗日游击队，使豫东的抗日烽火逐渐燃烧起来。9月27日，将竹沟军政教导大队毕业的部分学员、由八路军派来的部分干部及当地新兵共373人，组成新四军游击支队，由彭雪枫率领，于9月30日向豫东敌后挺进。10月11日，游击支队抵达西华县杜岗镇，与吴芝圃领导的豫东抗日游击第3支队及由萧望东率领先期到达的先遣大队会师。10月12日，3支部队合编后仍称新四军游击支队，彭雪枫任司令员兼政治委员，吴芝圃任副司令员，张震任参谋长。到1938年年底，游击支队发展到3000余人，为发展豫皖苏边抗日根据地创造了有利条件。

新四军自成立到1938年年底，在大江南北广泛开展游击战争，取得了230余次战斗的胜利，歼灭日伪军3200余人，有力配合了友军在正面战场的作战。新四军在极为复杂的条件下，经短短半年多的英勇奋战，初步创建了苏南、皖南、皖中和豫东抗日根据地，部队由组建时的1万余人发展到2.5万余人，实现了在敌后的战略展开，开辟了华中敌后战场，成为插向华中日军的一把尖刀。

四、武汉会战及广州失陷

侵华日军在占领徐州后，即调集重兵图谋攻占武汉及广州。中国军民同仇敌忾，在武汉地区同日军展开了一场规模空前的大会战。

1. 武汉会战

徐州会战后，日军大本营陆军部认为："攻占汉口作战是早日结束战争的最大机会"，"只要攻占汉口、广州，就能统治中国"。[1]1938

---

① ［日］防卫厅防卫研究所战史室：《中国事变陆军作战》〈2〉，朝云新闻社1976年版，第86页。

年 6 月 15 日，日本天皇裕仁主持御前会议，正式决定攻占武汉。

6 月 18 日，日军大本营下达了实施汉口作战的准备命令。由华中派遣军司令官畑俊六指挥第 2、第 11 军直接参加对武汉的作战。日军先后投入的兵力共 9 个师团、1 个旅团、2 个支队和 2 个野战重炮旅团计 25 万人，以及海军第 3 舰队、航空兵团，共有各型舰艇 120 艘、各型飞机 300 架。

中国国民政府军事委员会已于 1937 年 12 月 13 日拟订了保卫武汉的作战计划。1938 年 6 月中旬，又对作战序列和部署作了调整，蒋介石亲任总指挥，新编第 9 战区、第 5 战区及第 1 战区、第 3 战区等部队共 14 个集团军、47 个军、120 余个师，总兵力约 100 万人。苏联援华志愿航空大队也参加了会战。

为了抵御民族大敌，国共两党进一步加强合作。在徐州会战前，中共中央就明确提出了保卫武汉的任务，并派周恩来、董必武、叶剑英等一批领导干部到武汉工作，以加强抗日民族统一战线，动员和组织各界民众配合国民党军保卫武汉的作战。1938 年 7 月上旬，毛泽东等人即向国民参政会提出："武汉成为敌人急切窥觎的目标，因之，我们认为最急迫的问题莫过于如何保卫武汉与取得第三期抗战的胜利。"[1] 在中国共产党的积极推动下，武汉地区人民群众的抗日救亡热情空前高涨。

1938 年 6 月初，日军华中派遣军第 6 师团从合肥南下，波田支队由芜湖溯江西进，向安庆进攻，6 月 12 日攻陷安庆。日军取得了正式进行武汉作战的前进基地。

在长江南岸，日军波田支队在第 3 舰队协助下向马当进攻。至 7 月 4 日，日军相继攻占马当、彭泽、湖口。日军第 11 军一部沿长江

---

[1]　中央档案馆编：《中共中央文件选集》第 11 册，中共中央党校出版社 1991 年版，第 530 页。

南岸继续进攻。7月26日，日军攻陷九江，后分别沿瑞（昌）武（宁）公路与南（昌）浔（九江）铁路进犯。8月10日，日军在瑞昌东北的港口登陆，守军第9战区第2兵团奋力抗击。后因日军使用毒气，守军力战不支，至8月24日，瑞昌失守。日军第106师团自8月初即从九江沿南浔铁路向德安方向进犯，守军第1兵团顽强抗击，在德安以北隘口、马回岭地区与日军激战，双方呈胶着状态。

在长江北岸，日军第6师团于6月13日占领桐城后，沿大别山以南的狭长地带向西突击；7月25日在海空火力支援下，从潜山向太湖进攻。守军第5战区第4兵团所部顽强抵抗，予日军以沉重打击。日军肆无忌惮地大量施放毒气，战至8月4日，太湖、宿松、黄梅相继失守。8月3日，第5战区代司令长官白崇禧决定反击当面之敌，遏制日军西进。战至8月28日，守军相继收复太湖、潜山、宿松。

日军在8月下旬加紧进行总攻武汉的准备。第2军2个师团集结于合肥地区，第11军4个师团及波田支队已集结于九江地区。日军大本营于8月22日下达了进攻武汉的命令。8月下旬，日军开始总攻。中国守军展开了顽强抗击。

在长江北岸，日军第6师团于8月30日由黄梅地区向广济进攻。中国守军第4兵团及第3兵团第26军，在广济以东与日军反复展开阵地争夺战。日军出动飞机，从早到晚对广济轮番轰炸，且每日使用毒气达7次以上，致使守军损失严重。战至9月9日，日军占领广济。9月16日，日军第6师团攻陷武穴，围攻田家镇要塞。守军第4兵团及田家镇要塞守备部队与日军激战旬余，终因日军舰炮、飞机及炮火占绝对优势，田家镇要塞于9月29日陷落。

在长江南岸，日军攻占瑞昌后，其波田支队和第9师团分别沿长江、循瑞（昌）阳（新）公路向西进犯。守军第2兵团利用瑞昌以西幕阜山及沿江要塞逐次抗击。9月7日，日军强攻马头镇要塞。经8昼夜恶战，马头镇于9月14日陷落。守军退守富池口，凭借富池口天险，同日军血战 10 天。日军再次采用施放毒气手段，于 9 月 24 日攻陷富池口。

在赣北，日军第 106 师团于 9 月 21 日孤军深入，进至德安以西万家岭地区。中国守军第 1 兵团总司令薛岳组织 3 个军兵力将敌合围，战斗异常激烈。日军第 11 军于 10 月 8 日急派第 27 师团前往救援。10 月 9 日，中国军队各攻击部队选派敢死队，向敌发起进攻，经一夜血战，攻占万家岭等地。此战，中国军队毙敌 3000 人，伤敌更多，俘敌 30 多人，时称万家岭大捷。

在大别山北麓，日军第 2 军于 8 月下旬从合肥地区分南北两路进攻。南路第 13 师团相继攻陷霍山、商城。9 月 20 日，日军向沙窝、

1938 年武汉会战中，中国军队在万家岭与日军巷战。

新店发动进攻。守军第 5 战区部队凭借大别山各要隘，鏖战月余，毙伤日军 4400 余人。北路日军第 10 师团相继攻占六安、罗山。9 月 12 日，日军第 3 师团协同第 10 师团攻占信阳，武汉北面门户洞开。日军第 2 军沿平汉铁路南下，协同第 11 军进攻武汉。

10 月中旬，沿长江南岸进攻的日军，兵分 3 路西犯：一路由箬溪、辛潭铺向通山道，一路沿三溪口、高桥向咸宁道，一路沿大冶、鄂城会合沿江部队直攻武昌。长江上的日舰突破守军封锁线，向汉口推进。沿长江北岸进攻的日军在兰溪登陆，于 10 月 24 日攻陷黄陂，接近汉口市郊。沿大别山北麓进攻的日军亦接近麻城，信阳方面的日军正向应山前进。武汉已处在日军东、南、北三面包围之中。

国民政府军事委员会于 10 月 24 日下令放弃武汉。10 月 25 日，中国军队均撤离武汉市区。10 月 26 日，日军第 6 师团占领汉口，波田支队占领武昌。10 月 27 日，日军第 116 师团和第 6 师团一部占领汉阳。至此，日军占领武汉三镇，武汉会战结束。

在武汉会战中，中国空军在苏联援华志愿航空大队密切配合下，不断轰炸、扫射溯江而上的日军舰船及两岸日军，多次袭击芜湖、安庆等日本航空兵前进基地和野战机场，取得了重大战果。苏联援华志愿航空大队与中国空军共同对日作战，许多苏联飞行员血洒长空，表现出崇高的国际主义精神。中国海军在保卫武汉作战中亦作出了重要贡献。

武汉会战历时 4 个半月，毙伤日军近 4 万人，是抗日战争战略防御阶段规模最大的一次战役。中国军队英勇抗击，大大消耗了日军的有生力量，打破了日军妄想速战速决、迫使中国屈服的战略计划。中国共产党领导的敌后战场积极打击和牵制日军，充分发挥了战略配合作用。

2. 广州失陷

广州是华南政治、经济、文化中心，也是中国通过香港输入外援物资的主要通道。全国抗战爆发后，国民政府军事委员会在广东设立第4战区，由何应钦兼任司令长官。武汉会战期间，国民政府军事委员会从广州抽调4个师参加武汉保卫战，致使华南兵力单薄。到广州作战开始前，第4战区以第12集团军总司令余汉谋任副司令长官，负责广东防务，下辖第62、第63、第65军及2个独立旅和虎门要塞部队，共8个师的兵力。

1938年7月，日军大本营在确定武汉作战的同时，就提出进行广州作战。9月7日，日军大本营御前会议正式作出了攻占广州的决定；同时下令编组第21军，担任攻占广州的作战任务。9月19日，下达第21军战斗序列，下辖第5、第18、第104师团和第4飞行团等部；并决定由海军第5舰队配合第21军，进攻广州附近要地，切断中国通往国外的主要补给线。

10月9日，日军第21军在海军第5舰队的护卫下从马公起航，于10月11日抵大亚湾。10月12日凌晨，日军在海军第5舰队数十艘军舰和100余架飞机掩护下，在大亚湾强行登陆，先后攻陷淡水、惠阳、博罗，10月21日占领广州。第104师团登陆后，连陷平海、稔山、吉隆、增城；10月22日至23日，先后攻占太平场、从化。日军第5师团于10月23日占领虎门要塞。

广州作战是在武汉会战期间进行的。日军仅用9天时间，就轻而易举地攻陷了防守薄弱的广州，达到了策应武汉作战的目的。广州失陷，不仅使日军为其日后南进作战建立了一个前进基地，而且使中国失去了一条重要的国际物资输入线，给持久抗战造成了新的更大困难。

广州、武汉陷落，成为中国抗日战争进入战略相持阶段的重要转折点。

第五章　中国全民族抗战高潮的掀起，世界人民对中国抗战的支持

全国抗战爆发后，在抗日民族统一战线旗帜下，中国各阶级、阶层、党派和团体，广大民众及港澳台同胞、海外华侨团结一致，众志成城，掀起了前所未有的抗战高潮。中国抗日战争作为世界反法西斯战争的重要组成部分，也得到了世界上其他国家和人民的大力支持。

一、全国抗战开始后的政治、经济、文化与外交

1. 全国抗战初期的政治

七七事变后，中国各抗日党派、团体和广大民众同仇敌忾，团结御侮，爱国热情空前高涨，民族意识大为增强。中国社会政治局面呈现出一致对外、生气蓬勃的新气象。

以国共合作为基础的抗日民族统一战线正式形成后，中国共产党充分利用一切可能的条件积极开展抗日工作。周恩来、董必武等中共代表广泛接触各界人士，共同开展抗日活动。经协商，国民党方面同意共产党在国民党统治区创办《新华日报》。1938 年 1 月 11 日，由国民党元老于右任题写报头的《新华日报》在武汉正式创刊，成为激励全国人民抗战热情的重要宣传阵地。中共还在西安、太原、上海、南京、武汉、长沙、广州、桂林、贵阳、重庆、兰州、迪化（今乌鲁木齐）、洛阳等大中城市设立八路军和新四军的办事处、通讯处等，

筹措军需物资，开展各项抗战工作。

在全国团结抗战的政治气氛下，各党派爱国民主人士的抗日热情空前高涨。国民党民主人士、各党派领导人和共产党人经常聚商抗战大计。国民政府军事委员会副委员长冯玉祥时常约见周恩来探讨抗战事宜。著名民主人士张澜就团结抗日对云南、四川地方实力派做了许多工作。许多抗日党派和民主人士还创办刊物，大力宣传抗日民主主张。

全国抗战初期，国民政府颁布和实施了一些有利于抗战的法令，准许言论、出版、集会、结社等方面的某些自由；释放了因主张抗日爱国而被捕的全国各界救国联合会领导人沈钧儒、邹韬奋、章乃器、李公朴、沙千里、史良、王造时。许多被国民党关押的共产党人也先后获释。

1938 年 4 月，国民党在《抗战建国纲领》中第一次比较全面、系统地阐述抗战主张，尽管存在一些不足，但其基本精神同全国人民抗日救亡的要求大体是一致的，因而受到普遍欢迎和肯定。

设立国民参政会，是全国抗战初期中国政治舞台上的一件大事，反映了各党、各派、各界人民共同抗日和实现政治民主的诉求。1938 年 7 月 6 日，国民参政会第一届第一次会议在武汉召开。国民参政会为各抗日党派、团体的代表提供了一个公开发表政见并互相交流的场所，也成为中国共产党维护抗日民族统一战线的重要阵地。同时，国民党还邀请共产党和进步人士参加一些政府部门的工作。1938 年 1 月，国民政府改组军事委员会，任命周恩来为政治部副部长、郭沫若为政治部主管抗日宣传的第三厅厅长。中共方面和其他进步人士在国民政府军事委员会政治部特别是第三厅的工作中，发挥了重要作用。

2. 国民经济纳入战时轨道

日本发动全面侵华战争后，工业集中的上海及沿海广大地区先

1938年7月，国民参政会第一届第一次会议在武汉召开。

后陷入敌手，致使发展落后且极不平衡的中国经济遭到巨大损失。而且，抗战经费猛增，后方经济负担加重，各地军需民用物资普遍缺乏。

为适应战争需要，国民政府在经济方面采取了一些紧急措施。首先，建立军事经济机构，实行金融外汇管制，动员和协助沿海工厂内迁，建设大后方经济。其次，建立全面控制国民经济运转的战时体制，调整经济方针和政策。

国民党在《抗战建国纲领》中，强调经济建设应以军事为中心，同时注意改善人民生活，并扩大战时生产等。战时经济方针的要点是："以军事为中心"，"实行计划经济"。此方针将计划经济作为战时国家经济的基本政策，并对金融、外汇、进出口货物等实行统制政策。1939年1月，提出"实行统制经济，调节物质之生产消费"；

1941 年 3 月，正式确定实行"统制经济"政策。其目的在于依靠行政法律手段，加强对战时国民经济的直接干预或管制。

与此同时，政府对经济主管部门及其下属机构陆续进行较大的调整，大体改变了以前的混乱状况，为实行战时经济政策创造了条件。

1937 年 11 月，国民政府决定迁都重庆，确定了以西南为重心，建立西南、西北后方基地的格局。在 1938 年 1 月制订的《西南西北建设计划》中，明确规定新的工业基地以四川、云南、贵州、湘西为主，划定了新的工业开发区域。

在政府的组织和支持下，东部沿海地区的一批重要工厂企业陆续向内地迁移。内迁的条件十分艰苦，特别是从武汉迁往四川的工厂，完全靠长江水路运输。民生公司承担了主要的运输任务，进行了持续 40 个昼夜的抢运。截至 1938 年年底，迁到大后方的工厂达 304 家，机件重量达 5 万余吨。这一大规模的内迁被誉为中国实业界的壮举。

国民政府将国民经济纳入战时轨道，对中国社会经济的发展产生了多方面的影响。由于实施战时经济体制的重点是工矿业建设，突出经营重工业，当时中国最薄弱的重工业得到超常规的发展。在发展重工业的同时，还在内地建立了一批新兴产业，从而推动了近代工业的发展。沿海沿江一大批工矿企业的内迁，加速了工业基础落后的西南、西北大后方的经济发展，对坚持抗战发挥了重要的经济支撑作用。

3. 抗战文化教育的开展

全国抗战爆发后，中国文化界的抗日民族统一战线也迅速建立起来。整个中国文化教育界以高昂的爱国主义热情宣传抗战、推动抗战，成为中华民族抗日战争的一条重要战线。

1937 年 7 月 15 日，中国剧作家协会在上海成立，很快创作并演出了话剧《保卫卢沟桥》，对激励中国人民抗日救国产生了积极影响。7月28日，上海文化界救亡协会正式成立，协会联合40多个救亡团体组成3000多人的宣传队，分赴各伤兵医院、难民收容所、里弄，运用多种方式进行抗日宣传。上海文艺界也成立国民歌咏救亡协会，举行音乐会，演唱抗日歌曲，鼓舞民心士气。上海话剧界救亡协会成立了13个救亡演剧队，除两个队留守上海，其余均分头深入内地乡村、城镇，奔赴抗日前线慰问演出，被誉为"文化战斗的游击队"。

南京失陷后，武汉一度成为中国的政治、经济和文化中心。全国的救亡团体、著名爱国民主人士、文化界名流及大批流亡学生和知识分子云集武汉。当时，国民党抗战比较积极，在文化领域采取了一些较为开明的政策。在周恩来、郭沫若的领导和参与下，国民政府军事委员会政治部第三厅实际上成为中共扩大文化统一战线、推动抗日救国的重要阵地。

为了把文化界人士更好地团结起来，1938年3月27日，中华全国文艺界抗敌协会（简称"文协"）在武汉宣布成立。大会推举老舍、郭沫若、茅盾等45人为理事，周恩来和蔡元培、宋庆龄等人被推选为名誉理事。文协发表了团结抗日宣言，周恩来在大会上发表了演说。文协的成立，是全国文化界抗日民族统一战线形成的重要标志。

在此期间，中华全国戏剧界抗敌协会、中华全国歌咏界抗敌协会、中华全国电影界抗敌协会、中华全国美术界抗敌协会、中华全国木刻界抗敌协会等全国性抗战文化团体纷纷宣告成立。1938年，中国剧作家协会的各救亡演剧队，转战南北后会师武汉，改编为第三厅直接领导的抗敌演剧队；接着，分赴广东、江西、山西、湖北、河南、浙江、广西、湖南等省抗日前线演出。这些活动，对发动群众、支持抗战起到重要的作用。

全国抗战初期，各种抗日救亡的进步报刊如雨后春笋般在各地创办出版，如上海的《救亡日报》《烽火》，长沙的《抗战日报》，武汉

中国青年救亡协会无锡青年抗敌工作团在街头演出抗日活报剧。

的《抗到底》《全民抗战》，广州的《抗战戏剧》《文艺阵地》，成都的《金箭》等等。中共创办的《新华日报》，郭沫若为社长、夏衍为总编辑的《救亡日报》，文协的《抗战文艺》等报刊，在抗战文化导向方面作出了重要贡献。

随着抗战文化运动的兴起，一大批优秀的文化艺术作品涌现出来。如《保卫卢沟桥》《八百壮士》《塞上风云》《台儿庄》等剧目，《到敌人后方去》《游击队歌》等歌曲，《卢沟桥演义》等小说、诗歌和报告文学，《卢沟桥事变》《八百壮士》等影片，都为凝聚民族精神、坚持全国抗战提供了重要的精神食粮。

在日军大举进犯面前，为保存中国优秀的文化遗产，各省图书馆、博物院纷纷转移到西南、西北地区。北平故宫博物院、中央博物院、国立中央图书馆、国立北平图书馆等重要院馆的及时迁移，使大批中华民族的重要文物免遭日本侵略者的掠夺和轰炸。

全国许多高校也从华北、华中迁往西南、西北。北京大学、清华大学和南开大学三校先是奉命迁至湖南长沙，合组为长沙临时大学，后因迭遭日机空袭，又迁至昆明，更名为西南联合大学。北平大学、北平师范大学、北洋工学院等校迁至西安，组成西北临时大学；为避战乱，又迁至汉中，更名为西北联合大学。这些院校的师生克服生活艰苦和教学设备简陋等困难，取得了教学科研的丰硕成果，为国家培养出不少杰出人才，并为推动西南、西北地区的经济和文化建设发挥了积极作用。

抗战进入相持阶段后，国民党在政治上日益倒退，文化政策方面也日趋保守和专制。1940 年 11 月，第三厅被压缩和改组为文化工作委员会，人员和经费被大量裁减。文工会主任委员郭沫若和副主任委员阳翰笙，继续通过公开与合法身份团结进步人士，开展抗日民主运动。许多进步人士编写出版了大量学术著作和文艺作品，编印出版了大量宣传书刊，其中不乏传世之作。

4. 全国抗战开始后的中国外交

日本发动全面侵华战争后，中国成为国际关注的焦点。世界各国从各自利益出发，对中国抗战采取了不同的态度，从而形成了错综复杂的国际关系。为争取各国支援中国抗战，中国政府在外交方面进行了许多努力。

七七事变爆发后，蒋介石连续会见英美两国大使，敦促英美两国明确表态，制止日本侵略中国。八一三事变爆发后，中国政府发表自卫抗战声明，呼吁各国履行国际条约规定的应尽职责，出面干涉和阻止日本的侵略。为此，还派出要员出访欧美国家，表明中国的立场，争取国际社会对中国的同情和支持；积极推动国际联盟召开以九国公约签字国为基础的国际会议，对日本施加国际压力和进行国际制裁。

但是，美、英、法等西方大国在一个较长的时期内，打着"中立"和"不干涉"的旗号，对日本侵华和中国抗战均采取两面政策，尤其是对日本采取绥靖政策。对此，中国政府十分不满。为获取急需的军事援助，中国将对外政策的重点放在苏联和德国方面。

苏联在九一八事变后，出于对被压迫民族的同情和自身安全的考虑，在道义上同情和支持中国抗战，采取了较积极的对华方针。1937年8月21日，中苏两国签订《中苏互不侵犯条约》，对中国抗战具有重大影响。应中方要求，苏方从10月开始向中国调运军事物资。全国抗战初期，中国对苏联的外交工作取得了明显成效。

在全国抗战爆发后，德国政府宣布对中日战争保持中立。但由于历史原因，中德两国还保持着一定的军事贸易往来。1940年9月，德、意、日三国在柏林签署军事同盟条约，标志着德意两国开始公开支持日本侵华战争。到1941年7月中德断交，两国贸易完全中断。

中国政府一直争取英国政府援华抗战，出面制止日本的侵略。英国的态度却十分暧昧，在远东一直对日本妥协和让步。太平洋战争爆发后，中英两国才成为远东共同对日作战的盟友。

中国主动谋求法国政府在军事上的援助与合作，法国也一度持积极态度。中法之间先后达成铁路借款协定和军事援华协定，并准备进一步开展合作。但是1940年6月德国攻占法国后，德国扶持的法国维希政府准许日本使用越南机场，禁止中国使用滇越铁路，中法关系发生逆转。

中国政府积极谋求美国的援助，但美国一面谴责日本侵华行径，一面又对日本实行绥靖政策。随着日本侵华规模的扩大，美国的远东利益受到日趋严重的损害和威胁。特别是太平洋战争爆发后，美国对华政策逐渐转向积极，两国关系进入全面合作阶段。

全国抗战开始后，中国政府积极开展外交工作，谋求外援，取得了一些成绩，但因当时国际环境和条件的限制，外交成效还是有限的。

二、席卷中华大地的民众抗战

1. 国内各阶级、阶层与社会团体的抗日救亡斗争

全国抗战开始后，中国各阶级、阶层和各社会团体自觉地组织起来，展开了各种形式的抗日救亡斗争。

全国各地工人群众以各种形式积极参加抗日斗争。卢沟桥抗战中，北平长辛店的工人组织战地服务团，担任战地救护等工作，还协助中国军队守卫宛平县城。在淞沪会战期间，上海工人组成抗敌后援会，组织义勇队、救护队、慰劳队，广泛开展抗日斗争；并不畏艰险，想方设法拆卸了几百个工厂的数万吨机器设备，抢运到数千里以外的后方。山西工人成立山西省总工会，发动榆次、太谷及同蒲铁路、正太铁路沿线工人参加救国运动。天津、广州、南京、武汉等地的工人相继组织救国团、救亡协会、抗战后援会等。陇海、平汉、津浦等铁路干线的员工们，不顾敌人的炮击和空袭，冒着生命危险，运送军队、军需和疏散难民及物资，战斗在铁道线上。

占中国人口绝大多数的农民，在承担繁重劳役的情况下，为抗战提供大批粮食，保障了大量军需物资供应和战勤服务。许多农民不畏强暴，以各种形式抗捐、抗税，反抗日伪的经济掠夺和奴役。大批青年农民源源不断地参加抗日部队或武装自卫队、抗日游击队，配合正规部队对日作战。勤劳勇敢、善良淳朴的中国农民是抗战队伍的主要兵源。

广大爱国工商界人士响应政府号召，加班加点组织生产；并捐钱捐物，支援前线；还推派代表慰问抗日将士。许多工商界人士想方设法把企业的机器和物资转运到安全地带，在十分困难的情况下坚持生产，尽力满足军队和民众的基本生活需要。

广大热血青年和学生怀着满腔热情组织演出队、宣传队，开展抗日宣传，募集物资慰劳抗战军队。他们创办报刊，宣传、动员各界群

众支援抗战，呼吁政府和军队力保国上、奋勇杀敌。他们脱下长衫，到农村去，到敌后去，到军队中去，直接参加抗日斗争。许多知识分子特别是爱国青年成为中华民族抗日救亡的先锋。

广大妇女积极为抗日征募捐献、救济难民难童等。在上海成立的中国妇女抗敌后援会，认购救国公债2.3亿多元，并制作大批慰问袋和急救包送到前线。胶东地区妇女3个月内捐献黄金50两、白银1.24万两。宋庆龄、邓颖超等人在武汉成立了战时儿童保护会。许多省成立了妇女抗战后援会，以各种形式支援前线。敌后抗日根据地的妇女，积极为抗日部队做军衣和军鞋、缝被子、送公粮、运弹药，救护伤病员，送子送夫参军，侦察敌情和传递情报。很多妇女还直接参军参战，活跃在抗日战场，涌现了东北抗联"八女投江"等英雄事迹。

根据地妇女为抗日部队做军鞋。

广大新闻界爱国人士在抗日宣传等方面发挥了重要作用。为推动全国抗战的开展，1937年7月，上海《大公报》发表文章，"希望中央当局审时度势，领导全国"，奋起抗战。《申报》也指出："我们必须以全民族的一致力量，保卫华北，给侵略者的野心以最大的打击。"厦门《星光日报》发出呐喊："起来，不愿做亡国奴的人们！""只有抗战，只有集中全国的人力、物力、财力，去发动全面的抗战，才是我们的唯一出路。"①充分表达了各阶层人士抵抗日本侵略、挽救民族危亡的迫切要求。

2. 全国各少数民族的抗日斗争

全国各少数民族人民和汉族人民千百年来一起生息繁衍在祖国大地上，共同推动中华民族的文明发展和社会进步。面对日本侵略者的烧杀抢掠和民族离间阴谋，全国各少数民族人民和汉族人民紧密团结，一致对敌，为挽救中华民族危亡、争取抗战胜利作出了重大贡献。

九一八事变后，东北地区的各少数民族和汉族一起，参加和组织了各种抗日团体和抗日义勇军，同日本侵略者进行英勇博斗。1936年2月正式成立的东北抗日联军，充分体现了多民族团结抗战的特点。他们同呼吸共患难，并肩作战。著名的抗日英雄陈翰章、周保中、李红光等人，都是少数民族的优秀代表。

中国共产党在东北建立的10余支抗日游击队，有许多创建于朝鲜族聚居地区，以朝鲜族群众为主。其中，饶河、密山、汤原、珠河、宁安5支游击队，朝鲜族干部居多。1937年前后组建的东北抗日联军中有许多朝鲜族指战员，其中不少人担任了军、师级指挥员，仅在战斗中牺牲的就有李红光、李东光、朴凤南、许亨植等人。朝鲜

---

① 延安时事研究会编：《九一八以来国内政治形势的演变》，中国现代史资料编辑委员会1957年翻印，第150—152页。

族女战士金顺姬，挺身而出保护群众，为保守机密，毅然咬断自己的舌头和食指，最后和其他几位抗日志士一起被残暴野蛮的敌人投入烈火中，壮烈牺牲。

满族群众也在东北抗日斗争中奋勇当先。满族爱国志士唐聚伍、李春润、邓铁梅等人在辽宁省东边道领导建立了 10 余万人的抗日义勇军。大批满族群众积极参加，拿起武器直接对日作战。他们大力支持东北抗联，踊跃入伍，多次攻打日伪军据点，威名大震。

蒙古族人民英勇反抗日本的侵略。1933 年 2 月日军进犯热河时，中共内蒙古特委组织蒙汉抗日同盟军事委员会开展抗日斗争。1936 年 2 月 21 日，伪蒙保安队 1000 余人举行武装暴动，释放政治犯，捣毁伪政权，后成为中共领导的蒙古族抗日武装的一部分。蒙古族的巾帼英雄——西公旗女王奇俊峰、东公旗额王的福晋巴云英、茂明安旗齐王的福晋额仁庆达赖，相继投身抗日阵营，率蒙军英勇杀敌，被尊称为抗战时期的 3 位"女王"。

回族人民也积极投身救亡图存的斗争。西北地区开赴抗日前线的许多回族官兵，不怕牺牲，英勇善战。马本斋领导的冀中回民支队，发展到 2000 多人。他们攻打敌人碉堡、据点，破坏敌人铁路、桥梁，被誉为攻无不克、无坚不摧、打不垮、拖不烂的队伍。马本斋也受到中共中央军委的表彰。渤海军区回民支队，是活跃在津浦线、临枣支线著名的铁道游击队，神出鬼没，出奇制胜。率领这支部队的政治委员张鸿仪就是回族的优秀儿女。回族英雄金方昌，17 岁参加对日作战。1940 年 11 月 23 日，他被日军逮捕，一只眼睛被挖掉、一只胳膊被砍掉，仍至死不屈，表现出中华民族的英雄气概。

广西的壮族、苗族、瑶族、仫佬族、京族群众，用各种方式同日本侵略者进行斗争。1944 年豫湘桂战役后，广西各族人民直接参加武装抗日，仅融县苗族人民抗日武装就与日军进行了 10 多次战斗。海南岛的黎族、苗族等少数民族群众，组织农民自卫队等抗日武装，配合抗日部队作战；还组织海上游击队，侦察日军海上运输情况，并配合部队打击敌人的海上运输队。

贵州的布依族、水族等少数民族群众积极投身抗战。贵州省从1938年至1942年征兵45.7万人，其中很多是少数民族。1944年，日军入侵黔南的三都、荔波、独山等县。少数民族群众自发组织起来进行抗日游击战，歼灭日军100多人。云南的20多个少数民族的群众，在生活十分困苦的情况下，节衣缩食，购买救国公债、捐献物资、缴纳军粮，支援抗战；并且出动大量人力修筑滇缅公路，保证了中国抗战时期一条重要国际交通线的开通。

西藏的宗教领袖第九世班禅额尔德尼和第十三世达赖喇嘛，坚决主张抗日。他们通电全国，声讨日本侵略中国的罪行；发表告边疆民众书，呼吁后方民众同仇敌忾、团结一致，做前方抗战将士的坚强后盾；捐款、购买公债，诵经祈祷抗战胜利，慰劳抗战将士及救济伤员与难民。藏族民众纷纷为抗日捐钱捐物、参加抗日武装。

新疆的维吾尔族、哈萨克族、柯尔克孜族等少数民族人民和汉族

抗战期间，新疆民众踊跃捐款购买战斗机支援抗日前线。图为捐赠战斗机命名仪式现场。

群众一起，全力支援抗战。在新疆民众反帝联合会的发动组织下，少数民族人民掀起了大规模募捐活动，仅 1937 年 9 月至 1940 年 5 月，即捐款折合银圆达 222 万元，还有牛、羊、驼、马、皮衣、药品等各种慰问品；他们架桥修路，输送苏联的援华物资；以大量的农、牧、矿产品，换回中国抗战急需的武器、弹药和各种军需品，积极支援抗日前线。到 1944 年 8 月，新疆各族人民共捐献飞机 154 架，仅塔城各县就捐献了 14 架。

分布在全国各地的高山族、畲族、土家族等少数民族人民都通过各种方式参加了抗日斗争。

3. 港澳地区人民的抗日斗争

香港和澳门同胞作为中华民族的重要组成部分，始终积极参加抗战。

香港地区是中国获取海外援助的重要中转地。太平洋战争爆发前，大量的抗战物资由香港转运内地。全国抗战开始后，香港建立了学生赈济会、工人筹赈联合会等群众团体，积极开展抗日活动。广州沦陷后，香港同胞主动回国回乡参加抗日斗争。

国民政府和中国共产党在香港设立了许多联络国际支援抗战的机构，均得到香港同胞的全力支持。1938 年 1 月由廖承志、潘汉年负责的八路军香港办事处成立后，得到许多爱国人士和海外华侨的赠款和物资，并在香港购置大批军械和医药等军需物资，通过八路军广州、武汉办事处转送到前方部队；还介绍和协助多批华侨及港澳青年回国回乡参加抗战。八路军香港办事处先后创办《华侨通讯》《华商报》等报刊，在海外华侨尤其是东南亚华侨中产生了很大影响。

1938 年 6 月，宋庆龄领导的、由国内知名人士和国际知名人士发起的保卫中国同盟（简称"保盟"）在香港宣告成立。保盟广泛联络海外侨胞与世界和平民主人士及援华团体，募集到大量捐款、物资支援祖国抗战，并大力支持生产自救性的中国工业合作运动。

抗战期间，香港集中了大批文化界知名人士和爱国民主人士。尤其是皖南事变后，许多著名学者、教授、作家、戏剧家、音乐家、美术家及爱国民主人士，先后从上海、武汉、广州、桂林、重庆、昆明等地辗转来到香港。他们推动了香港抗日救亡运动的发展，促进了香港抗战文化的繁荣。

1941年12月25日香港沦陷后，日军封锁港九交通要道，实行宵禁，分区、分段、挨家逐户检查，搜捕抗日分子、文化名人和民主人士，情况万分危急。在中共中央和中共中央南方局的领导下，活动在港九地区的广东人民抗日游击队港九大队迅速组织营救行动。参加营救的人员克服各种困难，千方百计寻找到需要营救的人员，并避开敌人搜捕，将其转移到秘密住址；再分批护送他们从港岛秘密过海，到达九龙的港九大队交通站；之后，分批进入抗日根据地。营救工作历时6个多月，共营救800多人，其中有爱国民主人士和文化界知名人士300多人，国际友人近百人，国民党官员和家眷等10余人，还接转了2000多名到内地参加抗战的爱国青年。

澳门同胞也利用澳门"中立"的特殊环境和地位，大力开展抗日救亡运动。澳门工商界和上层知名人士发起组成澳门各界救灾会，开展各种抗日活动。由学术界、音乐界、体育界和戏剧界的50多个社团组成的澳门四界救灾会成立了回乡服务团，先后有11个队160多名团员回到内地，在珠江三角洲、粤中、西江、东江和北江等地，积极开展抗日救国工作。中共澳门地下组织也动员和组织爱国青年加入回乡服务团。旅澳中国青年回乡服务团分3批返回内地，参加动员宣传民众、战地服务、前线作战、部队政治工作。

许多澳门爱国同胞利用报纸、杂志，通过学校、舞台等阵地，宣传爱国救国思想；还组织形式多样的募捐活动，为抗战筹集经费、药品及军需给养，慰问前线将士，医治伤员，赈济难民，建立联络站等。香港沦陷后，澳门成为邻近地区唯一未被日军占领的"孤岛"。在中共组织香港大营救时，澳门也成为被营救人员撤退的重要线路。中共地方组织和抗日武装还利用澳门的特殊环境，与澳门当局建立了一定的合作关系，可以到澳门募捐筹款、购买武器、医治伤员和采办药品等。

港澳地区人民的抗日斗争，有力地配合与支持了广东抗日游击战争的开展，为中国抗日战争作出了重要贡献。

三、海外侨胞对祖国抗战的援助

抗日战争时期，海外华侨共有近800万人，他们是中华民族的重要组成部分，具有强烈的爱国心。为支援祖国抗战，广大华侨作出了重大贡献。

1. 华侨社会的抗日救亡运动

九一八事变爆发后，海外侨胞强烈抗议日本侵华，支持东北义勇军抗日，呼吁世界各国维护和平正义、阻止日本侵略。一·二八事变爆发后，美国旧金山、芝加哥等地华侨踊跃捐献财物，支援第19路军抗战；还组成一支250多人的华侨抗日义勇军奔赴淞沪抗日前线。一二·九运动爆发后，各地华侨尤其是华侨学生纷纷集会通电支持。广大爱国华侨对国民党当局陷害爱国领袖表示愤慨，通电声明反对内战，要求联合对日抗战，主张实现国共及其他一切反日各党派合作。

世界各地华侨纷纷组织起来，建立抗日救亡团体。1936年9月20日，英、法、德、荷、瑞士等国华侨代表和各国来宾共450多人在法国巴黎召开大会，决定成立全欧华侨抗日救国联合会。这是海外

1937 年 8 月，旅美华侨在纽约举行抗日示威游行，声援祖国抗战。

最早成立的洲际性华侨抗日团体。1938 年 10 月，南洋各属华侨筹赈祖国难民总会成立，选举陈嘉庚为主席，并发表宣言，号召华侨各尽所能，各竭所有，自策自鞭，自励自勉，踊跃慷慨，贡献于国家。这是战时人数最多、成绩斐然的抗日救国侨团。1943 年 9 月，美国旧金山、纽约、芝加哥等地的华侨联合成立旅美华侨救国会，成为美洲最大的抗日侨团。抗战期间，以全欧华侨抗联会、南侨总会、旅美华侨救国会三大侨团为代表的各种华侨团体共有 3940 多个。它们将广大华侨凝聚在抗日救国的旗帜下，领导和组织各地华侨创办抗日报刊，成立抗日文艺团体，创作抗战题材的文学作品，开展抗战宣传教育活动。以中小商人居多的南洋华侨带头发起抵制日货运动，得到当地友人的响应。南洋日营铁矿的许多华工纷纷离矿罢工，使矿山瘫痪或产量大减。为限制日本从美国进口战略原料，美国华侨多次掀起阻运废铁活动，并争取到美国各界的支持。

2. 华侨对祖国抗战的经济支援

华侨为祖国抗战捐献财物，数额巨大，形式多样，充分体现了广大华侨的拳拳赤子之心。1942 年七七抗战纪念日，纽约华侨一周内捐献法币达 90 万元，波士顿华侨捐 150 万元，纽英伦中华公所抗日后援会捐 105 万元。"航空救国捐"是华侨航空救国运动的重要内容。1940 年夏，国民党派员赴美洲各地募集"航空救国捐"，历时 4 个月，募得 630 万美元。华侨捐款阶层十分广泛，从侨领巨商到中小商人，从文化界人士到普通大众，从两鬓斑白的老人到中小学生，都积极参加捐款。整个抗战期间，约有 400 万华侨为祖国抗战捐款，占华侨总人数的 1 / 2。据统计，在全国抗战中，华侨捐款总数为法币 13.2 亿多元。此数字是捐给国民政府的部分，还不包括捐给敌后抗日根据地和侨乡的部分。如泰国归侨陈子谷在 1939 年为新四军募捐，将个人所得遗产折合法币 20 万元，连同募捐来的棉衣费法币 6 万元，全部捐给新四军。这笔捐款相当于国民政府拨给新四军的两个月军饷。

各地华侨踊跃购买公债，且认购数额巨大。抗战期间，中国政府共发行 6 期公债，总额约 30 亿元。但由于抗战结束不久国民党即发动全面内战，所以，抗战时期华侨购买的巨额公债，实际上大多等于无偿捐款。

海外华侨战时的侨汇也数量巨大，约达法币 95 亿元之多。全国抗战前期，侨汇不但扭转了中国外贸入超的不利局面，而且还有很大余额。1937 年 7 月至 1941 年 12 月，中国军费开支总额约为 123 亿元，此间侨汇总额约 53 亿元，占军费开支总数的 43%。巨额侨汇及时垫付和抵消了大量军火进口所需资金。

许多华侨还积极回国投资。抗战期间华侨回国投资主要集中在工矿、垦殖和金融等方面，投资总额约为法币 18 亿至 19 亿元。1940

年华侨投资建立的中南橡胶股份有限公司，是当时国内唯一的橡胶厂。菲律宾华侨工人集资100万元，在延安创办了华侨毛织厂，对发展边区经济起到了积极作用。华侨垦殖业投资主要是开发西南荒山荒地、种粮植树、发展农副业生产，解决战时困难。金融业投资主要是建立华侨建设银行、华侨工业银行和信托、实业、兴业、建业4家侨资新银行，资金总额达1亿元，这对抗战后期政府严重"贫血"的财政经济起到了"输血"的作用。

除财力支援外，广大华侨还以物力支援祖国抗战。从1937年至1942年，海外华侨共捐献各种飞机217架。这对当时力量薄弱的中国空军来说，是一个不小的数量。华侨捐献了大批卡车，为战时滇缅公路的运输保障创造了条件。到1940年10月，华侨捐献坦克27辆、救护车1000多辆、运输卡车及其他各种汽车数百辆。

各地华侨捐献衣物活动非常积极，其中南洋华侨尤为踊跃。据统计，从全国抗战爆发到1940年，南洋华侨捐献棉衣700余万件、夏装30万套、军用蚊帐8万个，另捐冬装款400万元。此外，为新四军捐款献物，仅1939年下半年就捐献毛毯2万条。华侨捐献的大批衣物，帮助祖国克服了物资匮乏的严重困难。

华侨捐款购药或直接在国内外建立制药厂，生产出战时急需的各种药品。全国抗战开始后不到半年时间，华侨捐药棉即达5600公斤又40箱。为治疗疟疾，印度尼西亚华侨多次捐献该国生产的特效药——金鸡纳霜（也称"奎宁丸"）。据初步统计，印度尼西亚华侨在抗战期间共捐金鸡纳霜1亿多粒，够500万人服用，基本保障了防治疟疾的需要。

华侨还捐献其他各种物资甚至献血。1938年年初，泰国华侨冲破亲日当局的限制，秘密发动捐米活动，一周内捐献大米10万包运回国内。菲律宾华侨为祖国捐献大米250万包。许多华侨还把瓷器、字画、古董、结婚戒指、首饰等贵重物品捐献给祖国支援抗战。特别令人感动的是有些华侨开展献血活动，如印度华侨和美国华侨分别建立"中国血库"，为祖国抗战所用。

捐献物资是辛亥革命以来华侨报国的常见方式，而抗战时期华侨的物资捐献规模之大、范围之广、品种之全、作用之大及事迹之感人，都是空前的。

3. 华侨对祖国抗战的人力支援

日本发动全面侵华战争后，中国对外的水陆交通大部分被截断，大西南的对外通道仅有一条临时抢修的滇缅公路。这条公路位于蜿蜒崎岖的崇山峻岭、荒野激流之中，路况极差。囤积在缅甸等地的大批援华军需物资急需从该路抢运回国，因而该路成为战时中国对外的"生命线"。由于国内奇缺驾驶技术娴熟的司机和适合该路运输的轻型卡车，并且日军又组成"滇缅公路封锁委员会"，昼夜狂轰滥炸，致使该路险情频发，"生命线"遂成为"死亡线"。

紧急时刻，国民政府西南运输部门与南侨总会主席陈嘉庚联系，请求救援。陈嘉庚随即以南侨总会名义发出征募汽车驾驶员和机修人员的通告，广大华侨积极响应。据统计，大部分南侨机工在滇缅路上服务，还有一些分散到其他地方服务，合计3913人。自1939年春出征滇缅路到1942年5月滇缅路被日军切断，南侨机工克服了疲劳、饥饿、瘴疟、险路、轰炸、气候等重重困难，不分昼夜地忙碌在险峻的运输线上。据有关资料，自南侨机工上路后，每月通过滇缅路运入中国的军用物资达1万余吨，比以前提高了10倍。在这3年多的时间里，南侨机工运输各种作战物资45万吨，牺牲1000余人。

全国抗战爆发后，美国华侨纷纷创办航空学校或航空学会，开展航空救国活动。仅波特兰的美洲华侨航空学校和旧金山的旅美中华航空学校，就将110名华侨优秀青年送回国参加抗战。据不完全统计，至少有300多名美国华侨空勤人员受训后回国参战。

不少归侨飞行员在对日空战中奋勇杀敌，战功卓著。美洲华侨航空学校培养出来的归侨飞行员陈瑞钿、黄泮扬，在祖国抗战中成长为著名的空中"虎将"、战斗英雄，均因战功卓著升任空军大队长。陈瑞钿在空战中独自击落日机 6 架，协同队友击落日机 3 架。为了保卫祖国领空，许多归侨青年热血飞溅，英勇献身。

组织慰劳团、救护队等各种归国服务团参加抗战，也是华侨以人力报效祖国的重要举措。1940 年 3 月，67 岁的陈嘉庚亲自率领南洋各属华侨筹赈会回国慰劳团一行 40 多人回国，将 320 万元慰劳金献给政府。为减轻国家负担，慰劳团团员自备生活用品。在重庆进行紧锣密鼓的考察、座谈、参观后，慰劳团编成华中、东南、西北 3 个分团到各战区考察慰劳，历时半年多，足迹踏遍全国各大战区及所属数百个城镇和乡村。赴西北慰劳考察的陈嘉庚等 3 人到达延安后，受到各界 5000 多人欢迎，场面非常热烈。毛泽东、朱德等中共领导人多次与陈嘉庚坦诚会谈，使陈嘉庚进一步了解了共产党领导敌后抗战的

1940 年，南洋华侨领袖陈嘉庚（前排右 4）率团回国慰问抗日将士。

情况，思想也发生了积极变化。他通过实地观察和比较，得出了"中国的希望在延安"的结论。南洋华侨慰劳团不远万里回国慰劳考察，鼓舞了祖国军民的抗敌斗志，推动了华侨回国投资的热潮。

海外侨胞还纷纷组织医疗救护队和各种服务团体回国服务。如越南华侨林鹭英组织了安南华侨救护队170多人，分3批回国在广东前线服务。菲律宾成立了华侨青年战时服务团，分4批回国服务。南洋各地华侨记者组成华侨战地记者通讯团，进行战地采访报道。非洲华侨组织了非洲镴沙汽车工友回国服务团，54名团员从遥远的非洲回到祖国支援抗战。大批华侨参加了中国共产党领导的抗日队伍。仅在新四军军部和直属机关工作的归侨就有70多人，而经八路军香港办事处介绍到新四军的华侨司机就有146人。据澳大利亚归侨、东江纵队司令员曾生估计，仅东江纵队的归侨青年和港澳同胞就有1000多人，其中到延安的华侨青年共约六七百人，他们有的随军到前线，有的奉命返回海外做侨运工作，还有约300人留在延安。

华侨归国参战具有普遍性和广泛性。据广东省侨务委员会统计，战时回国参战的粤籍华侨就有4万多人。许多归侨在抗日战场上英勇牺牲。曾任八路军第120师第6支队骑兵营女教导员的印度尼西亚归侨李林，在反"扫荡"战斗中一马当先，率队勇猛冲杀，壮烈牺牲，被称为华侨女英雄。

四、世界各国人民对中国抗战的支持

1. 世界各国人民对中国抗战的同情与支援

中国全国抗战开始后，世界各国共产党、进步人士与爱好和平的人们，在国际上强烈谴责日本侵略，坚决支持中国抗战。

共产国际执委会主席团向广大的国际无产阶级和劳动人民发出呼吁，加强反帝和援华的宣传，并以抵制日货、反对与日本进行武器贸易等手段制裁日本。国际工会联合会、国际运输总工会等国际组织召开会议、通过决议，并动员各国会员援助中国抗战。奥地利、比利时、荷兰、瑞士、捷克斯洛伐克、南斯拉夫、丹麦和瑞典等国共产党和工会，也积极号召和推动本国的反日援华活动。

在欧洲，英国共产党中央委员会首先发表题为《援助英雄的中国人民》的呼吁书，号召各党派、各阶层人士都积极行动起来参加援华运动。随即建立了英国援华运动总会、民权保障会等十几个援华组织。英国人民也踊跃捐钱捐物，将大批药材、衣物及资金通过各种方式送到中国。法国法中之友社带头发动援华运动，接连发起各援华抗日团体代表大会、反日大会，要求法国政府制止日本侵华。西班牙共产党在七七事变后致电中国共产党，表示坚决支持中国的抗日战争。

在美洲，美国共产党号召美国人民给中国尽可能的帮助，美国各阶层人民的筹赈活动搞得十分热烈。1938年7月，美国前总统胡佛在旧金山发起"一碗饭运动"，至少有百万人积极参加，共筹募捐款100万美元。1941年5月，美国援华联合会总会与美国各地的中美知名人士共同发起"中国周运动"，募捐500万美元救济中国的伤兵和难民。美国有14个州长和200名市长发表了宣言，号召本地区人民踊跃参加这一运动。加拿大共产党也积极号召支援中国抗战，并委托著名胸外科医生诺尔曼·白求恩组织医疗队援华。

在亚洲，一批朝鲜志士在九一八事变后即组织抗日武装，在中国东北和朝鲜境内同日本侵略军浴血奋战，为抗击日本法西斯作出了重要贡献。1938年至1940年，朝鲜义勇队和韩国光复军在武汉、重庆等地先后成立，并积极参加中国的抗战。在延安和华北等地的朝鲜志士也组织了朝鲜义勇军，积极参加中国人民的抗日活动。

以胡志明为首的印度支那共产党和越南人民，热情支持中国的抗战。菲律宾、泰国、马来亚、缅甸、荷属东印度和印度等地的人民，与当地华侨联合起来，积极开展抵制日货和不与日本人合作的活动，在政治和经济上给日本以打击。印度著名诗人泰戈尔在九一八事变后就不断斥责日本侵略中国，号召印度人民支持中国抗战。印度民族运动领袖甘地、尼赫鲁等人，都给中国抗战以有力支持。尼赫鲁还响应朱德关于加强对中国援助的呼吁，在全印举行"中国日活动"，筹集款项，向中国提供医药援助。同时，印度还派出了援华医疗队。

日本共产党与许多爱好和平的进步人士，同情、支持并参加中国人民反抗日本法西斯侵略的正义斗争。日本共产党领导人野坂参三（冈野进）曾在中国延安工作，直接帮助中国抗战。1940年11月，日本工农学校在延安成立，开始进行日军战俘的思想教育工作。1942年6月，在华日本共产主义者同盟成立。8月，华北反战团体代表大会和华北日本士兵代表大会在延安同时召开，会后统一组成日本人反战同盟华北联合会，由杉本一夫为会长，确定反战同盟的中心任务是反对日本帝国主义的侵华战争，为迫使日军撤出中国而斗争。此外，日本的革命志士西里龙夫、中西功、尾崎秀实、手岛博俊、白井行幸、尾崎庄太郎等人，则在秘密战线上积极活动，为中国方面提供了许多非常有价值的情报，有力地支援了中国的抗战。他们中的大部分人成为中共党员，有的人还在斗争中英勇牺牲。

日本许多知名人士、活动家、作家，如鹿地亘及夫人池田幸子，以及绿川英子、山田和夫、成仓进等人，曾长期居住在中国，与中国人民一道进行抗日斗争。许多在战争中被俘的日军官兵，在八路军的教育和帮助下，幡然悔悟，加入了反战行列，并建立觉醒联盟、反战同盟等反战组织。他们以多种形式对日军士兵开展反战宣传，在一定程度上瓦解了侵华日军的士气。

许多国际友人积极支持或参加中国人民的抗日战争。其中，加拿大、美国援华医疗队的诺尔曼·白求恩，印度援华医疗队的柯棣华和德国共产党员、记者汉斯·希伯等人，为中国抗战事业献出了宝贵的生命。美国著名进步作家史沫特莱等外国记者，到八路军和新四军等部作战地区采访，写出了大量介绍中国抗战的通讯报道。新西兰友人路易·艾黎、美国记者埃德加·斯诺及其夫人，发起筹组中国工业合作促进会，在中国建立各种合作社，救济难民，支持中国长期抗战。英国、新西兰、澳大利亚等国的"工合"促进组织也向中国"工合"提供了援助。外国友人支持中国抗战的感人事迹，受到中国人民的永久怀念。

2. 苏联、美国等国对中国抗战的援助

全国抗日战争初期，苏联是中国抗战的主要支持者。日本发动全面侵华战争，也是对苏联的重大威胁，客观上促使苏联加强对中国的援助。苏联不仅在国际上谴责日本的侵略行径，而且与中国签订互不侵犯条约，并为中国抗战提供了大量物资援助。

1937 年 10 月中旬开始，苏联将中国急需的飞机、大炮、机枪、航空和装甲设备、枪炮弹药等军用物资，陆续运到中国。1938 年 3 月和 7 月，苏联给中国政府两次贷款各 5000 万美元，共计 1 亿美元。1939 年 6 月，又贷款 1.5 亿美元。苏联贷款总计达 2.5 亿美元。从1937 年至 1942 年，苏联实际给予中国购买军火的贷款共 1.73 亿美元，居同期各国对华援助之首。① 中国用这些贷款偿付苏联援华武器弹药和其他军用品，解决了中国急需获得军火的外汇困难。据统计，从1937 年 9 月到 1941 年 6 月苏德战争爆发，苏联向中国提供飞机 904架（其中，轻重轰炸机 318 架）、坦克 82 辆、汽车 1526 辆、牵引车24 辆、大炮 1190 门、轻重机枪 9720 挺、步枪 5 万支、步枪子弹 1.67亿发、机枪子弹 1700 余万发、炸弹 3.11 万颗、炮弹 187 万余发、飞

---

① 参见国民政府财政部:《抗战期间国库有关战争支出折合美金数，美、英、苏历次借款动支数及中美租借法案价值表》（1946 年 9 月），中国第二历史档案馆藏，全宗三（8），卷 8782。

苏联空军志愿队来华参加抗战。图为 1938 年中苏飞行员在汉口机场合影。

机发动机 221 台，以及其他一些军事物资。苏联不仅是当时世界上唯一以军火物资积极援助中国的国家，而且援华的飞机及其他军火物资的价格大大低于国际市场价格。

　　苏联还派遣大批军事顾问、技术专家到中国。先后担任中国政府军事总顾问的苏联将领有德拉季文、切列潘诺夫、卡恰诺夫和崔可夫。他们帮助接洽苏联对华军事物资援助，协助制订作战计划以至参加重要战役的指挥。到 1941 年，派到中国政府和军队的军事顾问有 140 多名，各方面的专家上千名。苏联还直接派遣空军志愿队来华参加抗战，到 1940 年，在中国作战的苏联志愿飞行员达 700 多名。[①]他们参加了保卫南京、武汉、南昌、重庆、成都、兰州等城市的空战，还多次轰炸日军机场、车站、港口、仓库、舰船等军事目标，共

---

① 参见［苏］杜宾斯基：《抗日战争时期的苏中关系》，《国外中国近代史研究》第 11 辑，中国社会科学出版社 1988 年版，第 356—395 页。

参加 20 多次重大战役。仅 1938 年即击落日军飞机 100 余架，炸沉日本舰船 70 余艘。包括轰炸机大队长库里申科和战斗机大队长拉赫曼诺夫在内的 200 多名苏联志愿飞行员，献出了宝贵的生命。苏联的积极援助，有力地支持了中国人民的抗日战争。

美、英、法等国在九一八事变后的较长时期内对日本实行绥靖政策。随着日本全面侵华战争不断扩大，美、英、法在中国和远东的殖民利益受到严重损害，与日本的矛盾进一步加剧，其对华政策才发生变化。

美国在中国抗战进入战略相持阶段后，逐步加强了对华援助。1938 年 12 月，经过中美两国反复交涉，美国政府首次宣布向中国提供 2500 万美元借款，中国用以购买美国物资，并以桐油偿还。1939 年 2 月正式签署《中美桐油借款合同》，时称"桐油贷款"。这一借款标志着美国援助中国抗战的开始。1940 年 4 月，美国向中国政府提供了第二次借款，即 2000 万美元的滇锡借款，这些借款严格限定在美国购买非军火类工农业产品。10 月，经中美两国政府接洽交涉，美国为中国提供 2500 万美元的钨砂借款。11 月，罗斯福宣布准备对华贷款 1 亿美元。1941 年 2 月，中美《金属借款合约》正式签字，中国以金属矿产为抵押，向美国借款 5000 万美元。3 月，美国国会通过向反对法西斯侵略国家提供军事援助的"租借法案"，开始以租借形式向中国提供军火物资。4 月，罗斯福签署命令，批准美国退役军人可以加入陈纳德组建的美国援华志愿航空队（即"飞虎队"），以帮助中国空军同日军作战。4 月和 5 月，罗斯福两度批准向中国提供价值 9000 余万美元的军用器材和武器弹药。7 月，罗斯福还批准向中国空军提供装备和人员。

太平洋战争爆发后，美国加大对华援助。1942 年 3 月，中美两国正式签订《中美 5 亿美元借款协定》。6 月，中美两国又签订《中美租借协定》。据不完全统计，战时美国对华提供租借援助总额达

美国援华志愿航空队（"飞虎队"）的飞机上，都画着鲨鱼的利牙大口。图为中国士兵守卫在"飞虎队"飞机前。

8.457 亿美元，其中除 2000 万美元外，其余均作为无偿赠予。[①] 美国先后将价值约计 5.2 亿美元的兵器、飞机、坦克、车辆、船舶及各种军用装备等运往中国，支持了中国的抗日战争。

　　英国于 1939 年 3 月向中国提供了第一次平准基金借款 500 万英镑；并于 3 月和 8 月分别向中国提供购车信用贷款 22.3 万英镑和 285.9 万英镑，合计 308.2 万英镑。1941 年 4 月，英国向中国提供第二次平准基金借款 500 万英镑。1942 年 2 月，英国宣布将给中国 5000 万英镑贷款。但是，在贷款的兑现及条件问题上，两国却发生了严重分歧。直至 1944 年 5 月，中英两国才签订了 5000 万英镑

---

① 参见北京大学法律系国际法教研室编：《中外旧约章汇编》第 3 册，生活·读书·新知三联书店 1962 年版，第 1245—1246 页。

的《中英财政协助协定》。此次贷款中，中国仅支用810万英镑作为在英镑区域购买物资及其他服务的费用，而且其中300万英镑是在1945年年底才支付的，其余510万英镑是在1948年7月才支付的。因此，在整个抗战后期，中国实际上没有得到英国的贷款援助。

法国于1938年4月与中国签订了南（宁）镇（南关）铁路借款合同，数额达到1.5亿法郎和14.4万英镑，次年3月又补加借款3000万法郎。1939年12月，中法又达成叙（府）昆（明）铁路借款4.8亿法郎。由于战局的影响，这两项借款合同后被中止履行。另外，法方还对中国政府谋求的军事援助与合作持积极态度。但所提出的军事援助与合作计划，因1940年法国战败投降而被中止。

国际社会对中国的支持，给了曾经长期在东方独立坚持抗日战争的中国人民以巨大的鼓舞，增强了中国人民战胜日本法西斯的信心和勇气；同时，中国坚持持久抗战，并在极为困难的条件下，向苏、美、英、法等国提供了战时急需的大量农牧产品、矿产品等物资，积极支持和帮助了各国人民的反法西斯斗争。

值得一提的是，中国人民在遭受日本侵略者蹂躏的艰难岁月里，还真诚地帮助受世界法西斯迫害的其他受害者。当时的上海曾接纳了约3万名犹太难民，其中就包括后来出任美国卡特政府财政部部长的迈克·布卢门撒尔。时任中国驻维也纳总领事何凤山，曾冒着极大风险为至少数千名犹太难民发放"救命"签证，使他们得以逃脱法西斯魔掌，堪称"中国辛德勒"。

第六章　中国独立坚持抗战，敌后战场逐步成为全国抗战的主战场

1938 年 10 月武汉会战结束后，中国抗战进入了战略相持的新阶段。相持阶段的到来，是中国人民浴血奋战的阶段性胜利，标志着日本速战速决战略的破产，也表明中日较量将进入一个更加长期和复杂的阶段。在此阶段，国民党抗日的一面趋于消极、保守，防共、限共和反共的一面明显加强。在此期间，中国共产党领导的抗日军民一方面以斗争求团结，维护了国共合作和抗日民族统一战线的大局；另一方面，又在不断战胜日军主力残酷进攻的同时成长壮大，中国共产党领导的敌后战场的地位作用显著上升，成为全国抗战的主战场。

一、战略相持阶段的到来与中日双方的战略调整

1. 日本侵华战略的改变与国际形势的变化

日本发动全面侵华战争后，虽然取得了一些军事上的胜利，却付出了惨重的人员伤亡和巨大的战费支出，战争能力受到极大削弱，被迫放弃速战速决战略，转而采取一系列适应持久战争的战略。一是改变单纯武力征服中国的方针，企图以承认国民政府为条件，诱使国民政府对日妥协。二是减少正面战场的兵力投入，集中力量巩固华北等占领区。三是积极建立傀儡政权，企图通过"以华制华"，建立长期自给的持久战争体制。这说明，日本认识到迅速征服中国

已不可能，被迫将侵华战略转向持久，军事进攻的重点也向自身后方战场转移。

全国抗战进入相持阶段后，国际环境更趋复杂，各主要国家对法西斯侵略采取了更加软弱的立场。1938年9月，英法与德意达成《慕尼黑协定》，同意将捷克斯洛伐克的苏台德地区割让给德国。1939年9月，德国发动侵略波兰的闪电战，英法两国被迫对德宣战。欧洲局势的恶化对各国对华、对日政策产生了牵制作用。1939年7月，英国表示承认日本在中国造成的实际局势，无意赞助有利于日军之敌人的行动和因素。[①]1940年六七月间，英法两国又应日本的要求，封闭了滇越铁路和滇缅公路，切断了中国西南的国际通道。在此期间，苏联的对日政策也趋于缓和，表示愿意与日本谈判解决一切争端。1941年4月，苏联与日本签署了《苏日中立条约》，双方承诺将在缔约国与第三者冲突期间严守中立，苏联承认日本对伪满洲国的控制，以换取日本停止"北进"攻击苏联。各主要国家保全自己、对日妥协的政策，使中国继续处于独立抗战的境地。

2. 中共中央制定相持阶段的战略方针与任务

就在日本改变其侵华战略期间，中共中央及时预见到即将到来的重大变化，于1938年9月29日至11月6日，在延安召开扩大的第六届中央委员会第六次全体会议。

全会判断：日本的战略进攻已接近顶点，敌我持久相持的新阶段即将到来；在新阶段，日本将强化军事、政治和经济等方面的总体战，并将主要注意力转向保守占领区；在持久相持阶段，西方国家有可能对日妥协，中国内部可能出现悲观情绪和动摇叛变现象。

[①] 参见《中国近代对外关系史资料选辑》下卷第2分册，上海人民出版社1977年版，第143页。

　　针对形势的变化和可能出现的各种问题，全会以坚持持久抗战为目的，提出：坚决抗战到底不动摇，反对妥协投降和一切分裂企图；深化战时军事、政治、经济、教育等各项政策；加强军队建设，大力发展敌后游击战争，建立和巩固更多的抗日根据地；发展巩固国内的抗日民族统一战线，并推动建立国际反法西斯统一战线。

　　全会特别强调：相持阶段到来后，敌后游击战争在全国抗战中的地位和作用将更加突出。在一些重要战略地区的游击战争，势必将遭到日军的残酷进攻，会出现非常艰苦的局面。因此，党应继续将工作重点放在敌后，把巩固和发展敌后游击战争作为党的军事战略的首要任务，并将"巩固华北，发展华中、华南"确定为开展敌后游击战争的基本方针。

　　此次全会对战争形势变化的判断和对各项战略任务的预先部署，显示出中共中央判断局势、把握战争的卓越能力。

3. 国民政府调整军事、政治战略

　　随着日本侵华战略的改变，国民政府也开始调整对内对外的军事、政治战略。1938年11月，国民政府军事委员会召开南岳军事会议。会议认为，中国已经粉碎了日本速战速决的企图，在接下来的抗战中，应着眼长期抗战的需要，将全国军队的部署一分为三：1／3兵力用于正面战场作战，极力保持现在态势；1／3兵力进行整训，尽快恢复并加强战力；1／3兵力用于敌后游击战争，变敌后方为前方。会议决定将正面战场调整为8个战区，并在敌后增设鲁苏和冀察两个游击战区。国民政府军事委员会于1939年2月开办游击干部训练班，并邀请中共有丰富游击战经验的教官任教。

　　南岳军事会议的战略指导方针及相应的部署，是坚持长期抗战的必要措施。但是，这一方针也存在很消极的一面。当时，国民政府拥有占全国总兵力90％以上的军队，理应担负起对日作战主力军的责

任，新的战略方针却要求其"保持现在态势""尽量牵制敌人"。虽然国民党当局意识到游击战的重要性，但国民党军队不懂得，也不能够放手发动群众、依靠群众，所以不能建立巩固的敌后根据地、开辟敌后战场。而且，国民党当局派到敌后的大多是杂牌部队，这些军队因国民党反共倾向的加强，遂成为与中国共产党抗日武装发生磨擦的主力，不少甚至投敌当了伪军。

1939年1月下旬，国民党召开五届五中全会。会议坚持了抗战立场，但在国共关系问题上出现倒退，为防止中共"坐大"，竟然确定了"溶共、防共、限共"的方针。[①]会后，国民党中央制定了一系列反共办法，对中共进行防范、限制、排斥乃至打击。当年11月，国民党召开五届六中全会，将"政治限共为主，军事限共为辅"发展为"军事限共为主，政治限共为辅"。国民党的政策调整，对国共两党关系和抗日民族统一战线产生了严重深远的负面影响。

二、敌后战场的巩固发展与百团大战

日军占领广州、武汉之后，逐步将主要作战力量转向对付占领区内的抗日武装。这意味着中共领导的敌后抗日武装将抗击日军的大部分力量，标志着敌后战场将成为抗日战争的主战场。能否适应这种重大变化，巩固敌后抗日根据地并发展抗日游击战争，就成为关系抗战前途的决定因素。

1.八路军三大主力挺进华北平原

华北在敌后抗战中占有特殊的重要地位。为粉碎日军的反扑，完

---

① 荣孟源主编：《中国国民党历次代表大会及中央全会资料》下，光明日报出版社1985年版，第553页。

成"巩固华北"的战略任务，八路军三大主力奉命挺进冀中、冀南、冀鲁豫边区和山东地区，以巩固平原根据地，进一步发展整个华北地区的抗日游击战争。

1939 年 1 月下旬，由晋西北出发的八路军第 120 师主力进入冀中抗日根据地，与冀中八路军一道，连续粉碎了日军 3 次围攻，取得了曹家庄、大曹村伏击战和齐会歼灭战的胜利。至 1939 年 8 月为止的半年中，第 120 师主力在冀中作战 116 次，歼灭日伪军 4900 余人，部队也由进入冀中时的 6400 余人，发展到 2.1 万余人，胜利完成了巩固冀中平原抗日根据地的战略任务。冀中军区所属部队也发展到 14 个主力团、两个支队和 5 个游击总队，具备了独立坚持平原游击战争的能力。

1938 年 12 月，八路军第 129 师主力从太行山区进入冀南，与冀南军区八路军一道，大力发展群众武装，频繁袭扰日军，并于 1939 年 2 月取得香城固伏击战的胜利，粉碎了日军 3 万余人的大"扫荡"。至 1939 年 3 月，第 129 师主力与冀南军区八路军共进行大小战斗 100 余次，歼灭日伪军 3000 余人，使冀南抗日根据地的形势有所好转。

1938 年年底，八路军第 115 师主力向山东挺进，次年 3 月上旬，在鲁西地区的樊坝战斗中全歼伪军 1 个团，取得挺进山东后的首战胜利。5 月 10 日，第 115 师主力东进泰西地区时，在陆房遭日军大部队包围。经两天激战，第 115 师部队毙伤日伪军 1300 余人。此后，第 115 师协助当地军民扩大抗日根据地，将运（河）西、泰（山）西两块根据地连成一片，并控制了津浦铁路以西、运河两侧、黄河以南的三角地区。8 月，第 115 师一部在梁山地区伏击进犯的日伪军，歼敌 400 余人，俘虏 24 人。9 月初，第 115 师主力进入鲁南腹地的抱犊崮地区，为开创鲁南抗日根据地和向南控制郯（城）码（头）平原，打通与华中的联系，向西打通与湖西区的联系，向北打通与鲁中区的联系，向东发展滨海地区创造了有利条件。

第 115 师主力挺进山东之时，该师另一部于 1938 年 12 月至 1939 年 3 月从山西分批东进冀鲁豫边区，与当地地方武装合编为八路军冀鲁豫支队。1939 年 7 月中旬至 11 月上旬，冀鲁豫支队连续粉碎日军 3 次"扫荡"。至年底，冀鲁豫支队由 4000 余人发展到 1 万余人，并在反"扫荡"作战中歼灭日伪军 2000 余人，俘虏 536 人。根据地也发展为直南、豫北和鲁西南 3 块地区。

八路军三大主力挺进平原作战，是抗战进入战略相持阶段后的一次具有重大意义的战略行动，不仅粉碎了日军"扫荡"平原的企图，而且加强了比较薄弱的平原抗日根据地的全面建设，大幅度提高了当地八路军和地方武装的实力，为长期坚持平原抗战奠定了牢固的基础。

2. 华北各抗日根据地粉碎日伪军的连续"扫荡"

1939 年至 1940 年，日军将进攻重点转向华北敌后各抗日根据地。为保卫和巩固抗日根据地，敌后军民展开一系列反"扫荡"战役和战斗，消灭了大量日伪军。

北岳山区是晋察冀抗日根据地最高领导机构所在地。1938 年 9 月至 1939 年年底，日军多次围攻北岳地区，兵力最多时达 5 万余人。八路军各部以机动灵活的游击战法，不断捕捉战机歼灭日军。1939 年 5 月 13 日至 15 日，八路军第 359 旅在上下细腰涧围歼日军 500 余人。9 月下旬，由冀中平原转战北岳山区的第 120 师部队，在陈庄伏击战中激战 3 天，全歼日伪军 1500 余人。1939 年 10 月中旬至 12 月上旬，晋察冀军区和第 120 师部队针对日军的冬季大"扫荡"，连续作战 100 余次，仅在著名的雁宿崖伏击战和黄土岭围歼战中，就毙伤日军 3600 余人，并打死了号称"名将之花"的日军旅团长阿部规秀中将。在这次冬季反"扫荡"中，伟大的国际主义战士、加拿大共产党员诺尔曼·白求恩医生，在抢救八路军伤员时感染病毒，于 11 月 12 日在河北省唐县不幸病逝，为中国人民的解放事业献出了宝贵生命。

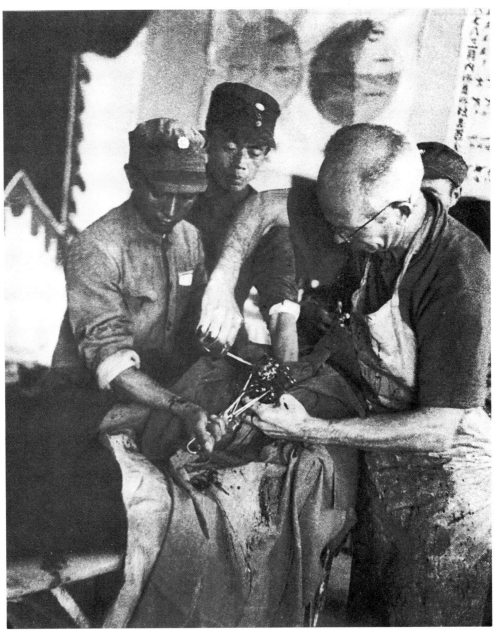

1938 年，白求恩（右）在山西五台松岩口模范病室为八路军伤员动手术。

晋冀豫抗日根据地所属太行区是八路军总部和第129师师部所在地。1939年3月，第129师主力由冀南回师太行，抗击日军的进攻。7月，日军5万余人对太行山区展开大"扫荡"。第129师各部分别对日军实施袭击和伏击，先后作战70余次，歼敌2000余人，并收复被日军占领的榆社、武乡、沁源、高平等县城。12月，第129师各部对邯长公路及沿线据点实施破击作战，先后攻克了黎城、涉县县城及23处据点，使太行抗日根据地南、北地区重新连成一片。

晋西北抗日根据地是连接陕甘宁边区与华北敌后各抗日根据地的枢纽。1939年3月，日军分5路进攻晋西北抗日根据地。八路军第358旅在山西新军的配合下，粉碎了日军的进攻，收复了一度被日军占领的岚县、方山等地。在此期间，大青山地区的抗日游击战争也得到发展。1939年春，大青山支队开辟了归绥至武川公路以西的绥西、归绥至武川公路以东的绥中，以及平绥路南的绥南3个游击区，大青山抗日游击根据地基本形成。

1939年5月下旬，日军出动两万余人寻歼八路军山东纵队主力。山东纵队各部队避敌主力锋芒，着重袭击日军侧后的薄弱点和交通线。至7月上旬，山东纵队共作战70余次，粉碎了日军的大"扫荡"。

经过一年的艰苦反"扫荡"作战，华北各抗日根据地得到巩固和发展，八路军由1938年年底的15.6万余人，增加到1939年年底的27万余人，为长期坚持敌后抗日游击战争打下了坚实的基础。

华北日军在1939年的"扫荡"连遭失败后，认为华北的局势"无论从数量和质量上看，中共军均已成为抗日游击战争的主力"，"如此下去，华北将成为中共军的天下"。因此，日军华北方面军确定：1940年"讨伐重点将全面指向中共军"。[①] 对此，中共中央于

---

① ［日］防卫厅防卫研究所战史室：《华北治安战》〈1〉，朝云新闻社1968年版，第258、264页。

1940 年年初连续发出指示，要求华北各抗日根据地在巩固中求发展，做好抗击日军新攻势的各项准备。

1940 年春开始，日军先后对晋察冀抗日根据地发起了春、夏季"扫荡"，并将重点再次指向平西、冀中和冀东等平原地区。3 月，日军 9000 余人合击平西抗日根据地中心区。八路军冀热察挺进军连续在斋堂和杜家庄西山设伏，歼灭日军 300 余人和一支辎重队，迫使日军于 3 月 23 日撤退。5 月至 6 月，冀东八路军粉碎日军 4000 余人的"扫荡"，毙伤日伪军 1500 余人。至 7 月，冀东抗日根据地发展为拥有人口 100 余万的地区。4 月至 5 月，冀中八路军粉碎日伪军 3 万余人的大"扫荡"。至 8 月 10 日，冀中八路军部队共作战 140 余次，毙伤日伪军 2500 余人，攻克据点 15 处。

在晋西北，1940 年 2 月上旬，八路军第 120 师主力由晋察冀返回晋西北抗日根据地。6 月，日军 2.5 万余人展开夏季大"扫荡"。第 120 师各部在反"扫荡"期间积极寻机歼敌。6 月中旬，该师第 358 旅一部在曹家庄歼敌 500 余人。随后，第 120 师主力跳出合围圈，转至日军侧后袭击并破坏其交通。至 7 月 6 日驱逐全部日军时为止，晋西北八路军共作战 250 余次，歼灭日伪军 4500 余人，收复兴县、临县、方山、保德、河曲等县城，取得夏季反"扫荡"的胜利。

1940 年 6 月，日军 6000 余人分 3 路"扫荡"冀鲁豫抗日根据地的濮阳地区。冀鲁豫八路军在小渠、黄村歼敌 400 余人，击毁汽车 20 余辆。受创日军继续以 1.5 万人的兵力再度合击濮阳地区。冀鲁豫军区各部队化整为零，以分散的游击战到处袭击日军，迫使日军于 6 月 18 日结束"扫荡"。至此，冀鲁豫抗日根据地的八路军主力部队和地方武装已发展到 1.7 万余人。

在山东，八路军第 115 师在鲁南地区继续发展。1940 年 2 月，该师一部攻占鲁南山区中心白彦镇，并连续击退日军的 3 次反扑，共毙伤日伪军 800 余人。4 月，第 115 师各部粉碎日军对抱犊崮山区的大规模"扫荡"，毙伤日伪军 2200 余人。7 月，第 115 师一部东渡沭河，打开了向滨海地区发展的通道。至 10 月，第 115 师完成了开辟鲁南，打通鲁南与鲁中、湖西、鲁西联系的战略任务，部队也扩大为7 个主力团、12 个新团，共 4.2 万人。

在鲁中地区，1940 年 3 月至 9 月，八路军山东纵队连续粉碎日军对沂水西南地区、泰山区和沂蒙山区的进攻，使以沂蒙山、泰山为依托的鲁中抗日根据地日益巩固。在此期间，胶东、清河、冀鲁边、湖西等抗日根据地军民，也先后粉碎了日军多次进攻，巩固和扩大了根据地。

在晋冀豫地区，日军在 1939 年大规模"扫荡"太行山区失败后，改取依托交通线及周边据点，分割肢解并逐一摧毁抗日根据地的"囚笼"政策。为击碎日军的"囚笼"，1940 年 4 月至 6 月，冀南八路军和数万民兵，对平汉铁路、白晋铁路及伸向冀南抗日根据地内的主要公路展开全面破击，打破了日军分割太行、太岳抗日根据地的企图。至此，晋冀豫抗日根据地形成了包括太行、太岳、冀南三大行政区和15 个专区、115 个县的局面。八路军第 129 师也整编为 9 个旅及太行、太岳、冀南 3 个军区。

3. 振奋全国的百团大战

1940 年 5 月至 6 月，德国占领了整个西欧，随后对英国本土展开大规模战略轰炸。欧洲战局的急剧逆转，促使日本更加急切地要征服中国。日本随即加强了对中国的军事、政治和外交攻势。在严峻的国际形势和日军的压力下，国民党及其政府内部出现了动摇妥协倾向。为振奋全国的抗战精神，遏制国民党及其政府的妥协危险，也为打破日军对华北各抗日根据地的"囚笼"政策，八路军总部决定实施一次大规模攻势作战。

此次八路军的大规模攻势，覆盖了整个华北地区的主要交通线。在这些地区，驻有日军 3 个师团的全部、2 个师团的各 2 个联队、5

个独立混成旅团的全部、4 个独立混成旅团和骑兵旅团的各一部，总
兵力约 20 万人，另有伪军约 15 万人。参战的八路军有 105 个团，故
称"百团大战"。

　　1940 年，八路军在百团大战中攻克涞源县日军据点东团堡后，战士们在
内长城烽火台上欢呼胜利。

中国抗日战争史简明读本

百团大战分为3个阶段。第一阶段：1940年8月20日至9月10日。在此阶段，晋察冀军区和第129师各部对正太铁路全线发起突袭，猛烈攻击沿线的日军据点和井陉煤矿。同时，八路军第120师对同蒲铁路北段和晋西北主要公路展开大破击。而冀南、冀东、冀中和太岳等华北其他地区的八路军和游击队，也对各自当面的日军交通线展开广泛的破击战。第二阶段：9月22日至10月上旬。在此阶段，晋察冀军区部队发起涞（源）灵（丘）战役，连续攻克日军数十处据点。第129师发起榆（社）辽（县）战役，相继攻克了多处据点和榆社县城。第120师各部再次对同蒲铁路展开大破击，使同蒲铁路北段交通又一次陷入瘫痪。第三阶段：1940年10月上旬至1941年1月24日。日军遭到连续两次大规模攻击后，遂调集重兵反扑。1940年10月上旬至11月上旬，第129师各部转入反"扫荡"作战，迫使反扑的日军撤回原据点。11月17日至12月5日，太岳军区八路军连续在官滩、龙佛寺等10余次战斗中重创来犯日军，迫使日军撤出太岳区。在此阶段，日军还对晋察冀和晋西北抗日根据地发起反扑。至1941年1月，晋察冀军民粉碎了日军对平西、北岳抗日根据地的进攻，晋西北八路军也将日军全部逼回至原驻地。

据八路军总部统计，至1940年12月5日，参加百团大战的八路军进行大小战斗1824次，毙伤日军20645人、伪军5155人，俘虏日军281人、伪军18407人，日军自动投诚者47人、伪军反正者1845人，缴获枪械5942支（挺）、各种火炮53门、骡马1510匹等大量军用物资，摧毁据点2993个，破坏铁路474公里、公路1502公里、车站37个、桥梁213座、隧道11个、铁轨21.7万余根、枕木154.9万余根、电线杆10.9万余根，破坏煤矿5个、仓库11所，解放煤矿工友10120人、铁路工友2055人。八路军伤亡1.7万余人。

值得一提的是，八路军在井陉煤矿战斗的硝烟中，曾救出两个日本小姑娘。晋察冀军区司令员聂荣臻亲自看望和关照，还附上一

1940年，聂荣臻
（右）照看从百团大
战的战火硝烟中救
出的日本小姑娘美
穗子。

1980年，美穗子
重返中国，向聂荣臻
致谢。

封信，一并辗转交给日方，展现了八路军的人道主义精神。40 年后，当年被救的小姑娘美穗子，还重返中国，专程向聂荣臻、向中国人民表示感谢。这个感人的故事一直被传为佳话。

百团大战是在日本法西斯侵略气焰极度嚣张、全国抗战面临严峻考验的关键时刻，实施的一次具有重大意义的战略行动。在军事上，百团大战沉重打击了日军在华北地区的"囚笼"政策，巩固了华北抗日根据地，并迫使日军不得不进一步从正面战场抽兵对付敌后抗战力量，从而策应了正面战场的作战；在政治上，百团大战粉碎了国民党顽固派对八路军"游而不击"的污蔑，抑制了国民党内对日妥协的倾向，极大地振奋了全国的抗战信心。

4. 新四军发展华中敌后战场

在抗战相持阶段，华中新四军各部全面展开，按照"向东作战，向南巩固，向北发展"的决策部署，将华中抗日游击战争推向新的发展阶段。

1939 年年初，位于苏南的新四军第 1 支队和第 2 支队开始东进淞沪、北上扬州。至 7 月，第 1 支队已在苏州、常熟、太仓和江阴、无锡一带开辟了抗日游击根据地，并以一部北渡长江，控制了通扬运河以南沿江地区。其间，东进的新四军与日伪军连续作战，先后取得黄土塘战斗、夜袭浒墅关车站和夜袭上海虹桥机场的胜利。11 月，新四军组建江南指挥部，统一领导苏南第 1、第 2 支队和地方武装；同时成立了新的挺进纵队和苏皖支队，执行北渡长江，向扬州、泰州、仪征、天长、六合地区发展的任务。

新四军第 4、第 5 支队进军津浦路两侧，开辟皖东抗日根据地。1938 年 11 月，位于皖中地区的新四军第 4 支队一部先行进入淮南铁路以东的皖东地区。1939 年 5 月，新四军组建江北指挥部，并成立了第 5 支队。随后，第 4、第 5 支队全力向东作战，分别开辟了以定

1939 年 1 月，新四军部队胜利奔袭芜湖机场外围官陡门日军据点后合影。

远县藕塘为中心的津浦路西（简称"路西"）和以来安县半塔集为中心的津浦路东（简称"路东"）抗日根据地，形成了新的皖东敌后抗日根据地。1940 年 3 月，皖东地区的第 4、第 5 支队已由东进时的7000 余人扩大到 1.5 万余人。8 月，津浦路东的第 5 支队继续东进，与南下的八路军第 5 纵队共同开辟了淮（安）宝（应）区，打通了皖东、淮海两区的联系。皖东抗日根据地的开辟和发展，引起日军极大不安。9 月初，日军大规模"扫荡"路东半塔集地区。新四军第 4、第 5 支队与八路军第 5 纵队密切配合，从 9 月 5 日至 17 日，共作战60 余次，歼敌 600 余人，粉碎了日军的进攻。

新四军游击支队创建豫皖苏抗日根据地。1938 年，新四军游击支队进入睢县、杞县、太康地区，初步打开豫东局面后，又以建立豫皖苏抗日根据地为目的，大幅度向东连续跃进。1939 年年初，游击支队进入商丘、亳县、永城地区；5 月，继续挺进蚌埠以东的淮上地区。为策应新四军游击支队的行动，八路军苏鲁豫支队和陇海南进支队各一部，也在五六月间南下苏皖边的萧县、灵璧、邳县、睢宁、铜山地区，为创建豫皖苏抗日根据地创造了有利条件。至1939年11月，豫皖苏抗日根据地已初具规模。1940年2月，游击支队改称新四军第6支队，部队壮大到9个团1.2万余人。3月中旬至4月初，日军连续"扫荡"永城、萧县地区，第6支队各部挫败了日军的进攻，使豫皖苏抗日根据地得到进一步巩固。

新四军、八路军南北对进，协同开辟苏北抗日根据地。1939年年底，华中新四军将开辟苏北抗日根据地作为进一步向东发展的重点。然而，此时国民党顽固派已将反共重心转向华中，并对江北新四军展开进攻。鉴于此，中共中央决定以八路军一部南下，配合新四军开辟苏北抗日根据地。1940年6月，八路军第2纵队南下进入豫皖苏抗日根据地，与新四军第6支队合编为八路军第4纵队。此后，八路军苏鲁豫支队也跨过陇海铁路抵达泗县。8月，中共中央中原局决定将第4纵队编成八路军第4、第5纵队。整编后的第5纵队主力随即东渡运河，挺进苏北沭阳、宿迁、淮阴、涟水、东海等地，初步开辟了淮海抗日根据地。在此期间，新四军江南指挥部主力也陆续北渡长江，支援先期进入苏北沿江地区的挺进纵队和苏皖支队。7月，新四军江南指挥部改称苏北指挥部，并将江北新四军各部整编为第1、第2、第3纵队。新四军北上苏北的行动，遭到日军和国民党顽固派军队的双重夹击。为了打破日军和国民党顽固派军队的阻挠，新四军一面对日军作战，攻克了靖江东北的孤山、西来镇等日军据点，粉碎了日军两次报复性"扫荡"；一面对国民党顽固派军队的进攻进行自卫反击，先后取得郭村战斗和黄桥决战的胜利。10月10日，北上的新四军与南下的八路军第5纵队在东台县以北的白驹镇会师。至此，新四军、八路军协同开辟苏北抗日根据地的战略任务基本完成。

新四军军部及第3支队坚守皖南。新四军各部东进、北上期间，留守皖南的新四军军部及第3支队连续击退日军对繁昌县城的5次进攻。至1939年年底，皖南新四军与日军作战200余次，保卫了皖南抗日根据地。1940年4月，日军大举进犯皖南。新四军各部分头御敌，迫使其撤退。10月上旬，日军再次大规模"扫荡"皖南，其中一路直扑新四军军部驻地云岭。皖南新四军主力与日军鏖战，挫败了日军进攻云岭的企图，并收复了国民党军丢失的泾县县城。

新四军挺进纵队开辟豫鄂边抗日根据地。武汉沦陷前后，豫鄂边地区没有新四军主力部队，游击战尚处于分散零碎的状况。为了打开豫鄂边区抗日游击战争的新局面，1939年1月，中共中央中原局派出几百人的小部队，从河南省确山竹沟出发，连续跃进至豫南和鄂中地区。6月中旬，豫南、鄂中地区的游击武装整编为新四军豫鄂独立游击支队，随后连续击退日军多次进攻，巩固了刚刚建立的豫鄂边抗日根据地。11月，豫南、鄂中、鄂东3个地区的部队统一整编为新四军豫鄂挺进支队。1940年2月至6月，豫鄂挺进纵队（由挺进支队改称）主力南渡襄河，歼灭了驻守汉阳侏儒山的伪军，并向西进入刚被日军占领的白兆山和坪坝地区。此后，豫鄂挺进纵队在连续击退日军对坪坝的3次进攻的同时，继续向周边地区扩展。至1940年年底，豫鄂边区已建立了9个县的抗日民主政权。豫鄂挺进纵队也发展为拥有1.4万余人的主力部队，活动范围遍及襄河两岸、长江南北的广阔区域。

5. 华南人民抗日游击队开辟华南敌后战场

1939年1月，中共广东省委决定以东江、琼崖地区为重点，积极发展自己的力量，使这两个地区成为长期抗战的重要根据地。

东江地区包括东莞、惠阳、宝安、增城、博罗等县，广九铁路纵贯其中。1938年10月，日军在大亚湾登陆后，中共地方组织先是建立了惠宝人民抗日游击总队，继而于1939年1月在东莞组建了东惠宝边人民抗日游击大队。这两支游击部队一度以国民党军名义，在坪山圩和乌石岩建立抗日游击根据地。1940年9月，为摆脱国民党的限制和挤压，中共东江特委决定放弃国民党军番号，独立开展抗日游击战争，并着手组建广东人民抗日游击队，将上述两支部队改为该游击队的第3和第5大队。10月，第3、第5大队分别在敌后开辟了东莞大岭山和宝安阳台山抗日根据地，开始了独立自主开展敌后抗日游击战争的新阶段。

行进中的华南人民抗日游击队。

珠江三角洲的南海、番禺、顺德、中山4县位于广州以南地区。1938年10月，日军攻占南海、番禺及顺德后，中共地方组织立即建立了广州市区游击第2支队，先后取得沥滘附近海上伏击战、小塘车站袭击战等多次胜利。1939年冬，第2支队又在金骨咀、旧寨两地击退日军进攻。1940年夏，该部队建立了以顺德西海村为中心的抗日根据地，并于当年11月击退进犯的日军，取得了西海保卫战的胜利。

海南岛是琼崖红军活动的地区。1938年10月，中共琼崖特委与国民党当局达成合作抗日协议，将琼崖红军改编为广东民众抗日自卫团第14区独立队。1939年2月10日，独立队一部在潭口阻击登陆的日军。3 月，独立队改称独立总队，部队由 300 余人扩大为 1400 余人。此后，独立总队各部频繁袭击日军，取得罗牛山伏击战、文昌县城袭击战和海口长村桥袭击战的胜利，并打退了日军对琼文地区的"扫荡"。1939 年 6 月，为避开日军和国民党顽固派军队的夹击，独立总队主力转移到琼崖西部建立抗日根据地。10 月 21 日至 11 月 6 日，独立总队攻克了日军那大据点。1940 年 2 月，独立总队以两个大队坚持琼文抗日游击根据地，其余部队西进至美合地区，建立新的抗日根据地。至 1940 年冬，独立总队发展到 3000 余人，成为琼崖抗日游击战争的主要力量。

6. 东北抗日联军在东北敌后战场的艰苦作战

全国抗战爆发后，已经成为东北抗日游击战争主体的抗日联军（简称"抗联"），展开了更加猛烈的游击战争。

在南满地区，抗联第 1 路军从 1937 年 7 月起的半年多时间里，与日伪军作战数十次，击毙多名日军中佐、少佐和大批日伪军，并一度潜入沈阳东陵及抚顺城内，活捉了伪奉天省的日本官员村上博等人。1938 年 3 月至 8 月，第 1 路军连续取得老岭隧道和土口子隧道工程奇袭战、蛟河县大青背"集团部落"和宁安县陡沟子"集团部落"袭击战、对太平沟等日伪军据点的拔点作战，以及通辑公路蚊子沟和辑安长岗伏击战的胜利，将南满地区的抗日游击战争推向新的高潮。

在吉东地区，抗联第 4、第 5、第 7、第 8、第 10 军，在西起哈（尔滨）长（春）线东侧，北达松花江右岸，东抵乌苏里江畔的广大地区，积极发动进攻。1937 年 7 月至 8 月，吉东抗联部队连续取得西盘道岭、刁翎腰围子、三道通、兴隆沟、双鸭子、十大户、半拉砬子、五道岗、二道河子等战斗的胜利，给日军以沉重打击。1937 年 9 月，吉东各抗日部队合组为抗联第 2 路军，随后在下江地区与日军展开持续数月的冬季反"讨伐"作战。1938年4月至7月，第2路军以第4、第5军主力分两路西征，相继取得攻占苇河县楼山镇及袭击珠河县元宝镇的胜利。随后，由于遭到优势日军的围堵，抗联西征部队转为分散游击并开始东返。10月上旬，第5军一部突围东返时，在牡丹江支流乌斯浑河边与日军遭遇。冷云等8名女战士为掩护主力突围浴血奋战，弹尽后一起投入滚滚浪涛之中，谱写了"八女投江"的壮烈史诗。

全国抗战爆发后，北满松花江下游两岸和小兴安岭西麓地区的抗联第3、第6、第9军及独立师（1937年10月，改编为第11军）积极向外出击。至1938年6月，各军连续与日军作战数百次。1939年5月，北满抗联的4个军正式组成抗联第3路军，所属部队活动于黑龙江省北部十几个县境内，成为日军眼中"北部国防线上的心腹之患"。

面对东北抗联的壮大和抗日游击战争的广泛开展，日军不断实施高密度、大规模的军事"讨伐"，东北抗日游击战争开始进入极端艰苦的阶段。1938年7月中旬，南满的抗联第1路军缩编为3个方面军，实施分区作战，仅1939年，就与日军作战276次，平均每个月23次。①10月起，第1路军被迫分散活动。其中，第1路军总司令杨靖宇率领400余人在零下40多摄氏度的环境中连续战斗，部队损失殆尽。1940年2月23日，杨靖宇孤身与日军周旋5天后，在濛江县西南的三道崴子壮烈牺牲。残暴的日军割下他的头颅，剖开他的腹部，发现胃里没有一颗粮食，全是枯草、树皮和棉花。这种威武不屈、战斗到最后一息的英雄气概，使日军也为之震惊。抗战胜利后，为了纪念杨靖宇这位民族英雄，濛江县更名为靖宇县。

1940年春，东北抗联各军的根据地大都遭到破坏，部队从3万

---

① ［日］关东军宪兵司令部：《满洲共产抗日运动概况》，1939年。

余人锐减至不足 2000 人。1940 年 12 月 8 日，第 1 路军第 3 方面军指挥陈翰章在突围战斗中牺牲。1941 年 2 月，第 2 路军第 10 军军长汪雅臣负伤被俘牺牲。3 月 8 日，第 1 路军副总司令魏拯民因疾病、冻、饿牺牲于密林之中。面对持续恶化的形势，从 1940 年 12 月开始，抗联各部除少数部队继续在北满地区和饶河一带坚持斗争外，其余部队陆续退入苏联境内，并于 1942 年 8 月合编为东北抗日联军教导旅，一面整训，一面不断派小分队进入东北开展游击战，直至抗日战争结束。

从全国抗战开始到 1940 年，除东北抗联在极端恶劣的环境中遭受挫折外，中国共产党领导的八路军、新四军已发展到 50 余万人，组建了大量的地方武装和民兵，在华北、华中、华南和东北地区创建了有 1 亿多人口的敌后抗日根据地和游击区。在进入战略相持阶段后的两年中，中国共产党领导的敌后战场军民抗击了 58% 至 62% 的侵华日军和几乎全部伪军，粉碎了日军千人以上至 5 万人的"扫荡"近百次，作战 1 万余次，成为名副其实的全国抗战重心。

三、正面战场抗击日军攻势的作战

武汉会战后，日军停止了对正面战场国民党军的大规模战略进攻，转而采取机动的牵制性的有限攻势和旨在切断中国与外界联系的封锁作战。

1. 武汉外围地区的作战

为了巩固对武汉地区的占领、维护长江中下游的交通，日军将武汉地区作为正面作战的重点，不断对周边的中国军队发动进攻。

1939 年 3 月 17 日，日军第 11 军以 4 个师团 12 万人的兵力，发起进攻南昌的战役。3 月 18 日，日军左翼第 101、第 106 师团各一部经鄱阳湖水路，直扑修水与赣江交汇处的吴城镇。同日，中路日军第101师团主力在南浔线永修地区发起正面攻击，与中国守军形成对峙。3月20日下午，日军右翼第106师团主力在永修、虬津之间强渡修水，在坦克部队先导下快速南进，3月22日占领安义和奉新后，继续向南昌西南迂回突进。在正面鏖战的中国守军因左后侧受到威胁，被迫后撤至乐化以北的第二线阵地。3月26日，日军第106、第101师团分别渡过赣江，切断了南昌南面的浙赣铁路，形成了对南昌的包围。3月28日，中国军队放弃南昌。在日军主力进攻南昌期间，位于箬溪的日军第6师团为策应主攻方向的作战，于3月20日向武宁发起进攻。4月21日，中国军队开始全线反攻。第9战区部队攻击南昌以西及南浔线西侧地区的日军，将当面日军压迫至滩溪和高安东北一线，但未能达到切断南浔线、孤立南昌日军的目的。4月23日，中国第3战区的4个师由东南方向进攻南昌。5月5日，中国军队一部突入日军城防阵地，但由于日军不断增援，中国军队的攻势受挫。第29军军长陈安宝以身殉国。5月9日，中国军队奉命停止进攻，南昌战役就此结束。

1939年5月，日军第11军以3个师团、1个骑兵旅团共10万余人的兵力，实施旨在打击长江以北中国第5战区部队的随枣战役。5月1日，日军向随县地区发起进攻，至5月10日先后占领高城、枣阳、新野、桐柏，形成了围歼第5战区左集团的态势。第5战区左集团主力于5月12日在沁阳一带跳出日军包围圈，其他方向的部队则全力攻击日军的侧翼和后方，迫使日军于5月12日开始回撤。至5月24日，除被日军占领的随县县城外，双方控制地区恢复战前态势。

南昌、随枣战役后，日军第11军又以10万余人的兵力，发起第一次长沙战役，目的是打击湘北和赣北地区的中国第9战区部队。9月14日，日军一部先在赣北地区向西发起牵制性进攻。9月18日，日军主力在湘北发起进攻，但受阻于新墙河一线。9月23日，日军一部分经洞庭湖在鹿角和营田登陆，威胁第 9 战区正面守军的侧后，迫使守军退守汨罗江第二道防线。9 月 24 日和 25 日，日军渡过汨罗江。第 9 战区部队按诱敌深入的既定计划，除留部分兵力于日军侧翼和后方待机反攻之外，主力退至长沙、浏阳一带的第三道防线。9 月 28 日和 29 日，日军进至长沙西的永安附近，沿粤汉线南下的日军也进占长沙北的桥头驿。然而，随着战线的延长和兵力的分散，日军已无力保持进攻势头。中国军队连续取得金井伏击战、永安包围战的胜利，外围部队也对日军形成包围态势。日军于 9 月 29 日下令各部回撤，中国第 9 战区部队当即转入追击，并于 10 月 9 日重新进至新墙河一线，恢复了战前态势。

1939 年年底至 1940 年年初，中国军队在正面战场发动的冬季攻势，使日军感到必须给予中国军队以重大打击。为此，日军第 11 军决定实施枣宜战役，以 20 余万人的兵力打击中国第 5 战区主力并占领宜昌。1940 年 5 月 1 日至 7 日，日军分别占领唐河、王集和随阳店，对枣阳构成合围之势。中国守军利用日军各路之间的空隙，及时转向外线。5 月 10 日起，日军分别向樊城、宜城两地集中，准备西渡襄河、进攻宜昌。中国第 5 战区误判日军开始退却，命令各部全力反攻。第 33 集团军总司令张自忠率部东渡襄河反攻，在宜城东北地区遭到日军围攻。激战中，张自忠从容指挥，英勇杀敌，于 5 月 16 日在南瓜店壮烈殉国。5 月 31 日，日军一部西渡襄河，先后占领襄阳、南漳、宜城。6 月 4 日，日军另一部又在钟祥以南的旧口、沙洋附近强渡襄河。为阻止日军西进，国民政府军事委员会从四川急调第 18 军至宜昌守备。6 月 8 日和 9 日，南北两路日军占领沙市、江陵和当阳，逼近宜昌。6 月 10 日，抵达宜昌仅两天的第 18 军与日军 3 个师团激战，在 6 月 12 日被迫撤出宜昌。此战后，国民政府颁布褒恤令，中国共产党在延安也为张自忠等殉国将领举行了隆重的追悼大会。

2.1939年冬季攻势作战

1939年9月欧洲战争爆发后，国民政府军事委员会认为国际形势发展比较有利，决定自11月下旬至12月上旬起，在北起绥远、南至广西的整个正面战场发起冬季攻势。

1939年12月上旬，第1战区部队在豫东方向分别袭击兰封①、开封和商丘，并于12月17日一度突入开封。在豫北方向，第1战区部队破坏了平汉路和道清路的交通设施，并于1940年1月1日一度攻入泌阳。第2战区预定在1939年12月10日发起进攻，但因战区主力被用于攻击中共领导的山西新军和八路军，仅能以少数部队进攻晋东日军。因此，部队虽一度攻入黎城、涉县和潞城，但未对日军造成严重威胁。12月16日，第3战区14个师向荻港至贵池间的日军长江防线展开进攻，12月17日在大通、荻港之间突破日军防线，到达江岸后不断炮击日军舰艇并敷设水雷。为避免长江水路被切断，日军两个师团从九江紧急增援，迫使中国军队主力撤回青阳等地。除长江方向外，第3战区部队还于12月12日和18日两次潜入南昌市区袭击日军，并于12月13日分别袭击杭州、余杭各城，给驻守的日军以一定打击。1939年12月12日至1940年1月中旬，第5战区部队分别向信阳、广水、花园、随县、应山、钟祥、京山、皂市进攻，包围了许多日军据点，并一度切断了日军之间的交通联络，但都未能予以攻克。1939年12月中旬，第8战区驻五原地区的主力向包头发起进攻，12月20日攻入市区，与日军展开激烈巷战。12月23日，中国军队撤出包头。1940年1月28日，日军展开报复性反扑，于2月3日占领五原。3月20日，中国军队反攻五原，经两天激战，全歼日军特务机关和伪蒙军4000余人，击毙日军中将、大佐和中佐各1名，取得了五原大捷。3月26日，日军再次突入五原，但在中国军队反

---

① 兰封，旧县名。1954年，兰封、考城两县合并，称兰考县。

击下无法立足，于 3 月 27 日被迫撤回包头。1939 年 12 月中旬，第 9 战区部队向日军发起进攻。在粤汉路方向，以 11 个师分别攻击岳阳、通山、崇阳、蒲圻等地，激战持续至 12 月 24 日。在赣北和南浔路方向，以 9 个师分别攻击了武宁、奉新、靖安和南昌的日军。

此次冬季攻势是全国抗战爆发后，中国军队在正面战场统一部署的全线进攻作战。但是，由于各战区没有按统一计划行动，各部队之间缺乏协同，行动不坚决，再加上普遍缺乏攻坚能力等原因，此次攻势未能取得显著战果。

3. 东南沿海地区的反封锁作战

日军在被迫转向持久战争的情况下，把占领东南沿海要点地区、切断中国获取外援的国际通道，作为衰竭中国抗战能力的重要环节。为此，日军决心攻占海南岛、汕头、潮州和南宁地区，彻底封锁中国的沿海地区。

1939 年 2 月 10 日，日军第 21 军的台湾混成旅团，在海军配合下发动海南作战。中国方面在日军进攻之前已将驻岛主力撤回大陆，仅留保安第 5 旅数千人担任守备。2 月 10 日凌晨，日军台湾混成旅团在澄迈湾登陆，当天占领海口、琼山，接着攻占定安和清澜港。2 月 14 日拂晓，日军海军陆战队在海南岛南端的三亚港登陆，随即占领三亚、榆林和崖县。日军登陆后，海南岛的中国地方部队即转向纵深山区进行持久游击战。日军攻占海南岛后，又将进攻矛头指向汕头、潮州。6 月 21 日凌晨，日军第 21 军的后藤支队在海军支援下登陆汕头，6 月 22 日占领汕头，6 月 27 日占领潮州。潮汕地区位于沿海，缺乏海空力量的中国军队无意在沿海地区与日军进行重大作战，经过短暂抵抗后即行撤退。

广西南部与法属印度支那的越南接壤，日本曾经多次要求法国印支当局封闭桂越通道，但未达到目的，于是决心发起桂南战役，从中国境内切断桂越通道。中方对日军的企图估计不足，仅在桂南地区部署了第16集团军的6个师。1939年11月15日和16日，日军台湾混成旅团和第5师团，在第2遣华舰队和海军第3联合航空队的支援下，在钦州湾登陆。至12月21日，日军先后占领南宁及拱卫南宁的高峰隘和昆仑关等要隘，以及镇南关和龙州等地。南宁失陷后，国民政府军事委员会紧急抽调部队增援广西，并分3路发起反击。12月17日，北路中国第5军一部正面攻击昆仑关，另一部迂回攻占五塘、六塘，切断了昆仑关日军退路。12月19日，西路军一部向高峰隘发起牵制性攻击，大部插入四塘、绥渌等地，切断了日军由南宁及龙州向北增援的道路。东路军也在日军后方的邕钦公路沿线展开袭击，策应昆仑关方面的作战。12月24日，日军第5师团第21旅团旅团长中村正雄在率部增援昆仑关时被击毙。12月31日，中国第5军主力全部肃清昆仑关日军，与前来增援的日军在九塘一线形成对峙。1940

1939年，中国军队在昆仑关战役中发起冲锋。

年1月，日军增派第18师团和近卫混成旅团驰援广西，中国方面也将参战兵力增加到25个师。1月28日，日军抢先进攻，以第5师团和台湾混成旅团正面攻击昆仑关地区，以第18师团和近卫混成旅团从昆仑关东面迂回进攻。2月2日，日军迂回部队占领宾阳。位于昆仑关的中国军队主力为避免被围歼的危险，全面北撤至红水河一线。日军反击得手后，决定收缩兵力巩固南宁。至2月中旬，日军第18师团撤回广东，第5师团收缩至南宁，近卫混成旅团和台湾混成旅团退守邕钦公路地区。中国军队虽尾随占领了日军撤出的地区，但也无力再攻南宁，桂南战役结束。

四、坚持团结抗战方针，维护抗日民族统一战线

抗日战争进入战略相持阶段后，中国内部各种潜伏的问题也逐渐浮出水面，其中对日妥协和内部分裂的危险成为最为突出的问题。能否克服这些内部危险，成为战略相持阶段坚持抗战的一个关键性问题。

1. 声讨汪精卫叛国集团

武汉会战后，日本鉴于军事上迅速战胜中国已不可能，遂企图利用中国内部，尤其是国民党内部的矛盾，来达到分化瓦解中国抗战力量的目的。为此，日本将国民党副总裁汪精卫为首的集团列为诱降的主要对象。1938年11月，日汪双方代表就汪精卫集团另组伪政权、推行与日本的"和平运动"等问题达成协议。12月，汪精卫逃往越南，在河内发表"和平建议"，要求国民政府"与日本政府交换诚意，以期恢复和平"，并积极策动各地方实力派响应"和平运动"。1939年5月31日，汪精卫与日本商定了建立伪中央政府的有关问题；12月，汪精卫又与日本秘密签订了《日华新关系调整纲要》

及《秘密谅解协议》，其中规定：汪伪承认"满洲国"；承认日本在内蒙古、华北、长江下游、厦门、海南岛地区的驻兵权，并满足日本在驻兵地区的各种军事要求；聘请日本人担任伪中央政府及各级机构的军事、财政、经济、技术顾问，确保与日本的全面"合作关系"；同意与日本共同开发资源，并给予日本"特别的方便"；赔偿日本侨民的损失；等等。通过对中国主权前所未有的大出卖，汪精卫集团取得了日本对其傀儡地位的最后认可。1940年3月，汪伪"国民政府"在南京正式成立。

汪精卫集团的叛国行径遭到国共两党及全国各界人士的猛烈讨伐。1939年1月1日，国民党中央通过了永远开除汪精卫党籍、撤销其一切职务的决议。1月24日，中共中央致电国民党，表示拥护对汪精卫的制裁，要求进一步加强国共两党以及各抗日党派和全国人民的团结，以粉碎日本正在加强的分化中国内部的阴谋。全国各界及著名人士也纷纷写文章、发通电，声讨汪精卫集团。在这场声势浩大的全国性抗日讨汪浪潮中，各地方实力派纷纷与汪精卫集团划清界限，就连一些对抗战信心不足的人士也不愿与汪精卫叛国集团同流合污。汪精卫集团沦为全体中国人民所不齿的民族败类。

2. 反对国民党的对日妥协

1939年欧洲战争爆发后，日本为抓住重新瓜分世界的大好机会，急于从中国战场脱身，决定对国民党发动新的诱降攻势。1939年12月27日至1940年2月，日方人员与国民党方面多次接触、相互摸底。1940年2月21日，日军大本营正式决定以"桐工作"为代号，与国民党方面谈判结束战争问题。3月和6月，双方代表分别在香港、澳门举行两次谈判，并商定8月初在长沙举行蒋介石与板垣征四郎（日军中国派遣军总参谋长）的高级会谈。为了配合对国民党诱降的"桐工作"，日本施加了一系列军事和外交压力。5月，日军对重庆等地展开新一轮战略轰炸。6 月，日军攻占入川门户宜昌。6 月至 7 月，日本利用英法在欧洲战场失败之机，迫使英法关闭滇缅和滇越交通线，切断了中国获取援华物资的通道。面对复杂多变的形势，国民党出现了抗战以来最严重的动摇。

中国共产党虽然不了解国民党与日本秘密接触的内幕，但从国际形势、日本的行动以及国民党的动向中，敏锐地感觉到国民党对日妥协的严重性。7 月 7 日，中共中央发表宣言指出："现在是中国空前投降危险与空前抗战困难的时期……全国应该加紧团结起来，克服这种危险与困难。"[①] 为克服这一危机，中共除了在全国范围持续开展坚持抗战、反对妥协的政治行动外，还命令八路军在华北发起声势浩大的百团大战，以鼓舞全国人民的抗战信心，遏制妥协暗流的发展，并减轻正面战场面临的压力。

在此期间，美国鉴于日本已与德国和意大利结成军事同盟，对日态度趋于强硬。1940 年 9 月，美国一方面宣布给中国追加经济贷款 2500 万美元，另一方面宣布禁止对日本出口废钢铁，并促使英国重新开放了滇缅公路。面对新的形势变化，国民党权衡利弊，放弃了与日本妥协的尝试。日军大本营被迫于 10 月下令停止"桐工作"。

3. 打退国民党顽固派的第一、第二次反共高潮

抗战进入战略相持阶段后，随着正面战场压力的减轻，国民党防范、限制共产党的活动开始抬头。1939 年冬至 1940 年春，在连续挑起反共磨擦的基础上，国民党顽固派置中华民族的根本利益于不顾，掀起第一次反共高潮。在山西，国民党阎锡山所部发动"十二月事变"，进攻共产党领导的八路军和山西新军。国民党在中条山的部队

---

① 中央档案馆编：《中共中央文件选集》第 12 册，中共中央党校出版社 1991 年版，第 411—412 页。

也采取了同样的军事行动。与此同时，国民党军还对中共中央所在的陕甘宁边区发起进攻，先后侵占了边区的 5 座县城。1940 年二三月，国民党军又对中共在晋东南的太行和冀南等抗日根据地发动进攻。面对国民党的军事进攻，中共领导的八路军和山西新军坚决反击，并在粉碎各地国民党军进攻的同时，顾全抗战大局，主动与国民党当局谈判，达成了停止武装冲突、划定驻军区域、继续合作抗战的协议。在打退国民党顽固派的第一次反共高潮后，1940 年 3 月 11 日，中共中央召开会议，全面总结了打退第一次反共高潮的经验，指出：抗日民族统一战线是抗战胜利的基本条件。要扩大和巩固统一战线，就必须采取既团结又斗争、以斗争求团结的政策；同时，在斗争中要坚持有理、有利、有节的原则。实行这些政策和策略的根本目的，是为了维护中华民族的根本利益，将抗日战争进行到底。

1940 年下半年，国民党顽固派将反共重心由华北转向华中，掀起了第二次反共高潮。7 月 16 日，国民党为限制中共抗日武装的发展，要求中共将 50 万八路军和新四军缩编为 10 万人，并全部集中在黄河以北的冀察地区活动。10 月 19 日，国民政府军事委员会电令八路军、新四军在一个月内全部开赴黄河以北指定地区，并积极准备向华中的八路军、新四军发动进攻。面对国民党的无理要求，中共中央一面要求全党做好应变准备，一面向国民党交涉，在拒绝国民党无理要求的同时，表示新四军皖南部队将"遵令北移"。1941 年 1 月 4 日，皖南新四军军部及所属部队 9000 余人移师北上，1 月 6 日在茂林地区遭到国民党军 7 个师的围攻。皖南新四军除 2000 余人突围外，大部牺牲，一部被俘。军长叶挺被扣，政治部主任袁国平牺牲，副军长项英、副参谋长周子昆在突围中遭叛徒杀害。1 月 17 日，蒋介石悍然宣布新四军"叛变"，下令取消新四军番号，将叶挺交付"军法审判"，把第二次反共高潮推向顶点。

针对国民党顽固派这种亲者痛、仇者快的反共错误行径，中国共产党予以严厉批评和深刻揭露。周恩来在《新华日报》头版题诗声讨国民党顽固派："千古奇冤，江南一叶，同室操戈，相煎何急?!"在揭露皖南事变真相的同时，中共中央坚持以团结抗战的大局为重，一面通过国内舆论，阐述中共反对内战、坚持团结抗战的立场；一面提出合理的善后办法，要求国民党当局承认错误、惩办祸首、恢复新四军番号、停止在各地的反共挑衅、废止一党专政、实行民主政治等。中国共产党的合理主张，获得了国民党内进步人士和全国人民的广泛支持。苏联、美国、英国也纷纷施加压力，要求国民党当局缓和国共纠纷、避免内战。面对内外交困、被动孤立的窘境，1941年3月8日，蒋介石公开表示："以后亦决无剿共的军事"。[1]3月14日，蒋介石又约见周恩来，将各地反共活动的责任推到下级身上，对此前限制中共抗日武装活动区域和规模等问题，也采取了避而不谈的态度。[2]至此，国民党顽固派的第二次反共高潮终于被击退。

五、抗日根据地的民主改革与建设

建立巩固的敌后抗日根据地，是决定敌后战场和全国抗战能否持久坚持的关键所在。为此，中国共产党在抗日根据地的建设中全面推进各项改革，将各抗日根据地建设成军民一体、牢不可破的坚强堡垒。

1. 抗日根据地的民主政治建设

早在1937年，陕甘宁边区就民主选举了各级政府。1939年2月6日，正式成立了陕甘宁边区第一届民选政府，开创了中国由议会选举政府并决定施政方针的先河。

---

① 《皖南事变》，中共党史出版社1990年版，第251页。
② 参见中央档案馆:《皖南事变》(资料选辑)，中共中央党校出版社1982年版，第235页。

敌后抗日根据地进行民主选举。

1940年3月，中共中央要求各抗日根据地的政权建设，必须贯彻"三三制"原则，即在政权组成中，共产党员、进步分子和中间分子各占1／3。1940年，晋察冀边区展开广泛的普选运动，在各级普遍建立了民选"三三制"政权和民意机关，晋察冀边区因此被誉为"全国最模范、最进步的民主抗日地区"。[①] 与此同时，华北和华中的其他各敌后抗日根据地，也都大力推进民主政治，相继建立了"三三制"抗日民主政权。

中国共产党推行的民主政治改革，极大地激发了各抗日根据地军民团结抗战的热情，使各抗日根据地出现了空前自由民主、生动活泼的新局面，并对全国其他地区产生了重要的辐射作用，为坚持抗战和民主建国注入了新的动力。

2. 抗日根据地的经济建设

抗日根据地均位于落后的农村地区，且长期在日伪军的进攻和包围之中，根据地的经济和人民生活处于非常困难的境地。为了长期

---

① 《新中华报》1940年10月3日社论。

坚持敌后抗战，必须发展经济和改善人民生活。1939 年 2 月，中共中央发出自己动手、发展生产的号召，陕甘宁边区和各敌后抗日根据地掀起了规模宏大的大生产运动。在持续数年的大生产运动中，各抗日根据地的耕地面积不断扩大，粮食产量连年上升，手工业和林牧副业等各类生产、商业贸易和财政金融建设也得到很大发展，逐步形成了独立自主的经济体系，基本满足了各抗日根据地的军用和民生物资需求。

减租减息，是中国共产党在抗日战争时期为调节各阶级经济利益和改善人民生活而实行的农村政策。1937 年 8 月，中国共产党即提出以减租减息作为抗战时期解决农民问题的基本政策。1939 年 11 月 1 日，中共中央明确要求：各抗日根据地"在经济改革方面，必须实行减租减息废止苛捐杂税与改良工人生活"。[1] 根据中共中央的指示，各抗日根据地普遍将原有地租和利息分别减少 25% 和 15%。减租减息政策是对旧的农村生产关系的重大改革，既削弱了封建剥削，改善了广大贫苦农民的生活，又保障了地主阶级的合理利益，对团结各阶层人民和激发群众的抗战与生产热情发挥了极大的促进作用。

3. 抗日根据地的文化教育建设

各抗日根据地大多位于中国的贫穷落后地区，文化教育事业极其落后。为了改变人民群众的精神面貌和提高其文化素质，更好地发展和巩固抗日根据地，中国共产党以建设"民族的科学的大众的文化"[2] 为目标，全面实行文化教育改革，使抗日根据地文化教育事业出现了前所未有的发展。

1937 年 11 月，延安成立了陕甘宁边区文化界抗日救亡协会，次

① 中央档案馆编：《中共中央文件选集》第 12 册，中共中央党校出版社 1991 年版，第 191 页。
② 《毛泽东选集》第二卷，人民出版社 1991 年版，第 708 页。

年又成立了边区文化界抗战联合会，组织了一大批文学家、艺术家、社会科学家开展抗日文化活动。在此基础上，相继成立了音乐、戏剧、美术等专业性协会，建立了许多文艺社团，出版了多种文艺刊物。各敌后抗日根据地军民，也普遍成立了以宣传抗日为主旨的文艺团体和大批农村剧社。在这个新文化运动的浪潮中，广大文艺工作者创作出一大批群众喜闻乐见、激励抗战精神的歌曲、戏剧、诗歌、报告文学、小说等，其中包括著名的《黄河大合唱》《八路军大合唱》和《延安颂》等作品。

全国抗战刚一爆发，中国共产党就提出要"改变教育的旧制度旧课程，实行以抗日救国为目标的新制度新课程"。[①]为此，各抗日根据地大力实行革旧鼎新的教育政策，形成了三位一体的教育体制。一是发展干部教育系统，组建了旨在培养各类干部的中共中央党校、抗大、马列学院、陕北公学、青年干部学校、中国女子大学、鲁迅艺术学院、民族学院、行政学院、自然科学院、医科大学、师范学校等。二是发展初等和中等国民教育，恢复和创办了大量中小学校。至1940年，陕甘宁边区有中等学校7所，小学也由1936年的120所发展到1341所。晋察冀抗日根据地的小学数量由1938年的2799所增加到7697所。三是发展各种形式的社会教育，通过各种各样的民校、夜校、半日学校和冬学等季节性办学形式，开展大规模的识字扫盲和普及各种常识的社会教育。抗日根据地教育事业的改革发展，实际上是一次改变农村面貌的思想启蒙运动。大量农民因此摆脱了文盲状态，学到了基本的文化知识，抗战觉悟和生产建设能力也由此得到很大提高。

抗日根据地的新闻出版事业也取得了很大的发展。除了在重庆

---

① 中央档案馆编：《中共中央文件选集》第11册，中共中央党校出版社1991年版，第330页。

的《新华日报》之外，中共中央在延安主办了具有广泛影响的《解放日报》和《解放》周刊。各抗日根据地党政军机关也普遍创办报纸、杂志，如中共中央北方局的《党的生活》、山东分局的《大众日报》、晋绥分局的《抗战日报》、冀鲁豫分局的《冀鲁豫日报》、华中局的《江淮日报》，以及八路军总部的《八路军军政杂志》、八路军留守兵团的《连队生活》、新四军政治部的《抗敌报》和《战士园地》等。此外，八路军和新四军各师都办有报纸。许多群众团体、文化团体也创办了如《中国青年》《中国妇女》《中国工人》《中国文化》《中国文艺》等刊物。各类报刊的出版发行，不仅及时宣传了抗日政策，使干部群众能够了解国内外形势的发展变化，而且丰富了抗日根据地军民的政治和文化生活，推动了抗战事业的发展。

到 1940 年年底，中国共产党推行的政治、经济、文化建设和改革，促进了各阶级、阶层政治和经济关系的改善，激发了广大军民的抗战热情，使各抗日根据地呈现出崭新面貌，为长期坚持敌后抗战、争取抗日战争的最后胜利奠定了坚实的基础。

第七章　中国军民艰苦奋战，中国战场继续发挥世界反法西斯战争东方主战场作用

1941 年至 1943 年，是第二次世界大战规模进一步扩大，法西斯由猖獗开始走向失败，反法西斯战争由相持转入反攻的转折时期，也是中国战场最为艰难困苦和实现战略转折的时期。中国军民坚持艰苦的持久抗战，打破了日本法西斯灭亡中国、称霸世界的战略图谋。中国战场继续发挥着世界反法西斯战争东方主战场的作用。

一、太平洋战争的爆发与国际反法西斯统一战线的形成

1. 日本南进决策的确定与太平洋战争的爆发

"北进"和"南进"是日本法西斯的既定扩张战略。日本发动侵略战争的企图不仅是要灭亡中国，而且还要以整个中国大陆为后方基地，北进侵略苏联远东地区，南进夺取东南亚和西南太平洋地区，进而与德、意法西斯瓜分全球。因此，在日本的侵略扩张全局中，征服中国占有举足轻重的地位。1940 年春夏之交，德国法西斯闪击西欧的胜利，使日本统治集团受到极大鼓舞。他们认为这是千载难逢的南进良机，叫嚷不要误了"班车"。7 月 27 日，日军大本营和政府联席会议通过《适应世界形势演变的时局处理纲要》，确定要"适应世界形势变动，改善内外形势，在促进迅速解决中国事变的同时，捕捉良机，解决南

方问题。""同时指出，要集中政略、战略的综合力量，特别是杜绝第三国的援蒋行为等一切手段，迅速使重庆政府屈服。"①8月1日，日本外相松冈洋右在演说中，首次公开提出建立"大东亚共荣圈"的"国策"，并明确其范围包括整个东南亚地区，甚至包括澳大利亚和新西兰在内。

日本内阁为实施南进战略，在政治上加强专制统治，在经济上实施全面统制，在外交上加紧与德、意勾结。1940年9月27日，德、意、日签订《三国同盟条约》（军事同盟）。这标志着法西斯侵略集团最终形成，同时也使日本在亚洲发动的侵略战争与德、意在欧洲的侵略战争紧密联系起来，加强了东、西方法西斯的合作。

1940年9月，日军以武力侵占法属印度支那北部，开始了南进尝试。同时，日本又对英国施压，迫使其关闭滇缅路，切断了中国西南最重要的国际通道。1941年4月13日，日本出于南进扩张的需要，与苏联签订《日苏中立条约》。这一条约的签订，对苏联在面对德国战争威胁时巩固其东部安全、避免两线作战有一定的作用，但也使日本的侵华和南进作战免除了后顾之忧。该条约互相保证日苏各自在中国的势力范围，使中华民族的权益再一次遭受践踏。

1941年6月22日苏德战争的爆发，给正致力于南进的日本带来了巨大冲击。此时，日本内部出现分歧：一种意见主张配合德国行动，立即对苏开战，实施北进；另一种意见认为，在日本陆军主力被牵制于中国战场的情况下，向北进攻苏联没有把握，应继续贯彻南进战略，对北进问题则主张"待柿子熟了再摘"。而到8月初，苏德战场的形势呈现出不利于北进的"涩柿"状态，日本根本无力进行对苏战争，被迫放弃对苏开战的抉择。

日本决定南进，但要在侵华的同时对美、英开战，其军力、国力

---

① ［日］外务省：《日本外交年表及主要文书》下，原书房1965年版，第437页。

都难以承受。对此，日本推行分离美、英战略，与美国谈判，努力避免对美战争，同时又下定对美开战的决心。11月5日，日本御前会议批准了由日军大本营和政府联席会议制定的《帝国国策实施要领》，决心对美、英、荷开战。12月8日，日军偷袭珍珠港，进攻东南亚和香港，太平洋战争爆发。12月10日，日军大本营和政府联席会议决定把太平洋战争，包括中日战争在内，统称为"大东亚战争"。从此，日本在深陷侵华战争泥潭的同时，又踏上了南进的不归之路。

2. 国际反法西斯统一战线的形成

世界战局的急剧变化，终于把美国推上了与德、日、意对抗的第一线。美国政府从1940年下半年开始，把支援中国持久抗战作为遏制日本侵略扩张的重要手段。12月17日，美国总统罗斯福发表广播讲话，阐述租借法案，强调应给予战争受害国家以物质援助。12月29日，罗斯福在"炉边谈话"中高度赞扬中国抗战："在亚洲，中华民族进行的另一场伟大防御战争则在拖住日本人"，"不使欧洲和亚洲战争制造者得以控制通向本半球的海洋，乃是对我们最为生死攸关的问题"。[1]美国一再强调："中国的抗日具有美国国防第一线的作用"，"中国理所当然地处于太平洋防务的中心点"，"如果日本获胜，那就会破坏西方横跨东南亚和太平洋的整个地位"。[2]

为了协调在欧亚各地的战略，美、英两国参谋部代表于1941年1月至3月在华盛顿进行了战略协商。双方决定，以大西洋方向为优先方向，首先打败德国，在远东暂时采取战略守势。这就是通常所说的"先欧后亚"战略。3月，罗斯福提出的租借法案在国会通过。6月17日，罗斯福接见日本驻美大使提出警告：如果日本使用武力采

---

① 《罗斯福选集》，商务印书馆1982年版，第261—262页。
② [美]迈·沙勒：《美国十字军在中国》，商务印书馆1982年版，第31页。

取进一步扩张措施，美国将不得不立即采取它认为必需的一切手段。8月9日，罗斯福与丘吉尔在加拿大纽芬兰海面的军舰上举行会谈，于8月14日签署《英美共同宣言》，即通称的《大西洋宪章》。太平洋战争爆发后，美国、英国、澳大利亚、加拿大、荷兰、古巴、巴拿马、危地马拉等国于12月8日至10日分别向日本以及德、意宣战。

12月8日，蒋介石在重庆主持召开国民党中常会，决定中国采取如下政策：一是"太平洋反侵略各国，应即成立正式同盟，由美国领导，并推举同盟国联军总司令"，二是"要求英、美、苏与我国一致实行对德、意、日宣战"，三是"联盟各国应相互约定：在太平洋战争胜利结束以前，不对日本单独媾和"。① 下午，蒋介石分别召见美、英、苏驻华大使，告知中国上述决定和建议；并约见各国驻华使馆武官，声明中国军队已准备对香港地区、越南、缅甸采取行动，配合各国友军作战。12月9日，国民政府主席林森签署文告，正式对日宣战；同时，宣布对德、意两国处于战争状态。同日，蒋介石致电罗斯福、丘吉尔和斯大林，建议在重庆召集联合军事会议，协调各国作战。12月16日，罗斯福电复蒋介石，请他最迟于12月17日在重庆召集联合军事会议，并希望产生一种联合机构，以便指挥各盟邦共同作战。于是，中国政府提出《五国军事代表会议大纲》。12月23日，联合军事会议在重庆召开，参加会议的有中、英、美三国代表，蒋介石亲自主持会议。经过长时间讨论，初步决定由中、英联合防卫滇缅路，中、英签订《共同防御滇缅路协定》。会议还决定中、英、美三国在重庆正式成立军事会议，以加强对日作战协调。

12月9日，中国共产党发表宣言指出："全世界一切国家一切民族划分为举行侵略战争的法西斯阵线与举行解放战争的反法西斯阵

---

① ［日］古屋奎二：《蒋总统秘录》第12册，（台湾）中央日报社1978年译印，第197—198页。

线，已经最后地明朗化了"，呼吁"中国与英美及其他抗日诸友邦缔结军事同盟，实行配合作战，同时建立太平洋一切抗日民族的统一战线，坚持抗日战争至完全的胜利"。①

1942 年元旦，由中、美、英、苏 4 国领衔，26 国在华盛顿签署《联合国家宣言》，规定：加盟诸国应尽其兵力与资源，以打击共同之敌人，且不得与任何敌人单独媾和。这标志着国际反法西斯统一战线的正式形成。中国率先签署《联合国家宣言》，为国际反法西斯统一战线的建立作出了重大贡献。中国长期以来单独抗击日本侵略的局面终于结束。2 月 7 日，罗斯福致电蒋介石："中国军队对贵国遭受野蛮侵略所进行的英勇抵抗已经赢得美国和一切热爱自由民族的最高赞誉。中国人民，武装起来的和没有武装的都一样，在十分不利的情况下，对于在装备上占极大优势的敌人进行了差不多五年坚决抗击所表现出的顽强，乃是对其他联合国家军队和全体人民的鼓舞。"②

3. 中国战区成立

1941 年 12 月 22 日至 1942 年 1 月 14 日，美、英两国政府首脑在华盛顿举行"阿卡迪亚"会议，协商在全球范围进行反法西斯战争的战略问题。会议确认德国是主要敌人，欧洲是主要战场，决定坚持"先欧后亚"战略，首先集中力量击败德国，在亚洲太平洋方面对日本采取防御战略。但是，"先欧后亚"并不是"保欧弃亚"。在美国看来，中国的抗日战争已从作为美国遏制日本侵略扩张的手段上升为美国亚太战略的重要一环。1942 年 1 月 6 日，罗斯福在致国会的国情咨文中指出："我们在同英勇的中国人民并肩作战——千百万的中国人民在漫长的四年半里顶住了轰炸和饥荒，在日本武器和装备占优

① 中央档案馆编：《中共中央文件选集》第 13 册，中共中央党校出版社 1991 年版，第 248—249 页。
② 《罗斯福选集》，商务印书馆 1982 年版，第 345 页。

势的情况下仍然一次又一次地打击了侵略军。"①这是对中国战场地位和作用的客观评价。从这个意义上说，中国的抗战是美、英制定和实施"先欧后亚"战略的一个重要前提和保证。

鉴于中国战场的重要地位，美、英提议成立中国战区，由蒋介石出任最高统帅，在越南和泰国等国的同盟国军队也统一由蒋介石指挥，在重庆设立联合参谋部。1942年1月3日，蒋介石被正式推举为中国战区（包括越南、泰国）最高统帅。1月22日，罗斯福任命史迪威中将为驻中、印、缅美军司令并兼中国战区参谋长。这就将中国的抗战与美国的远东战略联系在一起，密切了中国战场与太平洋战场之间的关系。对此，时任美国陆军部部长史汀生指出："在英美总战略中，对德作战居第一位，位居第二的是横跨太平洋对日本岛国的大规模'陆海空'行动。中印缅战区处于可怜的第三位。但是，就其战略和政治意义而言，世界的这一地区是极其重要的……它持续不断地提供以异常低廉的代价取得惊人的军事和政治胜利的可能性……从战略上讲，美国在这一地区的政策的目的是使中国继续作战，因此要加强它，使它能够迫使日本入侵者付出不断提高的代价。"②

二、敌后军民坚持艰苦抗战

1.敌后抗战出现严重困难

为解除南进的后顾之忧，从1940年下半年起，日军加强了对中国敌后抗日根据地的"扫荡"。太平洋战争爆发后，日军用于华北、华中的军队共有55万余人，其中用于巩固占领区的有33万余人，另

---

① 《罗斯福选集》，商务印书馆1982年版，第344页。
② ［美］赫·菲斯：《中国的纠葛》，北京大学出版社1989年版，第16—17页。

有大量伪军相配合。敌后战场挑起了抗日主战场的重担。

华北是中国敌后抗战最活跃的地区，也是日军重点"肃正"的地区。1941年年初，日军华北方面军制订的"肃正"计划规定："肃正的重点，仍然在于剿共"，并认为"剿共一事，仅靠武力进行讨伐，不能取得成效，必须以积极顽强的努力，统一发挥军、政、民各方面力量，摧毁破坏敌之组织力量并以争取群众为重点"。为此，日军对抗日根据地以"扫荡"为主要作战形式，又进行了"清乡""蚕食""治安强化运动"等多种形式的进攻，实行军事、政治、经济、文化的"总力战"。日军把整个华北划分为"治安区"（日伪占领区）、"准治安区"（抗日游击区）、"非治安区"（抗日根据地），分别采取不同政策。在占领区，普遍建立汉奸组织，强化保甲制度，筑寨并村，组织"自卫团""守备队""治安军"，清查户口、颁发"良民证"，实行"十户连坐法"（一户抗日，十户皆杀），搜捕共产党员和抗日群众，镇压一切反日运动；统制钢、铁等战略物资，垄断、吞并工商业，勒令种植鸦片，大量掠夺粮食，推行口粮配给制度；组编"勤劳奉公队"，残酷压榨劳工；进行奴化教育和政治欺骗，实行殖民统治。在抗日游击区，大量修筑公路网、碉堡群、封锁沟和岗楼，以防止抗日人民武装进入游击区和占领区。对抗日根据地，则不断进行"蚕食"，并发动空前残酷的毁灭性的"扫荡"。

从1941年3月到1942年12月，日军在华北地区连续5次推行以"反共"与"建立东亚新秩序"为中心口号的"治安强化运动"。对华北抗日根据地的"扫荡"，一次使用兵力在千人以上至万人的，达132次之多；万人以上至7万人的有27次。有时对一个地区的"扫荡"时间达三四个月之久。日军对抗日根据地实行烧光、杀光、抢光的"三光"政策，疯狂抢夺人民群众的粮食、牲畜，烧毁房屋，制造"无人区"，使抗日根据地人畜不留、庐舍为墟。日军在华中以"清乡运动"为名，分时期、分地区反复进行"清剿"。日军与汪精卫的伪军相配合，实行从军事"清乡"到经济、思想等方面的"清乡"，企图摧毁长江下游地区的共产党和新四军等抗日力量，实现完全的殖民地化。这期间，日军对华北、华中敌后抗日根据地的"扫荡""清乡"，所用兵力之多、次数之频繁、手段之残暴，在中国近代史上都是罕见的。

随着日军对正面战场压力的逐渐减轻，国民党在对日作战方面日趋消极，而反共活动日趋活跃。从 1940 年 11 月起，国民政府军政部停发八路军的薪饷、弹药、被服等物资，并以几十万军队对陕甘宁边区等抗日根据地实行军事包围和经济封锁，扬言"不让一粒粮、一尺布进入边区"，断绝对边区的一切外来援助。同时，在所谓"曲线救国"的幌子下，华北 50 万国民党军中又有 3 万余人公开投敌，充当伪军，配合日军进攻。此外，各抗日根据地在这一时期频繁遭受了严重的自然灾害，尤其是华北地区，旱灾、蝗灾、水灾等自然灾害更是接踵而至，形成了历史上少见的特大灾害。在此情况下，中国共产党领导的抗日根据地从 1940 年冬开始出现困难局面。1941 年至 1942 年，华北抗日根据地的物质困难达到极其严重的地步。华中抗日根据地直到 1943 年仍处于严重困难之中。频繁不断的战斗使部队损失严重，到 1942 年，八路军、新四军由 50 万人减少为 40 余万人。抗日根据地面积缩小，总人口由 1 亿减至 5000 万以下。生产遭到严重破坏，财政经济极端困难，如鲁南八路军在"干部战士有半年吃树叶、地瓜秧、花生皮稀稀掺一点粮食的情况下进行作战"。[①] 即使是环境相对稳定的陕甘宁边区，也"曾经弄到几乎没有衣穿，没有油吃，没有纸，没有菜，战士没有鞋袜，工作人员在冬天没有被盖"[②] 的程度。

---

① 《大众日报》1942 年 7 月 23 日。
② 《毛泽东选集》第三卷，人民出版社 1991 年版，第 892 页。

2. 加强军事建设，开展反"扫荡"、反"蚕食"、反"清乡"斗争

为了适应困难时期严酷的斗争形势，中国共产党发扬自己的军事、政治优势，充分发挥人民战争的威力，领导敌后军民同日军进行了殊死的搏斗。中共中央对以往的军事斗争方针政策作了调整。1941年12月17日，中共中央发出关于抗日根据地工作的指示，号召艰苦抗战的敌后军民长期坚持游击战争，"咬紧牙关，渡过今后两年最困难的斗争"。[①] 中共中央军委在11月7日的指示中强调："在这一新阶段中，我之方针应当是熬时间的长期斗争，分散的游击战争，采取一切斗争方式与敌人周旋"。[②] 同时指出，各抗日根据地应更加注重以游击战为主要作战方式，反对空喊运动战、决战的急躁盲动倾向。对抗日根据地军事建设，要求抗日根据地的军事机构均应包含主力军、地方军、人民武装（即不脱离生产的自卫队及民兵）。主力军应采取适当的精兵主义。主力军与地方军的比例在山区为二比一，在平原为一比一，在某些最困难地区，主力军全部地方化。军事建设的注意力应放在地方军及人民武装的扩大和巩固上。人民武装应当占群众中青壮年的大多数。

八路军、新四军各部队相继进行了精简整编，实行主力兵团地方化，普遍缩小了机关、充实了连队，并抽调大批精干人员充实到区、县，加强人民武装建设，进一步发展和完善了主力军、地方军和人民武装三位一体的人民战争的军事体制。在这一体制下，主力兵团随时执行超地方的作战任务，地方兵团在一定地区内担任分散的游击战任务，民兵、自卫军以广泛的游击战打击敌人，形成了三者间各有分工、

---

① 中共中央文献研究室、中央档案馆编：《建党以来重要文献选编（一九二一——一九四九）》第18册，中央文献出版社2011年版，第757页。

② 中共中央文献研究室、中央档案馆编：《建党以来重要文献选编（一九二一——一九四九）》第18册，中央文献出版社2011年版，第681页。

相互配合的强大战斗力量，使游击战争得以空前广泛地开展起来。

1941 年年初，日军华北方面军的兵力为 11 个师团、12 个独立混成旅团共约 28 万人，伪军有 10 余万人。日军对付抗日军民的手段残暴多样，但最主要的还是利用军事上的优势，集中主要兵力，先后对鲁西、冀鲁豫边、冀东、冀中等平原抗日根据地以及晋察冀抗日根据地的北岳、平西区，太行抗日根据地，鲁中沂蒙山区抗日根据地，进行持续的大规模"扫荡"。因而，反"扫荡"作战就成为抗日根据地斗争的中心内容和主要作战形式。在一系列反"扫荡"战役和战斗中，各抗日根据地军民一方面充分发挥地方武装和民兵的作用，广泛开展群众性的游击战争。另一方面将主力兵团置于高度机动位置，或集中兵力，破敌一路；或跳出敌包围圈，转至外线作战，迫敌回援；或乘敌不备，袭击敌人的主要交通线和后勤补给基地。通过主力军与地方武装相结合、内线与外线相结合的战法以及机动灵活的战略战术，连续粉碎了日伪军的一次次"扫荡"，使抗日根据地得以坚持和巩固。

1941 年秋，日伪军 7 万余人多路出动，对晋察冀抗日根据地北岳、平西地区进行"铁壁合围"式的大"扫荡"。八路军部队留一部兵力同民兵结合，在内线迟滞、消耗敌人，并由侦察分队携带一部电台，到雷堡以东的台峪一带，以"军区呼号"与各方联系，故意暴露目标以迷惑敌人，掩护边区领导机关迅速转移到安全地区。主力部队则按计划进到铁路沿线和日伪军的侧后打击敌人，使"扫荡"之敌连连扑空，疲于奔命。在日伪军转入分区"清剿"后，抗日军民又内外线策应，频频打击敌人。

在此期间，晋西北、太行、太岳、冀南、冀中等区军民积极发动攻击，配合北岳和平西军民的反"扫荡"。9 月末，日伪军被迫撤退。此次反"扫荡"作战，历时两个多月，作战 800 余次，歼敌 5500 余人，涌现出"狼牙山五壮士"的英雄壮举。9 月 24 日，日军 3500 余人围攻易县狼牙山地区。晋察冀军区第 1 军分区第 1 团第 7 连奉命掩护机关和群众转移。完成任务后，第 6 班 5 人为掩护全连转移，又将日军诱向狼牙山主峰棋盘陀，激战终日，歼敌 90 余人。最后，在子弹耗尽的情况下，5 名战士誓死不屈，毅然砸毁武器，跳下悬崖。班长马宝玉，战士胡德林、胡福才壮烈牺牲。副班长葛振林、战士宋学义因被挂于树上才得以脱险。五壮士的壮举，表现了八路军战士崇高的民族气节。在 11 月至 12 月的鲁中沂蒙山区抗日根据地军民反"扫荡"战役中，八路军山东纵队鲁中军区司令员刘海涛，宣传部部长刘子超，国际友人、德国记者汉斯·希伯等人壮烈牺牲。

1942 年 5 月 1 日，日军出动 5 万余人、700 辆汽车和大量坦克、飞机，由华北方面军司令官冈村宁次亲自指挥，对冀中抗日根据地进行"拉网"式的大"扫荡"。日军在占领区构筑碉堡 1753 个，修铁路、公路约 8300 公里，挖封锁沟、筑封锁墙 4180 余公里，把冀中抗日根据地分割成 2670 个小块。日军这次大规模"扫荡"给冀中军民造成了惨重伤亡，整个冀中地区"无村不戴孝，处处闻哭声"。八路军第 3 纵队兼冀中军区决定主力部队分别向外转移，留下大部分基干团（小团）和地方游击队继续坚持斗争。坚持内线斗争的部队以连、排为单位活动，在民兵和广大人民群众的配合下，运用地雷战、"麻雀战"、地道战等多种方式，顽强地与日军进行斗争。坚持在无极、定县间赵户村的两个连，利用该村户户相通、片片相连，能藏、能打、能机动的地道体系，在 23 天中连续打退日军 4 次进攻，歼敌300 余人。5 月 27 日，日军千余人进攻定县东南的北疃村。游击队击退日军数次进攻后全部进入地道，日军即向地道内施放毒气，毒杀抗日军民 800 余人，制造了北疃惨案。冀中抗日军民经过两个多月的艰苦斗争，共作战 270 余次，毙伤日伪军 1.1 万余人，粉碎了日军消灭冀中八路军领导机关和主力部队的企图；但自身也遭到很大损失，部队减员 46.8%，抗日根据地大部沦为敌占区，部分变为游击区。

5月中旬开始，日军集中3万余人的兵力，采取"铁壁合围""捕捉奇袭"等战法，分3期对太行、太岳抗日根据地进行夏季"扫荡"。八路军太行军区、太岳纵队兼太岳军区在此次反"扫荡"战役中，共歼敌3000余人，打破了日军的企图，坚持和巩固了抗日根据地。但5月25日，八路军副参谋长左权在驻山西省辽县的八路军总部遭到敌人合围的紧急情况下，不顾个人安危指挥部队突围，壮烈殉国。左权牺牲的消息传到延安，中共中央领导同志和广大干部群众、军队官兵悲痛万分。朱德总司令专门赋诗一首，悼念这位智勇双全的高级将领："名将以身殉国家，愿拼热血卫吾华。太行浩气传千古，留得清漳吐血花。"为纪念左权将军，辽县更名为左权县。

从1942年7月开始，华北日军分别对晋绥、晋察冀、冀鲁豫、太行、太岳和山东等抗日根据地实施了万人以上的全面"扫荡"。1942年冬，在鲁中抗日根据地反"扫荡"作战中，山东军区特务营奉命掩护军区机关和群众突围，先后毙伤敌军600余人。全营最后只剩14名战士，被敌人压缩在崮山东端，在弹尽粮绝的情况下，跳崖殉国。各抗日根据地军民英勇奋战，粉碎了日军的"扫荡"，坚持和巩固了华北各抗日根据地。

为打破日军依托交通线和据点进行的封锁和"蚕食"，华北各抗日根据地军民紧密配合，从政治、经济、军事等多方面广泛深入地开展反"蚕食"斗争。他们在对死心塌地的汉奸进行坚决镇压的同时，尽量做争取伪军、伪政权组织成员的工作；对俘获的伪军官兵，一般在教育后予以释放，以促使其反正。当敌人"蚕食"推进时，以主力部队、游击队和民兵紧密配合，乘敌立足未稳给予坚决打击，斩断敌人"蚕食"的魔爪。当敌人建立据点、碉堡时，抗日根据地军民密切协作，以坑道爆破和地面游击相结合，对敌进行围困，使其断粮、断水，难以立足；在有利时机时，则集中优势兵力，进行交通破袭战，坚决拔除敌军据点。1941年5月上旬，冀南军民7万余人展开5昼夜大破袭，一举切断了敌人的主要交通线。10月，"扫荡"太岳抗日根据地的日伪军企图在沁源建立所谓"山岳剿共实验区"。沁源抗日军民以主力部队、地方武装、民兵和群众相结合，组成13个游击集团，对敌进行反围困斗争。他们在以沁源城为中心的主要道路两旁，组织20多个村镇3200多户1.6万余人转移，对敌实施断粮、断水、断交通。经过两年多的围困，迫使日军最终退出抗日根据地。

为扭转不利局面、争取对敌斗争主动权，敌后抗日军民于1942年春首先在华北实行"敌进我进"的对敌方针。各抗日根据地创造出多种形式的"敌进我进"。如晋察冀边区在1942年年初提出"到敌后之敌后去"；山东八路军于1942年冬提出"翻边"战术，即敌人打到我这里来，我打到敌人那里去。10月，毛泽东指示晋绥边区"积极开展游击战争，向敌人挤地盘"。经过斗争实践，各种形式的"敌进我进"均收到明显的效果。这是敌后抗日游击战争的重要创造。

1942年1月，中共中央北方局正式决定建立武装工作队（简称"武工队"），深入敌占区开展工作。据此，各抗日根据地普遍组织由军分区或旅统一领导的，由军队的连排干部、优秀战士及地方党政干部和工作人员、敌工干部、翻译人员（有的地区还有日本反战团体成员）组成的武工队，深入敌占区全面开展对敌斗争。武工队队员既能打仗，又能独立进行各项宣传和动员群众工作。他们深入敌占区和接敌区，将军事斗争与政治斗争相结合、公开斗争与隐蔽斗争相结合，在敌占区和接敌区形成了"隐蔽根据地"，把敌人统治的心脏地区变成了打击敌人的前沿阵地，使日军的所谓"治安区"不得安宁。实践证明，采取武工队的组织形式和斗争形式，适合于开展广泛的群众性游击战争，能充分发挥人民战争的威力，对打破敌人的"蚕食"、封锁和"治安强化运动"起了重要作用。

1943年上半年，日军华北方面军将"扫荡"的重点指向山东、北岳、太行等抗日根据地。八路军共作战2.48万次，歼灭日伪军

19.4 万余人，粉碎了日军的大规模"扫荡"。10 月 1 日，日伪军两万余人，在飞机支援下，采用所谓"铁磙式"新战法，对太岳抗日根据地实行毁灭性"扫荡"，妄图建立"山岳剿共实验区"。八路军太岳军区以一部坚持内线斗争，主力转入外线作战，袭击日军后方。10 月 24 日晨，第 2 军分区第 16 团在临汾东北韩略村附近设伏，全歼日军华北方面军为推广"新战法"所组织的旅团长和联队长以下军官 120 人的战地观战团。至 11 月 22 日，太岳抗日根据地军民共作战 720 多次，歼敌 3500 余人，粉碎了日军的"扫荡"。到 12 月底，日军对华北各抗日根据地的"扫荡"以彻底失败而告终。此后，日军在华北除对局部地区主要是沿海地区进行"扫荡"外，再也无力进行大规模的"扫荡"。华北抗日斗争逐渐由被动转为主动，斗争形势发生了有利的变化，为转入局部反攻创造了条件。

华北各抗日根据地大力开展群众性的游击战争，使民兵联防、交通破袭战、地雷战、地道战得到蓬勃发展。在作战指导上，由过去的各村为战，逐步发展为地区性的民兵联防。晋绥地区的民兵经常深入敌据点附近监视日军，一旦日军出动，立即发出信号，迅速传到全联防区。有的还在日军必经之地挖沟、垒墙、埋设地雷，阻碍和限制其行动。冀中地区民兵抓住日军外出活动的规律，创造了埋伏在碉堡附近、日军一出门便给以痛击的"堵门战"和埋伏在树林、村边活捉敌零散人员的"捕捉战"。山东地区民兵在开展"麻雀战"的同时，还开展了沿日军行军路线的"车轮战"、同日军转圈子的"推磨战"，以及一处打响、四处驰援的"蜂窝战"。在 1943 年 5 月的反"扫荡"作战中，太行地区参战民兵达 1.5 万多人，作战 2000 多次。日军在太行山腹地活动时，几乎是"遍地枪声响，村村打日军"。

地雷战在游击战中得到了普遍的运用。民兵的埋雷方法和使用手段越来越巧妙，在对敌斗争中发挥了很大威力。太行地区民兵在 1943 年 5 月的反"扫荡"作战中，巧布地雷阵，在小河沟、人道旁、

地雷战在敌后战场游击战中得到普遍运用。图为山东滨海区的民兵在日军"扫荡"必经之路上埋设地雷。

地道战是抗日游击战争的重要方式之一。图为冀中民兵在地道中转移。

水缸下、门楣上都埋上地雷，使日军到处遭到杀伤。日军共触发地雷1900多枚，死伤1000余人。山东地区的民兵除以地雷阵保卫村庄和打击进行掠夺的日军外，还开展了"飞行爆炸运动"，把地雷变成进攻性武器。民兵不仅制造了铁雷、石雷、瓦罐雷、瓷瓶雷等，而且埋设方法日益巧妙，有拉雷、绊雷、水雷、连环雷和真假结合的子母雷等。晋察冀抗日根据地北岳区民兵在1943年反"扫荡"中，大显地雷战的神威。爆破英雄李勇率领的爆破组以冷枪射击和地雷阵相结合的战法，毙伤日军130多人；又创造以地雷战与"麻雀战"相结合的战法，共毙伤日军300多人、炸毁汽车5辆。

地道战在游击战争中也发挥了重要作用。在冀中的许多地区，不仅形成了户户相通、村村相连的地道网，而且形成了房上、地面、地下"立体"的能藏、能打、能防毒、能防水、能机动的地道体系。清苑县冉庄民兵依托地道工事，两次打退大批日伪军的进攻。第一次，民兵在村头伏击日伪军后转入地道，利用暗室和高房工事，以步枪、手榴弹火力结合地雷阵，杀伤日伪军，毙敌50多人。之后，日伪军又以2个团的兵力进行报复。30多名民兵依托地道与敌作战13个小时，毙敌70多人，民兵无一伤亡。冀南区肥乡县有的地区十几个村的地道相互连接，形成一个广大的地道网，有的把村落地道变成了打击日军的"迷魂阵"。

皖南事变后，新四军于1941年1月25日迅速重建军部，陈毅任代军长，刘少奇任政治委员，统一整编部队，将全军扩编为7个师、1个独立旅共计9万余人。

1941年，日军在华中把"扫荡"的重点放在苏南、苏中、淮南，以及中共中央华中局、新四军军部驻地苏北，并有计划地进行大规模的"清乡"。日伪"清乡"的种类繁多：一是"军事清乡"，以强大的兵力寻找新四军主力决战，对抗日根据地人民进行血腥镇压。二是"政治清乡"，重点是摧毁抗日武装和其他抗战组织、团体，建立日伪保甲制度，严查居民及行人。日伪特别重视所谓"政治清乡"，提出"三分军事、七分政治"的口号。三是"经济清乡"，抽田亩捐，整理赋税，统制货物进出，严格控制经济。四是"思想清乡"，宣传"大东亚新秩序"和"中日亲善"，推行奴化教育。具体步骤是先以日军为主，在"清乡"地区周围建立封锁线，切断新四军和抗日根据地的内外联系，进而反复"扫荡"；尔后以伪军、伪组织为主，进行政治、经济"清乡"。

新四军各部在军部统一指挥下，连续粉碎了日伪军的"扫荡"和"清乡"，但自身和抗日根据地也遭受了不同程度的损失和摧残。7月1日，日伪军共1.5万余人对苏南苏（州）常（熟）太（仓）抗日根据地进行"清乡"。新四军第6师第18旅由于缺乏经验，以主力就地坚持斗争，部队损失很大，抗日根据地全部损失。11月28日，日伪军共3000余人"扫荡"溧阳地区。新四军第6师第16旅旅部在塘马遭敌合击，第6师参谋长兼第16旅旅长罗忠毅、第16旅政治委员廖海涛以下270余人壮烈牺牲。

1942年，华中抗日军民艰苦奋战，粉碎了日伪军一次又一次的"扫荡""清乡"与"清剿"，保卫了抗日根据地。1943年年初，日伪军两万余人对苏北等地区发动春季"扫荡"。3月18日，新四军第3师第7旅第19团第4连在淮阴以北刘老庄遭反扑之敌数千人合围，82名指战员苦战竟日，全部壮烈牺牲。1943年是华中敌后抗战严重困难的一年。华中敌后抗日军民积极开展群众性的游击战争，共作战4500余次，粉碎日伪军30余次千人以上的"扫荡"及"清乡""蚕食"，歼灭日伪军3.6万余人，扭转了困难局面，进入转折阶段。

1941年4月15日，新四军豫鄂挺进纵队正式改编为新四军第5师。在日军和国民党顽固派军队夹击的严重困难形势下，第5师与军部之间的联络经常中断，只能独立坚持鄂豫边区敌后抗战，在反击日军"扫荡"的同时主动出击，开辟新区。

华南敌后抗日军民在艰难的条件下顽强坚持斗争，抗日根据地和抗日武装得到恢复和发展。

3. 采取各项举措巩固抗日根据地

为了克服严重困难、渡过难关，中共中央及时总结经验教训，针对新的形势和出现的各种问题，逐步实行了著名的"十大政策"。在中国共产党的领导下，调动一切积极因素，充分发挥党政军民的整体力量，在全面加强对敌军事斗争的同时，在政治、经济、思想文化等方面进行了艰苦卓绝的斗争。

加强经济建设，是敌后抗日根据地军民长期独立坚持抗战的重要内容。中国共产党领导的敌后抗日根据地是在交通不便、经济落后的农村地区建立和发展起来的，而且长期处于日伪的封锁和包围之中，经济遭到极大的破坏，人民的生活处于非常困难的境地。各抗日根据地大力开展经济的恢复和建设工作，为夺取抗战最后胜利提供了重要的物质保障。

各抗日根据地普遍实行减租减息政策。通过减租减息政策的贯彻执行，减少了封建剥削，解放了农村生产力，促进了生产事业的发展；改善了广大农民的生活，激发了农民群众抗战的积极性；调节了根据地内的生产关系、阶级关系，团结了各个阶层，巩固了抗日民族统一战线。

各抗日根据地普遍开展大生产运动。全军凡有条件的部队均开展生产运动，做到一面战斗、一面生产、一面学习。通过大生产运动，减轻了人民负担，改善了军民生活，打破了侵华日军和国民党顽固派的经济封锁。驻陕北的八路军第359旅开赴延安以南的南泥湾地区，实行"屯田政策"，经过两年辛勤劳动，至1942年，全旅粮食自给达80%，经费自给达90%以上，使荒芜的南泥湾变成了"陕北的好江南"。战斗在华北、华中、华南等地区的各敌后抗日根据地军民，

陕甘宁边区军民响应中共中央发出的自己动手、丰衣足食的号召，开展大生产运动。

也在"劳动与武力结合""战斗与生产结合"的口号下，在十分艰苦的环境中，创造了开展大生产运动和进行经济建设的多种形式，并取得了巨大成就，许多部队实现了粮食、被服和其他日用品的全部自给或部分自给。根据地的农业和工商业都得到迅速发展，人民生活明显改善。

巩固"三三制"民主政权，执行"精兵简政"政策。敌后抗战进入严重困难时期后，中共中央要求各抗日根据地普遍贯彻执行"三三制"原则，建立健全民主制度，从政治上团结各抗日阶级、阶层。各抗日根据地进一步整顿了县以下各级抗日政权，在政府和参议会机构内，认真实行"三三制"，使之成为中国巩固的、拥有最广泛社会基础的抗日民主政权。1941年11月，陕甘宁边区第二届参议会召开第一次会议，会议选出的9名常驻议员中，共产党员只有3名。边区政府18名委员中，共产党员有7名，略超过1/3。作为共产党员的徐特立申请退出边区政府，经大会通过，以党外人士白文焕递补。开明绅士李鼎铭被选为陕甘宁边区政府副主席，他在就职演说中说：共产党"很愿意大公无私做到精诚团结"，各党派、无党派人士应"互相信任，互相亲爱"，"看成一家人，同力合作，干这抗战建国的事"。①

"精兵简政"是民主人士李鼎铭于 1941 年 11 月首先倡议的。中共中央非常重视这个倡议。12 月 17 日，中共中央要求各抗日根据地"为进行长期斗争，准备将来反攻，必须普遍的实行'精兵简政'"。②在地方党政机关进行简政的同时，中共中央军委于 1941 年 11 月作出《关于抗日根据地军事建设的指示》，要求每个抗日根据地的脱产人员不能超过 3%，主力军实行精兵主义。据此，八路军、新四军普遍缩小机关，充实连队，撤销各纵队指挥机构，将大部分主力旅与军分区合并，加强地方军，形成了主力军、地方军和民兵、自卫队三结合的武装力量体制。通过"精兵简政"，各抗日根据地"鱼大水小""头重脚轻"的状况得到了根本扭转，充实和加强了基层，使抗日根据地的建设更加适合游击战争的需要，促进了广泛的群众性游击战争的开展。同时，大大减轻了人民负担，进一步密切了党和群众的血肉联系。

开展整风运动。自 1942 年春季开始，中共中央在全党开展了一次普遍的、生动的、理论联系实际的、运用批评和自我批评方法的马克思主义教育运动。整风运动的主要内容是，反对主观主义以整顿学风，反对宗派主义以整顿党风，反对党八股以整顿文风。整风以自我教育为主，采取"惩前毖后，治病救人"的方针。经过整风运动，实现了在以毛泽东为核心的中共中央领导下全党新的团结和统一，为领导人民战胜严重困难，夺取抗战最后胜利奠定了重要的思想、政治和组织基础。

---

① 《解放日报》1941 年 11 月 21 日。
② 中央档案馆编：《中共中央文件选集》第 13 册，中共中央党校出版社 1991 年版，第 264 页。

为了适应残酷的战争环境，解决抗日根据地党政军民关系中的某些不协调现象，1942 年 9 月 1 日，中共中央政治局作出在抗日根据地实行党的一元化领导的决定，强调加强各抗日根据地领导的统一是为了更顺利地进行抗日战争，一切服从战争是统一领导的最高原则。

中国共产党在抗日战争严重困难阶段提出并实践的各项政策和措施，构成了一整套完备的政策体系，充分体现和发展了中国共产党倡导和坚持的全面全民族的抗战路线，从而使各抗日根据地军民不仅顶住了日军持续严酷的"总力战"，战胜了种种难以想象的困难，使抗日根据地得到了恢复和巩固，而且逐步积蓄了新的力量，为转入局部反攻创造了重要条件。

三、中国正面战场对日作战与中国远征军入缅援英作战

1. 中国正面战场对日作战

1941 年是日本着手南进、走向太平洋战争的关键一年。侵华日军在重点对敌后战场进行"治安战"的同时，对正面战场"积极实行短促突击作战"，先后发动了豫南战役、上高战役、晋南（中条山）战役及第二、第三次长沙战役等进攻作战。正面战场上，中国军队进行了顽强抵抗，并在上高战役和第三次长沙战役中取得了较大的胜利。

3 月 15 日至 4 月 2 日，日军第 11 军司令官园部和一郎指挥 2 个师团和 1 个独立混成旅团共 4 万余人，以分进合击战法打击南昌方面中国第 9 战区部队。中国第 9 战区副司令长官兼第 19 集团军总司令罗卓英指挥 4 个军共 11 个师，采取诱敌至预设战场而歼灭的方针，以一部依托既设阵地，节节抗击，将日军诱至上高附近，尔后主动转移至外线，变内线防御为外线进攻，在上高附近实施反击，取得上高大捷，毙伤日军 1.5 万余人。

5 月，日军华北方面军以第 1 军司令官筱塚义男指挥 6 个师团、

2 个独立混成旅团及伪军一部共 10 余万人，采取两翼钳击、中央突破战术，进攻中条山地区。驻守中条山地区的中国第 1 战区部队近 18 万人，由于执行反共政策，对日军进攻缺乏戒备、疏于防守，迅速被日军分割、包围和"梳篦扫荡"。中国守军一部突破重围退往黄河南岸，大部向太岳、吕梁山区及黄河南岸分散转移。至 5 月 28 日战役结束时，中国第 1 战区部队伤亡、被俘共 7.7 万余人，给日军的打击、损耗甚微，成为"抗战史最大之耻辱"。[①] 而八路军不计前嫌，积极配合友军，有力牵制了日军，掩护了国民党军的突围。

9 月 28 日，为配合抗击日军第二次长沙战役，中国第 6 战区以约 15 个师的优势兵力向宜昌发动猛攻，日军第 13 师团拼死顽抗，双方展开激战。10 月 10 日，第 6 战区部队发动总攻击，日军第 13 师团陷入绝境，师团长内山英太郎中将写下遗书。10 月 11 日，日军第 39 师团增援到达战场，挽救了第 13 师团的危局。宜昌作战是 1941 年中国正面战场唯一主动发起的进攻战役，歼灭日军近 7000 人。

1941 年 12 月 8 日，日本发动太平洋战争。日军第 11 军为策应第 23 军及南方军作战，牵制中国军队向广东方面转移，由司令官阿南惟几指挥 4 个师团、2 个独立混成旅团以及 3 个支队共约 12 万人，从 1941 年 12 月 23 日开始，至 1942 年 1 月 15 日，再次对湘北地区及赣北上高、修水等地发起进攻。此役，中国第 9 战区第一线兵团依托阵地逐次抵抗，给日军以相当严重的损耗和迟滞。长沙守备部队顽强坚守核心阵地，连续挫败日军进攻，给日军以有力打击。第二线反击兵团对日军的合围部署得当，协同周密，反击动作坚决有力，对撤退的日军穷追不舍，使日军无法脱离，扩大了战果，从而取得了第三次长沙战役的胜利。此战，歼灭了数以万计的日军。在美、英等国军队于太平洋战场接连失利的形势下，长沙战役的胜利引起了强烈的国际反响。

---

① 《蒋介石对于晋南作战失败之检讨》（1941 年 5 月 28 日），中国第二历史档案馆藏。

1942 年是日军在太平洋战场实施大规模战略进攻的一年。日军调整侵华战略，其核心内容是坚持持久战态势，确保和稳定占领区，使之成为"大东亚战争"的总兵站基地。因此，日军除为解除美军实施穿梭轰炸的威胁，摧毁浙赣铁路沿线地区的中国空军机场而发动浙赣战役外，对中国正面战场没有实施其他大的军事行动。5 月 15 日，日军调集约 9.6 万人沿浙赣铁路东西对进，于 7 月 1 日打通浙赣线，并大肆破坏机场，掠夺物资。中国军队进行逐次抗击和局部反击，予日军以很大杀伤。至 9 月底，日军大部撤回原驻地。此次浙赣战役，日军虽经苦战包括实施细菌战实现了预定目的，但遭受严重损失。据日军战史记载，这次作战伤亡共 17148 人，其中包括在此役中毙命的第 15 师团师团长酒井直次中将。日军哀叹："现任师团长阵亡，自陆军创建以来还是首次。"①

1943 年是第二次世界大战发生战略转折的一年。日军在太平洋战场也被迫转入战略防御。在中国战场，日军在中国人民持久抗战特别是敌后战场人民战争的有力打击下，遭到很大的消耗与削弱。为改善在中国战场日趋不利的战略态势，以便抽出兵力用于太平洋战场作战，同时牵制中国军队向滇缅战场转用兵力，侵华日军于 1943 年先后对中国正面战场发动了鄂西、常德等较大规模的进攻战役，但遭到中国军队的有力抗击。在鄂西战役中，在中国空军和美军第 14 航空队的配合下，中国守军共毙伤日军 1 万余人。在常德战役中，日军猛攻常德城，并大量施放毒剂，飞机轮番轰炸。中国守军第 57 师顽强抗击，反复冲杀。常德陷落时，全师仅剩数百人。此役，中国军队共毙伤日军两万余人，自身亦伤亡重大，第 150 师师长许国璋、暂编第 5 师师长彭士量、预备第 10 师师长孙明瑾等人壮烈殉国。

---

① ［日］防卫厅防卫研究所战史室：《1942、1943 年的中国派遣军》，朝云新闻社 1972 年版，第 153 页。

2. 中国远征军入缅援英作战

滇缅公路是中国为适应抗战的需要而开辟的一条重要国际交通干线，东起昆明，西至缅甸的腊戍，与仰（光）曼（德勒）铁路连接。为保持滇缅公路的畅通，1941年2月，中国应英国邀请，派出中国缅印马军事考察团前往缅甸、印度、马来亚进行军事考察。考察团提出中国军队宜及早入缅布防的意见，遭到英国拒绝。太平洋战争爆发后，1941年12月23日，中英双方签订《共同防御滇缅路协定》。中国编组远征军，准备入缅作战，又遭英方迟滞。直至1942年2月16日仰光危急时，英方才迭次请求中国军队迅速入缅作战。国民政府军事委员会遂令于滇缅路待命的中国远征军，在中国远征军第1路副司令长官杜聿明率领下，第5、第6、第66军共10个师10万余人入缅作战。

1942年，中国远征军长途跋涉到达缅北前线，支援英军作战。图为行进中的中国军队。

缅甸是日本发动太平洋战争的重要战略目标之一。1942 年 1 月 20 日,日军第 15 军第 55、第 33 师团由泰国西部的麦索地区突破泰缅边境,于 3 月 8 日占领仰光。此时,日军南方军将第 18、第 56 师团拨给第 15 军,使其兵力增加到 9.5 万余人,并令该军向缅甸全境实施作战。第 15 军即以第 33 师团由仰光地区沿伊洛瓦底江向仁安羌进犯;以第 55 师团由勃固地区向曼德勒进犯;以第 56 师团向东进攻,经莫契、垒固、东枝、雷列姆直插腊戍,切断中国远征军的回国路线;以第 18 师团进攻曼德勒。

当日军分路北进时,中国远征军适时赶到前线,以第 5 军担任曼德勒正面作战,以第 6 军担任东路莫契、雷列姆方向作战,以第 66 军集结于曼德勒地区待机。西路伊洛瓦底江沿岸作战,由英缅军第 1 军担任。3 月 8 日,中国远征军第 5 军先遣第 200 师进抵东吁,接收英缅军防务。3 月 18 日,第 5 军骑兵团在彪关河以南地区掩护英军撤退。3 月 20 日,日军第 55 师团在航空兵配合下向东吁外围阵地发起攻击,遭守军第 200 师顽强抗击。3 月 25 日,第 55 师团向东吁市区发起总攻,与第 200 师展开巷战,双方伤亡均重。杜聿明决心攻击当面之敌,令第 200 师固守东吁城、新编第 22 师对敌攻击、第 96 师以火车输送至耶达谢附近集结。3 月 27 日至 28 日,日军继续猛攻东吁,并施放毒气。3 月 29 日,日军第 56 师团赶到东吁加入围攻,东吁守军陷于苦战之中。但新编第 22 师攻击进展缓慢,第 96 师在运输途中被阻于彬文那附近。杜聿明鉴于已不能迅速集中主力与敌决战,遂令第 200 师撤出战斗。东吁保卫战,中国远征军共歼灭日军 5000 余人,有力地支援了英缅军。4 月 1 日,英缅军总司令亚历山大乘车到中国远征军第 5 军司令部所在地漂贝,会见杜聿明,赞扬中国军队英勇善战,对中国军队在东吁掩护英缅军安全撤退表示感谢。

1942 年 4 月 2 日,蒋介石决定由罗卓英接替卫立煌出任中国远征军司令长官,与中国战区参谋长史迪威统一指挥中国远征军。4月5日,蒋介石亲赴缅甸眉苗,主持召开了第5、第6军高级将领会议,要求集中主力在彬文那与敌决战;同时,要求英军必须不惜代价,据守约定地区。

占领东吁后,日军第15军于4月3日确定其曼德勒会战计划:以精锐兵团切断腊戍方面中国远征军的退路;以主力沿东吁—曼德勒公路和伊洛瓦底江地区向曼德勒方向前进,包围中国远征军主力的两翼,在曼德勒以西、伊洛瓦底江地区压倒并歼灭之;然后,在腊戍、八莫、杰沙一线以西捕捉歼灭中国远征军残部,同时,不失时机地以精锐一部向怒江一线追击。据此,日军以主力沿东吁—曼德勒轴线实施进攻,以东西两翼进攻为策应。

4月5日起,日军第55师团依次向耶达谢、斯瓦等阵地实施猛烈攻击。4月11日,日军第18师团到达战场,加入攻击。中国远征军新编第22师逐次抵抗,日军伤亡甚重,不敢冒进。激战至4月16日,中国远征军安全进入彬文那既设阵地,第5军的彬文那会战准备大体就绪。值此关键时刻,东西两翼均因英军后撤遭到日军威胁。史迪威、罗卓英于4月18日下令放弃彬文那会战北撤,准备曼德勒会战。

在西路,英军全然不顾与中国远征军协调作战计划,决意放弃缅甸,全线退守印度。4月1日,英军放弃卑谬;4月5日,放弃阿兰庙,并要求中国远征军到沙斯瓦、马圭接防,掩护其撤退。4月14日,进攻仁安羌的日军击溃宾河南岸英缅军,夺取了沙斯瓦、东敦枝等地。陷于危机的英军紧急要求援助,中国远征军长官部即令第66军新编第38师副师长齐学启率第113团赴皎勃东地区增援。4月17日,日军攻占马圭,切断了马圭至仁安羌的公路,英缅军第1师全部及坦克营一部被包围于仁安羌以北地区。惊恐万状的英缅军不断向中国远征军呼救。远征军长官部遂令新编第38师主力增援。4月18日拂晓,第 113 团进至宾河北岸，向该地日军展开攻击，激战至中午，将日军击溃。此时，被围的英缅军第 1 师师长报告："本师饮水及食粮断绝已经两日，困难万分，官兵无法维持，势将瓦解。"[①]为解救英军，已抵前线的新编第 38 师立即调整部署，于 4 月 19 日拂晓向敌实施猛烈冲击，至 14 时，终将日军击溃，收复油田区，救出被围的英军 7000 余人、汽车 100 余辆、战马 1000 余匹，及被俘的英美传教士、新闻记者等 500 余人。仁安羌援英之战，中国远征军新编第 38 师以少胜多，击溃优势日军，解救出被围困数日的英缅军第 1 师，战果卓著，受到同盟国的赞誉。役后，师长孙立人准备集中全师兵力，反攻当面日军，但英军违背共同防御计划，单方面向印度方向撤退，致使日军重新占领仁安羌，中国远征军浴血奋战的成果付之东流。

中国远征军入缅之初，由第 6 军担任景栋至孟畔地区的守备。在东路的莫契—垒固—东枝广大地区，仅有暂编第 55 师分兵防守，力量薄弱。东吁失陷后，日军第 56 师团企图切断中国远征军的回国路线。中国守军未能有效阻敌前进。4 月 20 日垒固失陷后，日军第 56 师团分两路向北挺进：一路由和榜以西指向东枝，另一路由和榜以东指向雷列姆。为应付危局，中国远征军长官部于 4 月 21 日下令，由第 6 军军长甘丽初率该军在雷列姆、和榜附近阻击向该方面攻击之敌，由杜聿明率第 200 师及第 5 军军部直属部队立即由敏铁拉乘汽车向东枝增援。4 月 23 日第 5 军部队抵达时，日军已攻占东枝。第 5 军立即展开攻击，战至 4 月 25 日收复东枝。第 5 军决定集结兵力继续巩固东枝，向雷列姆攻击前进，以切断北犯腊戍之敌的后路。但史迪威、罗卓英下令除留第 200 师向雷列姆发起攻击外，第 5 军直属部队和正在向东枝集结的新编第 22 师和第 96 师折向曼德勒，准备曼德

---

① 蒋纬国总编著：《抗日御侮》第 8 卷，（台湾）黎明文化事业股份有限公司 1978 年版，第 220 页。

勒会战。杜聿明遵令率部西移。4月26日，东枝再度失陷。第6军也被迫于4月24日放弃雷列姆向后撤退。日军第56师团占领雷列姆后，乘第6军后方兵力空虚，继续分两路北犯：一路经丙隆北进，迅速夺取了莱卡，向西保逼近；另一路经南桑东进，于4月25日挺进至孟囊，并迅速向腊戍迂回。在此情况下，蒋介石急忙从重庆电示中国远征军当以先保腊戍为主。然而，史迪威和罗卓英仍执意要在曼德勒会战，没有调集主力增援腊戍，致使守卫腊戍的兵力仅有新编第28师一小部。4月28日，日军攻占西保，4月29日侵占腊戍，并迅速向中国滇西进犯。由于驻守滇缅公路沿线的第66军新编第28、第29师抵抗不力，日军在5月初接连侵占滇西边境的畹町、芒市、龙陵等地，并推进至怒江惠通桥西侧。中国第11集团军总司令宋希濂奉命从滇西和昆明赶调部队前往怒江前线阻击，在惠通桥一带与日军激战3天，依托怒江天险挡住日军，形成隔江对峙。同时，日军第56师团主力一部于5月3日攻占八莫，5月8日攻占密支那，切断了中国远征军主力的回国退路。

腊戍失守后，史迪威和罗卓英急忙下令放弃曼德勒会战，中国远征军各部队均西渡伊洛瓦底江，沿八莫、密支那大道撤向国内。1942年5月7日，史迪威、罗卓英率长官部到达苗西。史迪威率中美少数人员徒步西行，在5月24日到达印度的丁苏基，改乘飞机飞至新德里。罗卓英率长官部人员断后，继续西行，于5月23日抵达印度英帕尔。

在中国远征军长官部西行前，史迪威、罗卓英鉴于畹町、八莫失陷，决定全军向印度境内撤退，并电告杜聿明，要求第5军（含新编第38师）撤往印度。但杜聿明不愿入印，经请示蒋介石，决定率部经密支那向中国境内的片马、腾冲方向撤退。5月9日，第5军在向密支那方向撤退时，在杰沙地区与日军第56师团追击部队遭遇，同时获悉八莫、密支那均已失陷，即由曼密铁路以西地区，向孟关、大洛之线转进。5月12日，第5军各部抵达曼西，5月13日开始徒步向北，取道孟关、大洛、葡萄之线返国。5月至7月，第5军各部均在撤退途中。新编第38师在5月18日抵达曼西后，孙立人奉史迪威命令向西折往印度英帕尔。杜聿明率第5军军部直属部队及新编第22师向胡康河谷的大洛和新背洋退却。行军途中，时值雨季，山洪暴发，暴雨连日。部队粮尽药绝，在新背洋附近绝粮8日。官兵饥病交加，死亡累累，仅新编第22师就因饥病死亡2000余人。5月31日，第5军军部直属部队及新编第22师奉命改道入印，在美军空投粮药的支持下，至7月25日抵达印度利多。第96师和炮兵、工兵各一部，奉命经孟拱、孟关、葡萄返回滇西，于6月14日到达葡萄，转进至山高路险、毒蛇蚊蚋遍地的野人山区，粮药断绝，历经千辛万苦，翻过高黎贡山，于8月17日抵达滇西剑川。

第200师自1942年4月下旬东枝战斗后，奉命向北转移，沿八莫、南坎间撤退，在穿越西保、摩谷公路封锁线时，遭日军伏击。师长戴安澜在率部奋战中身负重伤，于5月26日晚在缅北茅邦村殉国。之后，师步兵指挥官郑庭笈率领官兵扶棺向云南前进，在6月17日抵达腾冲附近。6月29日转到云龙时，全师官兵仅剩2600余人。同年秋季，国内为戴安澜将军举行了隆重的追悼会。中国共产党高度赞颂了戴安澜将军的英雄气概和壮烈业绩，毛泽东专门赋诗称颂戴安澜将军："外侮需人御，将军赋采薇。师称机械化，勇夺虎罴威。浴血东瓜守，驱倭棠吉归。沙场竟殒命，壮志也无违。"7月20日，美国总统罗斯福授予戴安澜将军军团功勋章，表彰他在缅甸战役中的显著战绩。

第66军（欠新编第38师）在腊戍失守后，主力沿滇缅公路逐次在维新、贵街、畹町、芒市等地拒止日军，并向龙陵、惠通桥方向撤退，在国内部队接应下，辗转至永平。退至景栋一带的第6军于4月30日获悉腊戍失守，遂向景栋附近的缅甸、泰国、老挝边境转移，分别撤回国内。

中国远征军应英方的请求，紧急入缅支援英军对日作战，历时近半年，转战 1500 余公里，浴血奋战，屡挫敌锋，多次给英缅军以有力的支援。中国远征军的苦战虽未能挽回缅甸防御战的颓势，但中国远征军首次出国与盟军协同作战，为世界反法西斯战争作出了重要贡献。

第八章 日本侵华战争中的法西斯暴行

日本军国主义在侵华战争中灭绝人性、丧心病狂，各种残暴手段无所不用其极，对中国人民进行骇人听闻的屠杀、迫害、奴役和摧残，犯下了累累法西斯暴行，在人类文明史上留下了最残暴、最丑陋的黑暗一页。

一、制造大量屠杀与迫害惨案

1. 南京大屠杀

南京大屠杀，是对日军侵占南京后所犯屠杀、奸淫、纵火、劫掠等暴行的统称，是日军侵华暴行中最野蛮、最凶残的典型事件。1937 年 12 月 13 日，日军占领南京后，为了摧毁中国人民的抵抗意志，达到迅速灭亡中国的目的，公然无视国际法的基本准则，进行了惨绝人寰的血腥屠杀。

南京大屠杀是日军统帅部有计划、有组织、有目的地进行的。在日军进攻到南京郊外时，日军华中方面军司令官松井石根即命令所属部队"发扬日本的武威而使中国畏服"，并在 1937 年 12 月 7 日亲自起草的《攻占南京城要领》中，规定"各师团以一个联队为基干的部队进入城内进行扫荡"。① 从东京来到南京前线的新任上海派遣军司

---

① 〔日〕防卫厅防卫研究所战史室：《中国事变陆军作战》〈1〉，朝云新闻社 1975 年版，第 426 页。

1937 年 12 月，侵华日军制造骇人听闻的南京大屠杀。图为侵华日军活活刺杀中国人（图片为美国国会图书馆藏）。

南京长江边惨遭日军屠杀的大量中国军民尸体。

日军砍杀被俘的中国士兵后，猖狂留影。这张照片是从日军处缴获来的。

令官朝香宫鸠彦亲王，在听取第 16 师团师团长中岛今朝吾关于日军"已攻破了南京城周围所有的环形防线，约有 30 万的中国军队就要被包围，逃不出南京城"的报告后，立即签署了"机密，阅后销毁"的密令："杀掉全部俘虏"。据此，攻入南京城的日军华中方面军所属各部，对已放下武器、失去战斗力的士兵以及手无寸铁的无辜平民实行了震惊世界的大屠杀。原第 16 师团第 20 联队上等兵东史郎在日记中写道："眼前是狂人怒号的巨大地狱……现在，我们已经不是人，而是一头狂吼的野兽。"①

据战后远东国际军事法庭认定："在日军占领后最初六个星期内，南京及其附近被屠杀的平民和俘虏，总数达二十万人以上"，"这个数字还没有将被日军所烧弃了的尸体，投入到长江，或以其他方法处分的人们计算在内"。② 中国南京审判战犯军事法庭在南京大屠杀主犯之一、第 6 师团师团长谷寿夫的死刑判决书中确认："民国二十六年（1937 年）十二月十二日至同月二十一日，亦即在谷寿夫部队驻京之期间内，计于中华门外花神庙、宝塔桥、石观音、下关草鞋峡等处，我被俘军民被日军用机枪集体射杀并焚尸灭迹者，有单耀庭等

---

① 《东史郎日记》，江苏教育出版社 1999 年版，第 186—187 页。
② 《远东国际军事法庭判决书》，群众出版社 1986 年版，第 486 页。

十九万余人。此外，零星屠杀，其尸体经慈善机关收埋者十五万余具。被害总数达三十万人以上。"①

日军进城后，除了随时随地、随心所欲地任意枪杀之外，用尽了惨无人道的杀人方法。例如：砍头、劈脑、切腹、挖心、水溺、火烧、割生殖器、砍去四肢、刺穿阴户或肛门等等，无所不用其极。更有甚者，日军还展开了骇人听闻的"杀人竞赛"。据1937年12月日本《东京日日新闻》报道："向井（敏明）少尉与野田（毅）少尉，举行杀人的友谊比赛，谁先杀

1937年12月，日本《东京日日新闻》刊载日军在南京进行"杀人竞赛"的报道。

死100个中国人就算赢了锦标，在（12月12日）他俩碰头的时候，向井已杀了106个，野田已杀了105个，两个人拿着缺了口的军刀相对大笑。"同时，该报还刊登了这两个杀人魔鬼的照片。这两人竟成为日本的"英雄"而被大肆宣传报道。日本著名史学家、早稻田大学教授洞富雄在自己的专著中确认："在南京整个城市，被害者的总数说是三十万人，或南京地方法院所列举的数字——三十四万人，似乎

---

① 中央档案馆、中国第二历史档案馆、吉林省社会科学院合编：《南京大屠杀》，中华书局1995年版，第745页。

可以说接近实际的数字。"①

侵华日军实施了灭绝人性的奸淫。侵华日军占领南京后,肆意强奸、轮奸妇女,强迫妇女充当"慰安妇",许多妇女被奸淫后又惨遭杀害。日军对中国妇女大规模强奸的兽行达到无以复加的程度。在战后远东国际军事法庭的审判中,法庭收到的有关日军强奸罪行的调查报告和呈文就多达万件以上。关于南京大屠杀期间日军强奸案的第1123号控诉呈文指出:仅 1937 年 12 月 16 日夜及 17 日,南京最少有1000 名妇女被日军强行奸污,其中一名妇女遭日军轮奸达 37 次之多。

当时在南京城内的德国人拉贝、美国人魏特琳以及马吉等诸多欧美人士,用日记、照片和电影胶片真实记录了日军占领南京后强奸妇女的兽行。据粗略估计,南京遭受强奸凌辱的妇女超过 8 万,其中被杀害的达 6.5 万余名。战后远东国际军事法庭审判确认,仅在日军占领南京后的 6 个星期之内,就发生 2 万起左右的强奸事件。据目睹过日军暴行的日本老兵冈本健三在战后回忆:"强奸事件也不是谣传,而是实有其事……上级说,如果干了那种事就应该当场把女人杀死"。② 这说明,日军占领南京后,不仅允许官兵大肆强奸,并且为了掩盖罪行,还采取了杀人灭口的政策。

日军侵入南京后,进行了野蛮的纵火破坏与疯狂的抢劫。以"六朝古都"著称的南京惨遭日军洗劫,处处残垣断壁,满目荒凉。日军有组织、有计划的纵火,使南京的工商业、市政建设及文化教育卫生等事业均遭到惨重破坏。日军还展开疯狂的抢劫掠夺,从城外抢到城内,从民房抢到难民区,从市民抢到外侨,从商铺抢到工厂,从学校抢到图书馆,凡日军所到之处,无处不抢。凡钱财、粮食、机器、牲畜、古玩、字画、图书、文物,莫不劫取。仅据抗战胜利后的

---

① 〔日〕洞富雄:《南京大屠杀》,上海译文出版社 1987 年版,第 203 页。
② 〔日〕洞富雄:《南京大屠杀》,上海译文出版社 1987 年版,第 94 页。

不完全调查，日军从南京城抢劫了器具 2406 套又 30.9 万余件，衣服 5920 箱又 590 万余件，金银首饰 1.42 万两又 6345 件，书籍 1815 箱又 2859 套、14.86 万册，古字画 2.84 万余件，古玩 7300 余件，牲畜 6200 余头，粮食 1200 余万石。所抢劫的其他财物，如工厂设备、原料、车辆、铁器，破坏的房屋和商店，无以统计。

日军在南京所犯的滔天罪行，引起世界人民的公愤。就连日本的盟友德国驻华代表在给其政府的报告中也说，这不是个人的而是整个日本陆军的残暴和犯罪行为，是"兽类的集团"。战后远东国际军事法庭和中国南京审判战犯军事法庭在取得大量证据、弄清事实真相后，对制造这一惨案的主犯松井石根、武藤章、谷寿夫等杀人魔王均判处死刑。日本侵略者的暴行，永远记在中国抗日战争历史上，是任何人否定不了的罪行。

2. 大量凶残的屠戮惨案

在长达 14 年的侵华战争中，日军制造了难以计数的屠城屠村惨案。"万人坑""无人区""集团部落"等，无不记录了日本侵略者对中国人民欠下的一笔笔血债。

1931 年九一八事变后，日军对东北人民的反抗斗争进行了残酷镇压。1932 年 9 月，日军为报复辽东民众抗日自卫军对抚顺平顶山杨柏堡煤矿的袭击，派抚顺守备队和宪兵分遣队闯入平顶山村，将全村 3000 余名百姓驱赶到野外，全部射杀，还纵火烧毁了全村的房屋。

为隔绝人民群众与东北抗日武装的联系，切断群众在物质上对抗日武装的支援，1934 年 12 月 13 日，伪满政权颁布了《关于建设集团部落》的通令，将分散的庄、屯强行合并，把民众集中驱赶到比较大的村庄，即所谓"集家并村"。东北地区的民众原来居住的村庄被烧光，被迫到指定地点集中居住，出现了许多"无人区"。伪满"总务厅次长兼劳务委员会干事长"占海忠之在 1954 年供认："实行所谓

‘匪民分离’政策，在南起宽甸、北至抚远长达 1000 余公里，广及 39 个县、旗以及热河省沿长城一带的广大地区划分‘无住地带’和‘集团部落地带’，把 500 万以上的农民赶入‘集团部落’，‘集团部落’的总数达 1.4 万个。”

1937 年七七事变后，日军又将制造"无人区"的暴行推向东北与华北交界的冀东长城线两侧地区。日军华北方面军司令官冈村宁次于 1942 年 8 月上旬在北平召开兵团长会议，决定沿长城线制造"无人区"。从 1942 年秋到 1945 年 8 月，日军在冀东长城线两侧制造大规模"无人区"，西起古北口，东到山海关，东西长约 350 公里，南北宽约 30 公里，面积约 1 万平方公里，遍及滦平、承德、兴隆、平泉、凌源、青龙、密云、遵化、迁安 9 县。

日本发动全面侵华战争后，对中国人民的屠杀扩大到关内，制造了更多更大的惨案。

在山西，1937 年 9 月，侵华日军沿平绥路西犯过程中，于 12 日凌晨攻入山西省天镇县城，不分男女老幼，逢人便杀，更在光天化日之下奸淫妇女。据战后的调查统计，仅此一天，天镇县城蒙难者达 2300 余人，全家被杀绝者有 400 余户。攻入灵丘县城后，日军紧闭城门在全城实行大搜捕，两天内就屠杀城内居民 600 余人。9 月 28 日，日军攻陷朔县县城后开始血腥屠杀，史称"朔县九二八血案"，当地居民及放下武器的士兵和外地商贩被残杀者达 3800 余人。10 月 10 日，日军占领原平县后，又杀害民众 2100 多人。

在河北，1937 年 9 月 24 日，日军侵占保定后，屠杀手无寸铁的商户、居民 3000 余人。10 月 8 日至 11 日，日军先后在正定县、藁城县梅花镇等地杀害无辜百姓 3000 余人。

1941 年 1 月，日军在冀东丰润制造了骇人听闻的潘家峪惨案。25 日，日军把全村人赶进潘家大院后用机枪扫射，并投入手榴弹和点燃的玉米秸，全村 1300 余人被日军杀害。

1941 年 1 月，日军在冀东丰润制造了残忍的潘家峪惨案。图为被日军烧毁的村庄和大量被烧焦的村民尸体。

1942 年 5 月 1 日起，日军华北方面军司令官冈村宁次调集重兵，亲自指挥对冀中抗日根据地进行持续两个多月残酷的"五一"大"扫荡"，前后共有 5 万多群众惨遭杀害。12 月 4 日夜，推行第五次"治安强化运动"的日军遭到八路军的袭击。次日，日军即对冀东滦南县潘家峪戴庄进行疯狂报复，除少数村民侥幸逃出魔掌外，留在村里的 1280 人全部被杀，1030 间房屋全部被毁，制造了潘家峪戴庄惨案。

在河南，1937 年 11 月 3 日，日军攻入安阳县城，屠杀无辜居民 2000 余人。12 月 15 日，日军攻占清丰县城后，制造了 3 天之内残杀无辜群众 1096 人的清丰血案。1938 年 3 月，日军在浚县、濮县屠杀民众 5500 余人，奸污妇女 1000 余人。4 月 25 日，日军第二次攻占长垣县城，屠杀城乡居民 1700 余人。

在山东，1937 年 11 月 13 日，日军攻打济阳城时，杀害出城逃难的民众 1800 余人，接着又在城内杀害无辜平民 400 余人，烧毁房屋 550 余间，奸淫妇女 100 余人。日军在滕县杀害尤辜百姓 2259 人，烧毁房屋 5425 间。

日本侵略军在华中地区制造的惨案也数不胜数。1937 年八一三抗战后，日军仅在宝山罗泾地区就屠杀民众 2244 人，宝山全县被日军屠杀的居民达 1.1 万余人。11 月 13 日，向常熟进犯的日军沿途烧杀抢掠，杀害民众 4800 余人，烧毁房屋 3 万余间。11 月 16 日，日军侵占昆山后，杀害无辜百姓 3762 人。11 月 19 日，日军攻占苏州后即杀人、抢劫、纵火，先后屠杀无辜民众及被俘士兵 1 万余人。11 月 23 日，日军在无锡东亭残杀村民 1821 人，强奸妇女 504 人，烧毁房屋 1.3 万余间。12 月 8 日，日军攻入镇江后即在城内烧杀奸淫，致使城内居民被杀 4525 人，被毁房屋 3 万余间。

1942 年 10 月 19 日，侵占湖南岳阳的日军分路包围洪山、昆山等十几个村庄，杀害村民 1800 余人，强奸 600 多名妇女，烧毁 2180 间房屋，抢光村中牲畜和财物，史称洪山惨案。1943 年 5 月上旬，日军在汉寿县厂窖（今属南县）周围 10 公里的地区，制造了持续 4

日军屠杀中国战俘。这是日军自己拍摄的照片，为了掩盖罪行，日军审查部门特加盖了"不许可"印章，严禁公开。

天的厂窖大屠杀，共杀害民众3万余人、战俘5000余人。

日军在华南地区也制造许多屠杀惨案。1942年5月至6月间，日军对海南琼崖抗日游击队活动区域进行"扫荡"，先后在琼山、文昌等地杀害无辜群众2000余人，烧毁房屋1万多间。

侵华日军在中国制造的杀害和平居民的血案达数万起，其中一次杀害千人以上的大规模屠杀血案即达200余起，其手段血腥残暴、毫无人性。除枪杀外，还有刺杀、活埋、砍头、火烧、喂狗、冻死、饿死、溺死、电死、开膛挖心等250余种。其残暴程度，实为历史罕见。

3. 残暴的"三光"政策与野蛮的无差别轰炸

全国抗战进入战略相持阶段后，日军集中主要力量巩固占领区，加强对中共领导的敌后抗日根据地的进攻，进行"扫荡""蚕食""清乡"和"治安强化运动"，实行烧光、杀光、抢光的"三光"政策。

"三光"政策的始作俑者是曾经担任日军华北方面军司令官的多田骏，其继任者冈村宁次则把它推向了极端。1940年10月，日军在"扫荡"太行、太岳抗日根据地时，明确提出："这次作战的目的，与过去完全相异，乃是在于求得完全歼灭八路军及八路军根据地，凡是敌人地域内的人不问男女老幼，应全部杀死。所有房屋，应一律烧毁，所有粮秣，其不能搬运的，亦一律烧毁，锅碗要一律打碎，并要一律埋死或下毒。"[1]仅据晋察冀、山东、冀热辽、晋绥、晋冀鲁豫、苏皖、中原7个解放区不完全的初步统计，全国抗战期间，共被杀害及虐待致死者318万人，被抓走276万人，被烧毁房屋1952万间，损失粮食1149亿斤、耕畜631万头、猪羊4800万只、农具家具2.227

---

[1]　《新华日报》（太行版）1944年8月15日，《日本暴行座谈会记录》。

亿件、被服 2.29 亿件。①

侵华日军还无视国际法，把空中轰炸作为大规模屠杀中国无辜民众的重要手段，在各地实施无差别轰炸，给中国人民的生命财产造成了巨大损失。

全国抗战初期，日军轰炸的重点是战区的军事目标及附近城乡的非军事目标。据不完全统计，自 1937 年八一三抗战爆发至 1938 年 1 月 3 日，在不到半年的时间内，日军飞机就轰炸了中国城乡共 2204 次，投弹近 2.7 万次，炸死 1 万余人，炸伤 1.3 万余人，炸毁房屋 4.2 万余间。

广州、武汉失陷后，日军大本营决定改变重点，对中国的大后方城市实施战略轰炸。日军随即开始对大后方城市连续进行狂轰滥炸。按当时的行政区划，遭受空袭的 23 个省份分别是：河北、山西、察哈尔、绥远、内蒙古、山东、河南、陕西、甘肃、青海、浙江、江苏、福建、安徽、湖北、湖南、江西、广东、广西、四川、贵州、云南和西康。

重庆是日军战略轰炸的主要目标。1939 年 5 月 3 日，26 架日机空袭重庆，炸死炸伤居民近千人。5 月 4 日，27 架日机再度空袭重庆，市区 27 条主要街道有 19 条被炸为废墟。由空袭引发的大火至 5 月 7 日才熄灭，使全市约 1/3 的建筑化为灰烬。居民死亡 2000 人左右，伤 3300 余人。连驻重庆的英、法、德使馆也未能幸免，各有人员伤亡。特别是 1941 年 6 月 5 日，日军出动大批飞机夜袭重庆。由于大量民众被迫长时间拥挤在通风不畅的隧道内，1000 余名避难民众窒息而死，造成了震惊中外的重庆大隧道惨案。据不完全统计，从 1938 年到 1943 年，侵入重庆上空进行轰炸的日机共达 9000 多架次，

① 参见军事科学院外国军事研究部：《日本侵略军在中国的暴行》，解放军出版社 1986 年版，第 95 页。

投弹 2 万余枚，其中多为燃烧弹，轰炸目标都是居民区、繁华的商业区、学校、医院等非军事目标。日机的狂轰滥炸，使山城重庆成为大后方遭受损失最严重的城市。

此外，云南、贵州及西北诸省也频繁遭到日军空袭，遭受重大人员伤亡和财产损失。据不完全统计，从 1937 年 7 月起至 1943 年 7 月，中国因日军空袭而死亡的人数为 335934 人，受伤者为 426249 人，合计伤亡总数为 762183 人。[①]

日军对中国城乡的无差别轰炸，遭到了国际舆论的强烈谴责。时任美国副国务卿威尔斯发表谈话，强烈抗议日军对重庆、广州等城市的轰炸。他说："交战一方用飞机轰炸对方不设防城市，以致无辜平民尤其是妇孺惨遭杀害，这完全是一种野蛮举动。"英国《伦敦新闻

日军对重庆进行持续轰炸。图为在 1941 年 6 月 5 日重庆大隧道惨案中遇难的中国平民。

---

① 参见军事科学院外国军事研究部：《日本侵略军在中国的暴行》，解放军出版社 1986 年版，第 115 页。

纪事报》在 1938 年 6 月 8 日的社论中指出："这种野蛮的屠杀完全是赤裸裸的恐怖主义"。

二、违背国际公约，实施生化武器战

国际联盟于 1925 年 6 月 17 日，即通过了《禁止在战争中使用窒息性、毒性或其他气体和细菌作战方法的议定书》（亦称《日内瓦议定书》）。但是，作为 37 个签署国之一的日本，却成为第二次世界大战中唯一大规模使用生化武器的国家。侵华日军公然违反国际公约，在中国土地上研制和使用生化武器作战，大量残杀中国军民。据统计，战后已发现的丢弃遗留在中国境内的各种毒剂弹有 200 余万发，约 1.3 万吨，已造成 2000 余名中国民众的意外死亡或伤害，至今仍严重威胁着中国民众的生命安全。

1. 惨无人道的生物武器实验与细菌战

20 世纪 20 年代，日本就开始进行细菌武器的研究。1932 年 4 月，日军在东京日本陆军军医学校建立了以石井四郎为首的细菌研究室，对外称"防疫研究室"。为扩大侵华战争的需要，1932 年 8 月，石井四郎将活人实验等细菌战研究转移到中国黑龙江省，在五常县背荫河建立了第一个细菌实验所。1936 年春，转移到哈尔滨以南 20 公里的平房地区，对外称"关东军防疫给水部队"，石井四郎亲任部队长。1941 年，为了强化保密措施，该部队对外称"满洲第 731 部队"（简称"731 部队"）。

由于石井四郎得到日本军部的支持，并能从裕仁天皇掌握的秘密账户里得到每年 20 万日元的年度预算经费，且逐年递增，731 部队日益发展扩大。日本军国主义在 14 年的侵华战争中，先后建立了 6 支较大规模的生化部队，即哈尔滨的第 731 部队、长春的第 100 部队、敦化的第

日军在侵华战争中实施灭绝人性的细菌战和化学战。图为哈尔滨平房地区的731部队细菌工厂残迹，日军投降前，为掩盖罪行，炸毁了全部设施。

516部队（以研究毒气弹为主）、南京的“荣”字第1644部队、北平的“北支甲”第1855部队、广州的“波”字第8604部队，总计有2万余人。另外，日军还在新加坡建立了“冈”字第9420部队。

731部队设有4个专门进行细菌研究与实验的机构、4个支队，主要研究传染鼠疫、炭疽、伤寒、副伤寒、赤痢、霍乱等疫病的细菌，并承担着细菌作战任务。从1932年起，直至1945年9月日本投降，石井四郎一直领导侵华日军属下的生化部队，其中10年时间担任731部队部队长（后改由北野政次少将担任），1941年8月被调到南京担任第1军军医部部长。所有在华细菌战部队与石井四郎直接指挥的731部队等专业的细菌战部队，共同构成了日军细菌战的庞大体系。石井四郎由于从事生化武器战研究，被日本军部晋升中将军衔，并得到裕仁天皇颁发的高级勋章和通令嘉奖。

石井四郎建立的细菌、毒气实验基地，均融研究实验、制造生化武器和进行细菌战为一体。那些拥有医学博士、硕士学位和技士头衔的日本军官们，实际上是一伙惨无人道的法西斯分子。当时由于细菌作战技术尚不成熟，731 部队需要进行大量实验，而最令人发指的是使用活人进行"活体实验"，这些被用于实验的活人被称为"马鲁大"（日语意即"剥了皮的圆木"）。

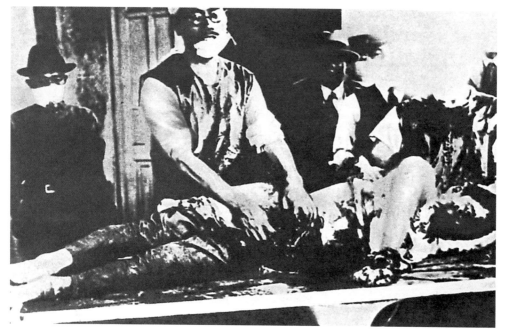

日军在细菌制造工厂内，惨无人道地进行活体解剖，用活人进行活体细菌实验。

日军 731 部队进行"活体实验"最初主要是为了检验和改进细菌武器的效能，后来扩大到进行各种杀人方法的实验研究，其种类繁多，手段残忍至极，包括活人解剖、病菌疫苗注射、毒气和毒剂实验、电气实验、染病疫饮食实验等等。据日本庆应大学教授松村高夫发现的《731 部队的实验报告》记载，为了观察测定细菌武器包括化学武器的杀伤效能，731 部队常常把"马鲁大"绑缚在野外的靶场上，让他们承受飞机、大炮投下或发射的细菌弹、化学弹的攻击，甚至向其直接释放携有病菌的跳蚤或毒气等。

在整个侵华战争期间，日军 731 部队及其各分支部队通过"活体

"实验"残害的抗日志士与无辜居民的数目，至今也难以确定。原 731 部队细菌生产部部长川岛清于 1949 年 12 月在伯力军事法庭上供认："每年都有不下 600 名犯人被送到第 731 部队里去。我曾亲眼看见第一部的工作人员从宪兵队方面领到大批大批的犯人，这些犯人都被关在监狱内的两座房屋里……1940 到 1945 年间，在这个杀人工厂中被消灭的至少有 3000 人。至于在 1940 年以前被消灭的人究竟有多少，那我却不知道。"[1]

为了给 731 部队的"活体实验"提供大量的"马鲁大"，关东军宪兵队司令部警务部在 1938 年 1 月 26 日曾颁布了第 58 号文件，要求日军驻中国东北各地的宪兵队把秘密捕获的中、苏、朝等国抗日志士及一般平民，在审讯后不经过司法部门，而是在取得关东军宪兵司令官的批准后直接押送到 731 部队，用作活体解剖或活体细菌实验的材料。这就是名为"特殊输送"的罪恶制度。日本发动全面侵华战争后，又把"特殊输送"这一罪恶制度扩大到中国内地各省。20 世纪末，在黑龙江省档案馆和吉林省档案馆保存的关东军宪兵队司令部档案中，都发现了当年"特殊输送"的资料，涉及数百人。这些档案资料，是日本侵略者犯下残暴罪行的铁证。

实施细菌战，是日军侵华战争的一个重要组成部分。在长达 14 年的侵华战争中，细菌战始终是日军的重要作战手段和作战样式。

日军的细菌作战，一般是由关东军 731 部队为主体，由分布在华北、华中、华南的日军细菌战部队予以配合。作战所使用的细菌，主要是由 731 细菌战部队制造的霍乱、伤寒、鼠疫、炭疽、白喉、痢疾等菌种。这些细菌由于是在人体实验基础上培养而成的，具有传染性强、传播迅速、杀伤力大等特点。

---

[1] 《前日本陆军军人因准备和使用细菌武器被控案审判材料》（中文版），苏联外国文书籍出版局印行，莫斯科 1950 年版，第 121 页。

1940 年 7 月，根据日军大本营颁布的"大陆指"第 690 号，石井四郎亲自率领一支细菌战部队"远征"华中地区，参加对浙江省宁波、金华等地区的作战，并将这次细菌战称为"特种瓦斯试验"。[①]当时，731 部队携带了 70 公斤伤寒菌、50 公斤霍乱菌和 5 公斤染有鼠疫菌的跳蚤，大部分通过播撒器从飞机上撒布到河流、湖泊等水源地和居民区中，在当地引起了流行性鼠疫的蔓延，其范围包括金华及附近的东阳、义乌、兰溪等县，以及宁波、衢县地区。这些地区的大量居民受到传染，当时直接患病的居民有数千人，死亡数百人。

1941 年夏，731 部队第二部部长太田大佐奉命率领一支 100 余人的细菌战部队前往湖南省常德地区配合日军作战，携带了 50 多公斤鼠疫细菌。这支细菌战部队在常德城一带从空中撒布染有鼠疫菌的棉絮、破布、谷麦以及跳蚤，立即引起该地区鼠疫流行。被感染地区从市区扩散，进而流行到市郊的桃源、澧县等地。由于鼠疫流行，当地居民染病死亡惨重，有的甚至全家死亡。据常德市细菌战受害调查委员会 1996 年 11 月至 2002 年 5 月的调查，此次由日军细菌战所引起的鼠疫大流行，至少使 7600 人死亡。

太平洋战争爆发后，日军进一步扩大细菌战作战。1942 年的"保号作战"指导计划，确定将华中与华南的丽水、玉山、衢县、桂林、南宁、昆明等地列为细菌战的攻击目标。在 5 月至 9 月的浙赣作战中，细菌战部队使用了石井四郎发明的新式细菌播撒器，在南京"荣"字第 1644 部队配合下，通过飞机播撒炭疽热菌、副伤寒菌和鼠疫菌等。这次细菌战导致当地陆续发生鼠疫大流行，大批人员死亡。浙江省义乌县崇山村只有 380 多户人家，而被鼠疫传染而死去的就有 320 多人，30 多户全家死绝。在这次细菌作战中，石井四郎还把细菌战骨干派

---

① ［日］吉见义明：《陆军中央与细菌战》，载《日军的细菌战、毒气战》，明石书店 1996 年版，第 82 页。

到设在南京的两座中国战俘营，把含有伤寒菌和副伤寒菌的大饼分给战俘，然后把吃过这种大饼的人释放出去，借此传播疫病，大量杀害中国人民。此外，日军还把含有伤寒菌的饼干故意丢在墙角、树下以及行人休息的地方，让人们误食而感染伤寒。

在云南地区，日军派出 27 架飞机于 1942 年 5 月 4 日轮番轰炸保山县，并对保山、昆明等地实施霍乱细菌战攻击，在滇缅公路沿线的水沟、水井、水池等处投放霍乱病菌，导致云南 58 个县（市）霍乱暴发流行。两个半月内，染疫人数达 12 万之多，死亡 9 万余人。1944 年秋至 1945 年 3 月，滇西日军面临彻底失败时，再次丧心病狂地实施细菌战，于芒市、遮放、梁河、腾冲等地投放鼠疫菌，致使滇西 16 个县鼠疫流行，一直延续至 1953 年。

1945 年 8 月，731 部队为了逃避罪责，炸毁了全部设施，销毁了几乎所有实验用品和资料，并将关押在监狱中的数百名“马鲁大”秘密杀害。

2. 公然违背国际公约的化学战

早在 1925 年，日本陆军科学研究所就为了进行化学战武器研究，建立了专门的研究楼和实验楼。1927 年，日本军部决定大量制造化学武器，并将制造基地建在广岛县竹原市忠海町对岸 2 公里海中的大久野岛上。到 1931 年，日本陆军掌握了当时欧洲各国使用和开发的各种毒剂的制造技术，并对部分毒剂的性能进行了改进，其研制的各种化学武器已基本成熟，开始制式化并逐渐装备部队。

1931 年九一八事变后，日军准备在实战中使用化学武器，因而加快了在大久野岛毒气工厂生产化学毒剂的速度，并于 1933 年成立了专门培训化学战军官的学校——陆军习志野学校，先后培养近 4 万名生化武器战骨干。日本发动全面侵华战争后，迅速扩大了大久野岛毒气工厂的规模。同时，日本海军也开始研制化学武器并装备部队。

从 1931 年到 1945 年，日军制造的各种化学毒剂数量超过 7300 吨；其中，糜烂性毒剂近 5000 吨，呕吐性毒剂近 2000 吨。[①]

上述一部分毒剂在日本军事工厂里被填充到炮弹、炸弹等武器中，然后运到中国战场提供给日军使用；另一部分毒剂则被直接运到中国战场，进行大规模的播撒或实验。侵华战争期间，太原、济南、南京、汉口等地的一些工厂被日军征用，为日军化学战提供配套服务，如将运到中国的化学毒剂填充到炮弹、炸弹等武器中。

日本发动全面侵华战争后，立即在中国战场使用化学武器。日军参谋总长闲院宫载仁先后向侵华日军各部队下达了"可在适当时机使用催泪筒（即化学毒剂）"的命令，并向华北、华中地区派遣化学战部队。1938 年 4 月，日军向驻守山西的中国军队进攻，一次就配发华北方面军迫击炮毒剂弹（"赤弹"）15 万发、"赤筒"4 万个，配发驻蒙兵团"赤弹"1 万发。同年，给华中派遣军配发的包括容器在内的糜烂性"黄剂"有 191.8 吨，各种"黄弹"18917 发。在进攻武汉的战役中，华中派遣军共配备了各种毒气弹（筒）563731 发，在实战中使用 68872 发。据统计，华中派遣军在武汉作战的 3 个月里就使用化学武器作战至少 375 次，总成功率在 70% 左右。[②] 如 1938 年 8 月 22 日晨，波田支队步兵第 2 联队第 3 大队在赤湖北侧城子镇附近先发射 420 只"赤筒"，然后"将被毒气伤害丧失战斗力的（中国）官兵 200 多人用刺刀杀害"。

日军华中派遣军对于在武汉作战中使用化学武器的效果十分得意，他们在总结中说："此次作战期间，由于了解了敌军防毒能力极其薄弱和防毒知识极其浅薄的状况，所以使用效力大的特种烟。虽然

---

① 参见［日］吉见义明：《日本军队制造了多少毒剂？》，载［日］《季刊·战争责任研究》1993 年总第 5 号。

② 参见［日］粟屋宪太郎、吉见义明：《毒气战关系资料》，《十五年战争极秘资料集》18，不二出版 1989 年版，第 319 页。

用量不多，但是效果很好，压制了正面敌人的力量，我方的损失极少。无论在夺取敌之阵地还是突袭过程中，使用特种烟都收到了预想不到的结果，十分有利于战争的进展。"[1]

日军华中派遣军将以上情况上报后，受到日军大本营高度重视和赞许。参谋总长闲院宫载仁于 1938 年 12 月 2 日发布命令，指示"在中国各部队均可使用特种烟"。[2] 在 1940 年秋八路军进行的百团大战中，日军大量施放毒气，致使八路军官兵中毒人数多达 2 万余名。1942 年 11 月，日本陆军习志野学校编写的机密文件——《中国事变中化学战例证集》，正是侵华日军在中国各地进行化学战的铁的证据。

中国政府针对日军进行化学战的暴行，多次提出强烈抗议，并向国际社会公布了日军违背国际公约的罪证。1942 年 6 月 5 日，美国总统罗斯福就日本使用毒气武器发表声明，严厉谴责侵华日军"这一非人道的战争手段"。但日本法西斯置若罔闻，直至 1943 年的常德作战，日军仍使用毒气 74 次，被害的中国军人达 1300 余名。

日本投降后，在东京审判中担负调查日本化学战责任的美国法官莫罗，根据当时中国政府的初步统计资料，就日军在中国使用毒气的情况提出题为《在中国进行毒气战的一般说明》（1937 年至 1945 年）的报告书，称侵华日军在中国进行了总计 1312 次毒气战。[3]20 世纪 90 年代以来，经过有关方面调查和不完全统计，日本军队使用化学武器的地点遍及中国 18 个省区，使用次数超过 2000 次，至少造成中国军民直接中毒伤亡约 10 万人。然而，战后由于美

---

[1]　[日]《进攻武汉期间化学战实施报告》，载《毒气战关系资料》，《十五年战争极秘资料集》18，不二出版 1989 年版，第 376 页。

[2]　[日]《大陆指第三四五号》，载《毒气战关系资料》，《十五年战争极秘资料集》补卷 2，不二出版 1997 年版，第 256 页。

[3]　参见国民政府军政部：《抗战八年来敌军用毒经过报告书》，载《中华民国史档案资料汇编》第五辑第二编军事（五），江苏古籍出版社 1998 年版，第 950 页。

国的包庇，日军进行细菌战和化学战的战犯被免除了战争责任，没有受到应有的惩罚。

三、强掳与奴役中国劳工

日本侵略者为实现"以战养战"的目标，在中国占领区不仅实施残酷的经济掠夺，还实施强掳和奴役中国劳工的"强制劳动"罪恶政策。

1933年年初，侵华日军在炮制伪满洲国傀儡政权后，确定了以经济掠夺为目的的垄断性的战时经济体制，而劳务掠夺政策则是其中重要的组成部分。针对东北地区劳动力多被农业生产占用、重要的产业部门劳力不足的问题，确定大量征用华北等地廉价的劳工来东北，从事交通运输、土建工事和矿山开发等，成立了负责确定各企业使用华北劳工人数和规定劳工的劳动条件及工资标准的伪满"劳动统制委员会"，由关东军掌控的大东公司（1939年7月后，称为"满洲劳工协会国外部"）负责在华北地区诱招劳工。这些劳工（当时被称为"外国劳工"）一旦进入东北，就失去了自由与任何权利，甚至连人身安全都得不到保障，成为被压迫和残酷榨取的战时"奴隶"。从1935年至1937年的3年中，被诱招进入东北的劳工总数为109.6万人，年均为36万余人。

1937年，伪满实施"第一次产业开发计划"（1937年至1941年），1939年实施大规模构筑对苏永久性军事工程的"北边振兴计划"（1939年至1942年），对劳工的需求急剧增加，于是将东北本地劳力也纳入战时劳务动员和统制中。从1941年起，由于条件恶劣和遭受迫害，进入东北的华北劳工人数急剧减少。关东军又与华北方面军紧急磋商了入满劳工协议，华北方面军在3月开始的"治安战"中把强征劳工输入东北作为任务。

1941年7月，日军在华北地区成立华北劳工协会，负责全面统制和调度华北劳力资源，并实施"划地区摊派强征制"，给华北地区各县制定了向东北、蒙疆和华中各地区输送劳工的指标，征用方式从骗招变为赤裸裸的强制征用。据《晋察冀日报》披露，一般按县摊派强征劳工的数量。如1942年仅在邯郸县一次就摊派强征劳工5000名，在博爱、曲阳县强征劳工数千人。

日军侵占中国东北后，大规模强征本地劳动力。其强掳东北劳工的主要手段，一是规定居住在重要企业及矿山周围农村中18岁至50岁的男性"良民"都必须履行当劳工的义务，每人年均服劳役4个月（1944年后，又延长为6个月）。二是伪满政权通过行政系统层层分摊征集劳工的指标，限期强征。三是制定"勤劳奉公制"，规定凡未服兵役的男人，自21岁至23岁（后又延至30岁），必须服合计12个月的劳役（即年均4个月。1944年后，又增为年均6个月，连续服役6年），服役期间组成准军队性质的"勤劳奉公队"。这些劳工的住地周围都圈上电网或铁丝网，有矿警持枪把守，上下班都由矿警押解，以防止劳工逃跑，与囚犯无异。由于劳动生活条件恶劣，加之超负荷劳动，这些劳工的死亡率很高。如抚顺煤矿，1941年前的劳工死亡率最高为6.7%，1942年的死亡率达11.1%，1943年的死亡率则超过12%。许多矿山还发生了重大伤亡事故。1943年4月26日本溪湖煤矿的瓦斯大爆炸，一次就使井下1800余名劳工遇难，成为震惊中外的矿难事件。同年，修筑兴安岭王爷庙军事工程的2万余名劳工短短数月里就有6000余人冻、饿、病死。1944年，从事改修穆兴水路工程的7000名劳工中，因累、病致死者达1700余人，死亡率超过24%。

1943年4月至1945年春，日伪军警在东北许多大城市大肆"抓浮浪"，即强行抓捕中国人充当劳工。曾担任过伪满"总务厅次长兼劳务委员会干事长"的古海忠之在战后供认：1942年至1945年8月，

埋葬中国劳工的"万人坑"白骨累累。

日本在东北实际强掳征用的劳工总数约为 430 万人。

日本发动全面侵华战争后，又在关内特别是华北地区强掳大批劳工。日军在对各地频繁"扫荡"的同时，还实施了"猎兔"计划，就是将抓捕的俘虏强行押送到东北服劳役。1943 年，就有近 8 万名中国战俘和 8 万余平民被作为"特殊劳工"输往东北。又如，日军在华北铁路沿线建立所谓"爱护村"，随时强征这些村庄中的农民到东北当劳工。

1942 年 11 月 27 日，日本内阁作出向日本本土大量输送中国劳工的决定，特别强调尽量使用熟练工人及经过训练的战俘。于是，华北地区的劳工，特别是被俘的中国军人，开始被大量送往日本本土。1943 年 11 月，试验性地输送了 8 批 1411 名。从 1944 年 3 月开始，一直到 1945 年 5 月，正式输送了 161 批共计 37524 名。据统计，1941 年至 1945 年战争结束时，日本在北平、太原、济南、保定、石

家庄、开封、徐州、洛阳、运城等地共设战俘劳工集中营、训练所
20 余个，关押战俘劳工近 20 万人。

日本在华北地区也多采取"抓浮浪"的方式，强行抓捕中国人
充当劳工。1944 年 6 月，华北劳工协会天津办事处曾向伪天津特别
市政府申请，在市内以"抓浮浪"的形式强掳一批劳工送往日本长
崎。同年 8 月至 9 月，青岛市华工赴日事务所也在日本宪兵、警察
协助下，抓捕乞丐、游民，以及所谓"妨害治安者"，充当劳工输往
日本。

大量被强掳的中国劳工在日本遭受了残酷的奴役与迫害。他们从
来吃不饱，居住的是穴仓式木房，衣服很单薄，到冬天只能用纸制水
泥袋子御寒。而日本企业竟还提出要像"挤海绵水"那样榨出中国劳
工的油水，让其承担正常情况 3 倍的工作量。由于劳动条件恶劣，仅
仅两年就有 6830 名中国劳工死亡，死亡率为 17.5%。其中，死亡率
在 30% 以上的日本事业所多达 14 个，死亡率最高为 52%。

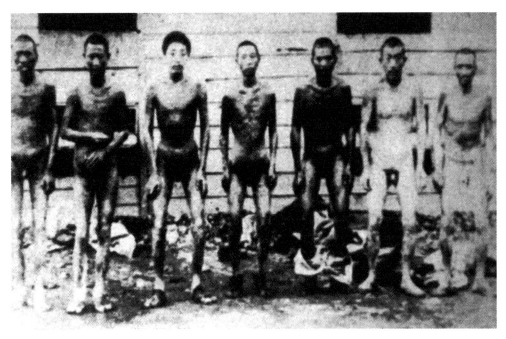

日本强掳大批中国人充当劳工。图为被抓至日本花冈惨遭奴役折磨的中国劳工。

1944 年 9 月至 11 月，被掳往日本秋田县花冈鹿岛公司的 986 名中国战俘劳工，因遭受寒冷、饥饿、超强奴役以及监工肆虐殴打迫害，半年即死亡 200 余人。1945 年 6 月，为了尊严和生存，大队长耿谆率领劳工暴动起义。起义失败后，百余劳工被日本军警和监工刑讯折磨致死，致使死亡总数达 418 人，死亡率为 42.4%。

据华北劳工协会等统计，1942 年 1 月至 1945 年 9 月战争结束，从华北地区输出的强制劳工总数有据可查者达 260 多万人。

四、残害中国妇女的暴行与"慰安妇"
——日军性奴隶制度

日军对中国妇女的残害，是其对中国人民所犯严重罪行之一。日本发动全面侵华战争后，日军所到之处，无论是城市还是乡村，都有大量强奸事件发生，被害的中国妇女难以计数。1937 年 11 月，日军占领苏州后，强奸中国妇女 1320 人，还把 230 多名妇女驱赶到一个大宅院内，供其将校级军官集体奸淫。12 月，日军占领扬州时，仅 19 日一天就强奸中国妇女 350 名。12 月 21 日，日军指挥部宣布"自由活动"，又有千余名妇女被日军官兵强奸。随着侵华战争规模的不断扩大，日军对中国妇女的性暴行剧增。日军侵占南京后，对中国妇女的强奸罪行达到了顶点。

侵华日军还在中国各地设立大量"慰安所"，强迫中国和朝鲜等国妇女充当日军的性奴隶，形成了丑陋的"慰安妇"制度，更是有组织的战争犯罪。在第二次世界大战中，世界各国至少有 40 万妇女被日军强征为性奴隶，受害者涉及中国（包括香港、台湾地区）、朝鲜半岛、东南亚各地、日本和少量在亚洲的白人妇女。其中，至少有 20 万以上的中国妇女沦为日军的性奴隶，遭受旷古未有的屈辱和苦难。

战后远东国际军事法庭的审判资料，曾记载了日本情报部大雄一男关于强征中国"慰安妇"的说明："用中国女人做'慰安妇'，会抚慰那些因战败而产生沮丧情绪的士兵；他们在战场上被中国军队打败的心理，在中国'慰安妇'的身上，得到了最有效的校正……从精神和肉体上安慰我们的军人，树立他们必胜的信心。"①这表明日军强征中国妇女充当"慰安妇"具有明显的政治含义，反映了"慰安妇"制度与日本侵华战争之间的密切关系。因此，日军大量的性暴力行为总是得到上级指挥机构的支持和放纵。战后，曾任日军中国派遣军总司令官的冈村宁次承认，他是"无耻之极的慰安妇制度的缺席（受审）的始作俑者"。②

早在 1932 年一·二八事变前夕，日本海军陆战队司令部就指定"大一沙龙"（今上海市东宝兴路 125 弄）为海军特别"慰安所"。1937 年 12 月末，日军华中方面军司令官松井石根发布建立"慰安所"的命令。日军上海派遣军参谋部审议了第二科提出的关于建立南京"慰安所"的提案，决定在日军各部队普遍设立"慰安所"。1938 年 1 月 13 日，日军华中方面军东兵站司令部设在杨家宅的"慰安所"正式挂牌。6 月 27 日，日军华北方面军参谋长冈部直三郎更明确地督促所属各部队"尽快完善性慰安的设施"。③

日军强征妇女充当性奴隶的"慰安所"基本分为三类情况。

第一类由军队在其占领地直接设立。如侵占南京的日军第 16 师团进入南京后，各联队就在驻扎地设立了"慰安所"。"慰安妇"有日本人和朝鲜人，但最多的则是在当地强掠的中国妇女。

第二类是日侨根据日军的命令开设。日军占领南京后，日侨即开设了"故乡慰安所"和"速浪慰安所"等。这种"慰安所"开始时主

① ［日］吉见义明：《从军慰安妇资料集》，大月书店 1992 年版，第 205—208 页。
② ［日］稻叶正夫编：《冈村宁次大将资料》上卷，原书房 1970 年版，第 302 页。
③ ［日］吉见义明：《从军慰安妇资料集》，大月书店 1992 年版，第 205—208 页。

日军肆意强征中国妇女充当日军性奴隶。图为日军制定的所谓"慰安所"规定。

图为日军在中国设立的一处蹂躏性奴隶的"慰安所"。

要是使用日本"慰安妇",但后来强征和骗征了大量中国妇女。

　　第三类是在日军命令下由汉奸设立的"慰安所"。据记载,汉奸乔鸿年于1937年12月22日就在南京设立"慰安所",从当地强征了200余名妇女充当日军的性奴隶。

　　湖南、湖北、安徽、广东、福建、广西、云南等地,北平、天津等大城市以及山西、河北、山东、河南等广阔的农村,都有日军设立的"慰安所",强征中国妇女充当日军的性奴隶。

　　日军获取中国"慰安妇"的主要方式是强掠,另外就是通过当地伪政权强行向各户摊派或进行骗征。原日军特务永富博道在战后承认:"1937年南京大屠杀期间,我作为日军特务机关的一名成员,专门负责诱拐中国妇女。部队从上海向南京进攻途中,我亲自负责设置了6个'慰安所'。在沿途,我把一些逃难的中国年轻妇女诱拐到'慰安所'。"在当时中国平民见到日军唯恐躲避不及的情况下,他在这里所说的"诱拐",其实就是强掠。

　　据曾在山西省盂县日军炮楼里分别做过伙夫和会计的两位中国老人回忆:"1943年左右,驻守河东炮台的日军换防,新驻防的日军小队长渡边八一命令村里的维持会长征集妇女充当'慰安妇',否则就将村子烧毁。维持会长接令后,在西烟镇附近村庄共强征5名妇女充作'慰安妇'，并将村头杨家兄弟的院子强行霸占，将5名妇女关押在这里……这5名妇女被关押一年多。"

山西省文水伪县公署曾在1939年发布训令，称："顷奉皇军命令……兹规定除由城关选送外，凡三百户以上村庄，每村选送妓女一名，以年在二十岁左右确无病症、颇有姿色者为标准，务于最短期内送县。以凭验收。"①

日军在各地还以招募女工、洗衣妇、招待员、护士为名，把妇女诱骗去充当性奴隶。如日军占领海南岛后，在广州、香港和上海等地散布招聘广告声称：因海南岛开办大医院，招聘大批女性充当护士、护理。到那里工作不仅有吃有穿，薪水还高，可有大钱寄回家。年轻女子被骗到海南岛后即全部送到日军"慰安所"，沦为惨遭日军蹂躏的性奴隶。仅昌石县石碌"慰安所"，就有300余名被骗的年轻女子，其中年龄大的20岁，小的17岁。

战场上被俘的中国女军人，也有许多被日军押送到偏远前线充当性奴隶，也被称作"巡回慰安妇"。这些妇女惨遭蹂躏且多数被杀害。

中国妇女是日军性暴行和"慰安妇"制度的最大受害者。关于日军性奴隶的总人数，由于史料的缺失而难以精确计算。据不完全统计，日军从中国强征的性奴隶人数在20万以上，从朝鲜强征的性奴隶人数在16万左右，其他则来自日本及东南亚一些国家，也有澳大利亚、美国、英国、荷兰、苏联等国的少数妇女。另据在战后协助美军整理情报的一名日本人证明，被强征为日军性奴隶的中国妇女人数占日军在亚洲战场征用的性奴隶总数的67.8%。如果按此比例推算，中国的受害者应当在24万至28万之间。

从20世纪90年代开始，战时日军强征妇女充当性奴隶的罪行引起了国际社会的广泛关注。从维护人权的立场出发，中国、韩国的受

---

① 《文水汉奸"通令"强征妓女》，载《文献》第5卷，1939年2月。

害者与来自包括日本在内的其他国家的正义人士向日本政府提出了讨还公道的正义要求，并且得到了联合国人权委员会的支持。

五、肆意摧残中国文化

文化教育、古物遗存，是人类文明的标志，理应受到全人类的尊重。然而，日本在侵华战争期间，无视国际战争法规，在制造血腥屠杀暴行的同时，公然以轰炸、纵火、劫掠等暴虐手段，肆意摧残和毁灭中国文化，掠夺文物与典籍，给中国文化造成难以挽回的巨大损失。

各类学校遭受严重破坏。中国的高等院校本来就为数不多，1937年7月前，中国计有专科以上学校108所，且集中在少数几个大城市和东南沿海沿江地区。日军的狂轰滥炸和掠夺，使中国的高等院校遭受极大摧残，如南开大学被炸成废墟。华北、华中、华南的部分大中学校被迫内迁。1937年至1939年，内迁高校达69所。有的高等院校如浙江大学、同济大学等，在战火中迁校达六七次之多。

沦陷区的高等院校多被日军占据或破坏。1938年8月底，中国91所专科以上学校遭受破坏，其中25所被迫停办；因战争失业的高等院校教职工达2000多人；而失学者超过2万，几乎占了学生总数的一半。清华大学、北洋大学、中央大学、武汉大学等校舍，成为侵华日军的兵营或医院。

中等教育方面，至1937年年底，中国有1368所中学被迫关闭，约有24万人失学或流亡内地。至1938年年底，内迁的中等学校有203所。沦陷区的中等教育急剧萎缩，如南京在1936年有中学46所，学生2.4万余人；而到1945年日本投降时，全市仅有中学15所，学生不足6000人。

初等教育方面，战前全国有小学32万余所，在校学生1836万人。至 1938 年 10 月，有近 13 万所学校关闭，25.7 万教师被迫失业，643.8 万人失学。战后，国民政府教育部的调查显示，沦陷区 16 省及北平、南京、上海、天津、青岛 5 市，原有中等学校 2676 所，损毁 1867 所；原有小学 206704 所，损毁 11863 所。

1946 年 6 月，国民政府教育部第 5 次统计汇编全国公私学校及社会教育机关战时财产损失，折合美金 2374435793 元。[①] 该统计尚不包括东北、港台地区和中共解放区的损失。

图书典籍蒙受巨大损失。在 1932 年一·二八事变中，淞沪地区 16 所高校遭受破坏，其中 12 所高校的图书资料全部或部分遭到破坏。商务印书馆附设的东方图书馆被日军焚毁图书 46.3 万余册。1937 年淞沪抗战爆发后，上海原有 100 余所公共图书馆被劫掠和焚烧的图书达 29 万余册，战后仅存较大图书馆 10 余所。

由于日军轰炸、劫掠以及学校迁徙，各地的图书典籍损失巨大。北平被劫掠、焚烧的公私图书达 58.6 万余册。其中，北平故宫博物院太庙图书分馆曾被日本宪兵两次搜查，1939 年 3 月，被日本宪兵搬走杂志 6551 册。清华大学损失图书 18 万余册，其中，因日机轰炸而损失珍本 1 万余册。北平师范大学图书馆损失图书 3.2 万册。私立民国大学图书馆馆藏中外书籍（内含珍贵版本图书）5.9 万多册，被日伪掠夺而去。

南京是图书损失的重灾区。金陵大学图书馆损失中文图书 7 万余册。中央大学图书馆战前藏书约 40 万册，战后仅剩 18 万册。江苏省立国学图书馆"文物之损失计藏书约 7 万册，印行秘籍约 9 万册"。设于夫子庙的南京市立图书馆，连同大成殿毁于战火，图书、杂志 20 余万册尽毁。江苏省立镇江图书馆、苏州图书馆损失图书 10

---

① 参见《全国各级学校及教育机关战时财产损失编制说明》，中国第二历史档案馆藏，全宗五（2），卷 584。

万余册。

南开大学图书馆被日机炸毁，损失图书近 10 万册（战后，从日本京都大学追回被劫图书 10566 册）。私立齐鲁大学被日军焚烧的图书计 12 万余册。山东省立图书馆损失图书 23.2 万册，存量不及战前藏量的 4%。浙江省立图书馆损失图书、杂志约 10 万册，国学书局版片 10 万余片。浙江大学损失图书约 3.2 万册。安徽省立图书馆原有图书 10 万余册，战时分藏桐城、立煌（今金寨）等地，悉遭日军焚毁。国立中山大学图书馆馆藏 35 万余册图书，因战事转移时被日军掠劫图书、杂志 20 多万册。广东省损失公共图书 62.4 万册、私藏图书 1.3 万册。桂林图书馆战前藏书 20 多万册，战后仅存 7 万余册。1938 年 4 月，湖南大学图书馆被日机炸毁图书 4.8 万余册。武汉大学图书在船运宜昌时被炸，141 箱图书沉入江底；船在巴县三峡触礁，又损失 2 万余册。远在西北的兰州图书馆，1939 年也遭日机轰炸，损失图书、期刊 3 万余册。

此外，侵华日军还设立专门机构专事掠夺中国珍贵图书典籍。如 1937 年 12 月成立的"华中占领地区图书文献接收委员会"，由日军特务部门主持组成，其任务是劫夺上海、南京、杭州等地的珍贵图书。自 1938 年 1 月下旬起，日军文化特务对南京 70 多处藏书地进行调查，部分善本被劫运日本。国民政府中央图书馆存在香港冯平山图书馆的善本 3.5 万余册，被劫藏于东京帝国图书馆及伊势原等处。

战前，中国图书馆计有 1848 所，因遭日军侵略摧残，1943 年统计时仅为 940 所，约为战前的 50.86%。[①] 据 1946 年 1 月国民政府教育部的不完全统计，全国抗战的 8 年间，全国图书损失为：公藏图书

---

① 参见国民政府教育部：《1937 年以来的中国教育》，中国第二历史档案馆藏，全宗五，卷 1695。

225.3 万余册，另 5360 种 411 箱 4.4 万余部；私藏图书 48.8 万余册，另 1.8 万余种 168 箱 1215 部。实际损失数远不止于此。日本侵华战争造成中国图书馆的破坏和图书损失，严重影响了中国文化教育事业的发展。

文物古迹惨遭掠夺损毁。日本在侵华战争期间，大肆掠夺和毁坏文物古迹，给中国这个历史悠久的文明古国造成了空前的劫难和无可挽回的损失。

日本一些以"考古"为幌子的学会、学者实为文化侵略者，这些组织或个人紧随日军的侵略步伐，对中国各地墓葬、遗址进行劫掠式考古调查与发掘，然后把珍贵文物劫掠回国。日本东亚考古学会等先后发掘貔子窝先史遗址、汉代牧羊城址、营城子汉墓、辽代遗址、渤海上京龙泉府的宫殿遗址、北大古城址、珲春八连城宫殿址；在华北、华中，发掘了邯郸赵王城遗址、齐国故城遗址及滕、薛二国故城遗址，曲阜汉鲁灵光殿遗址，商都殷墟遗址等。1938 年 5 月，松本信广等人在杭州、南京、信阳等地发掘，并将所得文物劫藏于日本庆应大学。

中国古建筑因轰炸、焚烧而遭受空前的劫难。堪称世界第一的南京砖石城墙，中华门城堡箭楼、光华门城墙、中华门城墙大部分被炸毁。1937 年 12 月，日军在镇江焦山古寺放火，碧山庵、松寥阁、水晶庵被付之一炬，定慧寺被烧毁古建筑 119 间。南京夫子庙的棂星门、大成殿与所有配殿、楼阁悉遭破坏，南郊的牛首山古寺庙被炸毁，秦淮河一带大片明清民居沦为废墟。1938 年 8 月，有 1200 余年历史的北平云居寺，也因日机轰炸而夷为平地。

日军盘踞山西期间，方山、襄垣、汾阳 3 县即有 279 处颇具价值的古代建筑被烧毁。山西沁县被日军毁坏的古代寺庙庵观，就有北魏时期的乔村永泰寺、开村普兴寺，唐代的南景圆通寺、仁胜广济寺，宋代的乌苏大明寺，元代的端村永庆寺，明代的烟立福兴寺、北漳石佛寺等 36 处。内蒙古台庙土爱召，气势恢宏，有庙亭 259 间、正殿

49 间，两旁建有钟鼓楼，内供奉伊克昭盟七族祖先的 13 座塔坟，全部采用银质建造并镀金裱。1941 年 2 月 9 日，日军闯入王爱召洗劫 3 天，把嵌有金银的佛像、马鞍、弓箭、壁挂及珍贵的经卷等抢劫一空后，将该寺焚毁殆尽。

1938 年 4 月，日机轰炸长沙，创建于宋太祖开宝九年（976 年）的岳麓书院被毁。1940 年，日军为修建兵营，拆毁湖北荆沙地区 20 余处名胜古迹。为修建飞机场，日军拆毁了具有 1500 余年历史的荆州承天寺。

日军对寺庙、碑塔、庐墓的破坏，则以山西、山东、河南为最烈，可谓无庙不毁。高密的晏子像、菏泽的僧格林沁像、郯城的孝昌碑和郯子墓、沂水的古塔、安阳的玄庙观和南阳的诸葛庐等所有的古物、古迹和建筑，均先后被毁。

中国的博物馆也遭受严重损毁。上海博物馆在 1937 年八一三抗战中被日军炸毁。战前，全国较有影响的博物馆有 37 家，到 1944 年仅存 18 家，较战前减少一半以上。其他如附设于学校或图书馆中的博物馆则有 3／4 被毁。中央博物院筹备处存于北平，由王振铎保管的书籍、拓本、字画及器物共 88 件，在北平沦陷后被劫。"北京人"头盖骨化石在转运中失踪，更成为世界科学史上的重大损失。

1946 年，国民政府教育部编制的《中国战时文物损失数量及估价总目》，收录 17 个省（东北除外）的图书、文物、字画、碑帖、古迹、古建筑等损失，计 360 余万件又 1870 箱，古迹 741 处。

日本侵略者对中国文化的破坏、对典籍古物的毁坏和劫夺，给中国造成了亘古未有的巨大灾难和无可挽回的巨大损失。

第九章　中国战场实行局部反攻，
　　　　与盟军共同展开对日战略反攻

1943 年是世界反法西斯战争发生根本性转折的一年。同盟国军队在各个战场陆续转入战略反攻和战略进攻。中国战场也于秋季开始，陆续转入战略反攻。中国军队的反攻作战，给日军以越来越沉重的打击，中国抗日战争已胜利在望。

一、世界反法西斯战争的战略转折与
　　中国大国地位的初步确立

1. 同盟国展开战略反攻与进攻，日本内外交困

世界反法西斯战争进入 1943 年以后，苏联和英美等同盟国军队在苏德战场、北非战场和太平洋战场，相继取得了斯大林格勒战役、瓜达尔卡纳尔岛战役等重大胜利，夺取了战争主动权，从而使这场世界大战发生了有利于同盟国的根本性转折。随后，同盟国乘胜展开战略反攻。在非洲战场，美英盟军于 1943 年 5 月将德意军队赶出北非，胜利结束非洲战事。7 月，美英盟军进击意大利。9 月，意大利投降，退出法西斯轴心国，并对德国宣战。从此，德、日、意法西斯轴心解体。1944 年，苏军连续发动大规模的攻势作战，把战争推向东欧和德国本土。美英盟军诺曼底登陆成功，开辟了欧洲第二战场。在亚洲、太平洋战场，盟军先后实施了收复新几内亚全岛之

战、马绍尔群岛战役、马里亚纳群岛战役和莱特湾海战等，沉重打击了日本侵略军，在客观上为中国战场实施对日局部反攻创造了有利条件。

日本法西斯为应付日趋不利的战争形势，从 1943 年起采取多种措施，以求摆脱被动局面。一是强化对中国占领区内战略物资的掠夺，并加紧扶植汪伪政权，以便从中国战场抽调出更多物资和兵力投入太平洋战场，企图夺回战争主动权。二是建立"大东亚共荣圈"，企图将中国、泰国、菲律宾、缅甸等被占领国家和地区紧紧绑在日本的战车上。三是收缩防线，建立所谓的"绝对国防圈"，准备与同盟国决战。但这些措施收效有限，无法从根本上挽救日本法西斯覆亡的命运。

长期对外侵略战争的巨大消耗，使日本国民经济不堪重负，日本国内的经济、政治危机不断加深。太平洋战争爆发后，日本进一步强化了以军需生产为主的战时经济体制。然而由于国内资源贫乏，随着从国外掠夺的战略物资不断减少，日本不惜极度压缩民用生产，对军需工业实行超重点生产，从而极大地破坏了其社会经济结构。至 1944 年，日本的战时经济体制已面临崩溃的危险。同时，日本法西斯发动的侵略战争，给日本人民也带来了深重的灾难，日本人民的反战斗争不断高涨。到战争后期，日军内部士兵装病、自杀、逃亡、拒绝作战甚至主动携械投降等反战厌战事件屡有发生。

军事失利、经济凋敝、国内人民的不满，直接影响到日本法西斯政权的稳定。1944 年 7 月，东条英机内阁被迫总辞职。东条英机政权的垮台，表明日本的政治危机在不断加深。

2. 中、美、英开罗会议进行战略协调

1943 年秋后，尽管法西斯轴心已经解体，同盟国掌握了战争主动权，但德、日法西斯军队仍在顽抗。中、美、英三国为进一步加强合作，协调彼此间的军事行动，推动反法西斯战争早日结束，并就战后重建等重大问题交换意见，于 11 月下旬在埃及首都开罗举行首脑会议。这是第二次世界大战期间中国唯一一次参加的同盟国首脑会议。

开罗会议主要讨论了军事问题和政治问题。除全体会议外，蒋介石代表中国政府分别与英国首相丘吉尔、美国总统罗斯福进行了多次会谈。关于军事问题，三国首脑一致认为，中、美、英三国应参加对日本的共同作战，直到使其无条件投降。在具体作战方向上，三国主要讨论了反攻缅甸的问题。关于政治问题，三国主要讨论了战后的中国问题、处置日本问题、亚洲被压迫民族问题和成立新的国际组织问题等。最后，中、美、英三国共同签署了《开罗宣言》。

1943 年，参加开罗会议的中、美、英三国元首和军事将领等人合影。

　　《开罗宣言》于1943年12月1日正式发表。该《宣言》指出：中、美、英三大盟国此次进行战争的目的，在于制止及惩罚日本之侵略。"三国之宗旨，在剥夺日本自从一九一四年第一次世界大战开始后在太平洋所夺得或占领之一切岛屿，在使日本所窃取於中国之领土，例如东北四省，台湾，澎湖群岛等，归还中华民国。其他日本以武力或贪欲所攫取之领土，亦务将日本驱逐出境。""我三大盟国，将坚忍进行其重大而长期之战争，以获得日本之无条件投降。"①

　　开罗会议是反法西斯同盟国召开的共同讨论有关战争问题的重要会议。中国参加此次会议，与美、英共同就对日作战行动进行协调，并就战后重建等一些重大国际问题交换意见，这充分显示了国际反法西斯力量团结一致、加速打败日本法西斯的决心。《开罗宣言》不仅确认台湾等是中国领土，肯定中国收复失地的神圣权利，而且强调要将反法西斯战争进行到底，直到日本无条件投降，这对中国和亚洲其他各国抗日军民来说都是极大的鼓舞。《开罗宣言》还成为战后处置日本问题的重要法理依据。

刊载《开罗宣言》的1943年12月3日《大公报》（桂林版）。

---

①　中国第二历史档案馆编：《中华民国史档案资料汇编》第五辑第二编军事（五），江苏古籍出版社1998年版，第979页。

3. 中国参与联合国的创建

随着世界反法西斯战争发生根本性转折，同盟国开始越来越多地考虑如何巩固战争胜利成果、维护战后世界和平与安全等重大问题。于是，成立新的国际组织——联合国，逐步被提上同盟国的议事日程。

1943 年 10 月 30 日，中国与美、英、苏三国共同签署了《关于普遍安全的宣言》，迈出了创建联合国的关键一步。该《宣言》宣布：四国将建立一个普遍性的维持国际和平与安全的国际组织；在新的国际组织成立之前，四国将彼此磋商，以代表国际社会采取共同行动。中国参与签署此《宣言》，表明中国对建立新的国际组织承担义务，同时也显示出中国将在其中处于重要的地位。

为具体落实《关于普遍安全的宣言》有关要求，1944 年 8 月至 10 月，中、美、英、苏四国代表在华盛顿附近的敦巴顿橡树园举行会议，共同拟定联合国机构的组织草案。1945 年 4 月至 6 月，中国与美、英、苏三国共同发起召开了旧金山会议，世界上 50 个国家的代表与会，讨论制定《联合国宪章》。中国组成了以宋子文为团长，由国民党、共产党及其他民主党派、无党派人士参加的代表团。中国共产党代表董必武作为中国政府代表团成员之一参加了会议。会议期间，中国代表团坚持正义，主持公道，为会议的成功召开发挥了重要作用。如中国代表团提出的建立新的托管制度，使托管领土朝着独立和自治方向发展的建议，被会议采纳并写进《联合国宪章》中。这是中国对世界民族解放运动的重大贡献。

会议最后通过了《联合国宪章》，并举行了签字仪式。董必武与中国代表团其他成员一起在《联合国宪章》上签字。《联合国宪章》经中、苏、英、美等多数签字国批准后，于 10 月 24 日生效。根据《联合国宪章》的规定，中国不仅是联合国创始会员国，而且还是安全理事会 5 个常任理事国之一，这标志着中国的大国地位得到了国际法的确认。

需要指出的是，中国虽以大国身份参与了联合国的创建，但仍是一个大而弱的国家，一个正在为摆脱殖民统治、争取民族独立而奋斗的国家。因此，中国一直主张消灭战后的殖民主义，主张民族与种族平等，反对强权政治，强调国家主权和领土完整，积极表达弱小国家的心声。中国这种独特的作用是其他几个大国所难以替代的。

二、敌后战场的局部反攻

1. 八路军揭开中国战场战略反攻的序幕

在世界反法西斯战争发生根本性转折的有利形势下，作为中国抗战主战场的敌后战场也出现了重要转折。特别是华北敌后抗日根据地自 1943 年起陆续进入恢复和再发展的新阶段，广大抗日军民把斗争的焦点逐渐引向敌占区，在斗争中逐渐由被动转为主动。从 1943 年秋季起，日军在华北敌后战场逐渐失去主动权，而力量正处于上升阶段的八路军在一些地区开始占有相对优势，并首先发起攻势作战，揭开了中国战场战略反攻的序幕。

1943 年 7 月，在日军配合下，伪暂编第 24 集团军由河南省新乡至安阳间平汉线各要点及其两侧地区出动，侵占八路军太行抗日根据地的林县县城及其周围地区和冀鲁豫抗日根据地卫河以南部分地区。为粉碎日伪军在太（行山）南扩张的企图，保卫和扩大抗日根据地，在八路军总部统一部署下，冀鲁豫军区和第 129 师兼太行军区分别组织了卫（河）南战役和林（县）南战役。

7 月 30 日，冀鲁豫军区集中主力一部，在地方武装的配合下发起卫南战役，先后向侵入长垣县、滑县的伪军发起进攻。进犯的伪军大部被歼，残部逃回卫河以西地区。至 8 月中旬，卫南战役胜利结束。八路军共歼灭伪军 5600 余人，收复和开辟了卫河以南地区。

8月18日，林南战役打响。第129师集中太行军区、冀南军区所属主力部队，编成东、西两个作战集团，向侵入林县及其周围的日伪军发起进攻。激战至8月27日，林南战役结束。八路军共歼灭日伪军7000余人，解放了林县以南、辉县以北拥有40余万人口的广大地区。

继卫南、林南战役之后，八路军山东军区于1943年11月在鲁南、滨海等地区发起攻势作战。11月15日，鲁南军区所部向盘踞费县东柱子村一带的伪军刘桂堂部发起进攻，歼其1100余人，攻克据点12处，改善了鲁南地区的抗日斗争局面。11月19日至20日，滨海军区所部进行了赣榆战役，歼灭伪军2000余人，拔除据点10余处。12月4日，鲁中军区集中约5个团的兵力，向盘踞鲁山山区的伪军吴化文部发起进攻。经4昼夜激战，歼灭该部1000余人，攻克据点20余处。

卫南、林南战役和山东军区讨伐伪军的战役，是八路军主动发起的较大规模的进攻作战，是华北敌后抗日军民经积蓄力量、发展壮大后准备反攻的必然结果。这说明，八路军已在一定程度上夺取了战场主动权，具备了攻势作战的能力，局部反攻的条件开始成熟。

2.局部反攻在敌后战场的全面展开

1944年，日军中国派遣军抽调大量兵力实施打通大陆交通线的作战，并抽调一部兵力支援太平洋战场，中国敌后战场的日军兵力大为减少。八路军、新四军和华南人民抗日游击队到1943年年底已度过最困难的时期，敌后抗日根据地的军事、经济实力有所增强。根据新的形势，中共中央确定1944年的斗争方针是：继续团结国民党共同抗日，集中力量打击日伪军，巩固与扩大抗日根据地。从1944年起，华北、华中、华南敌后抗日军民对日伪军普遍展开局部反攻。这种反攻，从春季到冬季，此起彼伏，持续不断。

山东军区为攻歼大股伪军和拔除深入抗日根据地内的日伪军据

点，连续发动了春、夏、秋、冬季攻势，进行了沂水战役、莒县战役及讨伐伪军吴化文部、荣子恒部战役等作战。在一年的攻势作战中，山东军区共歼灭日伪军近 6 万人，收复县城 9 座、国土 4 万余平方公里，解放人口约 930 万。

晋冀鲁豫边区为进一步突破日伪军的封锁线和扩大抗日根据地，于 2 月至 8 月连续实施了春、夏季攻势；从 9 月起，又展开了向敌占城镇和交通线推进的秋、冬季攻势。在一年的攻势作战中，晋冀鲁豫边区部队共歼灭日伪军 7.6 万余人，收复县城 11 座、国土 6 万余平方公里，解放人口 500 余万。

晋察冀军区在春、夏季攻势中，一面巩固抗日根据地的基本区，一面积极向游击区和敌占区伸展。随后，又进行了以摧毁抗日根据地内的日军铁路、公路线为主要目标的秋、冬季攻势。在一年的攻势作战中，晋察冀军区共歼灭日伪军 4.5 万余人，拔除敌据点、碉堡 1600 多处，解放人口约 758 万。

晋绥军区在春、夏季攻势中，对深入抗日根据地内的日伪军孤立据点展开了围困战，拔除了不少据点。晋绥边区行政公署和晋绥军区司令部还颁令嘉奖了参加围困忻县西北蒲阁寨据点斗争的部队和民兵，推广围困战的经验。8 月下旬至 9 月底，晋绥军区又展开了以攻歼忻（县）静（乐）、离（石）岚（县）公路沿线日伪军为重点的秋季攻势。晋绥军区经过一年的对敌斗争，共拔除日伪军据点 100 余处，解放村庄 3100 余个、人口 40 余万。

新四军第 1 师兼苏中军区在春季攻势中，于淮安、宝应以东地区组织了车桥战役，歼灭日伪军 900 多人，解放了淮安、宝应以东纵横 50 公里的地区；在夏、秋季攻势中又拔除敌据点数十处，并打破了日伪的"扩展清乡"和"强化屯垦"计划。新四军第 3 师兼苏北军区在春、夏、秋季攻势中，收复了 1942 年冬被日伪军"扫荡"时侵占的大部分地区及六塘河两岸地区，还开辟了部分新区。新四军第 4 师兼淮北军区在春季攻势中拔除了灵璧、睢宁、泗县等地的一些日伪军据点，控制了睢泗公路全线。新四军第 5 师在春、夏季攻势中拔除了潜江、石首、黄冈等地日伪军据点多处，并开辟了部分新区。新四军第 6 师第 16 旅在秋、冬季攻势中收复了溧阳、郎溪、广德、长兴间大部分地区，使苏南抗日根据地扩大到宣（城）长（兴）公路以北地区。新四军第 2 师兼淮南军区、第 7 师兼皖江军区及浙东地区的新四军部队，在 1944 年也对日伪军进行了积极的攻势作战。1944 年，华中敌后抗日根据地军民共歼灭日伪军约 5 万人，收复国土 7400 余平方公里，解放人口 160 余万。

华南人民抗日游击队为打击和钳制日军，配合国民党军在湘桂、粤汉铁路沿线等地的作战，于 1944 年春季开始对敌占城镇和交通线展开攻击。东江纵队以广九铁路为作战重点，多次袭击铁路沿线的车站及其两侧的日伪军据点，并以一部向港九地区出击，一部挺进粤北，开辟新区。战斗在珠江三角洲的人民抗日武装于春、夏季攻势中，拔除部分日伪军据点，扩大了抗日根据地；10 月后以一部向粤中挺进，开辟新区。在海南岛，琼崖独立总队（1944 年秋，改为广东省琼崖抗日游击队独立纵队，简称"琼崖纵队"）在除五指山中心区外的各地展开攻势作战，开辟了白沙县阜龙乡抗日根据地。华南人民抗日游击队在一年的作战中，巩固了东江、珠江地区原有抗日根据地，开辟了粤北、粤中部分新区，发展了潮（州）汕（头）地区和雷州半岛的抗日游击战争。

3. 开辟战略新区

1944 年，日军通过发动打通中国大陆交通线的作战及浙东作战，相继占领了豫、湘、粤、赣、桂等省大部地区，并控制了闽、浙沿海地区。在国民党军正面战场作战失利的情况下，中共中央先后令八路军、新四军各一部向河南、湘粤赣边、苏浙皖边敌后进军，以拯救沦陷区人民，开辟战略新区，建立和扩大战略反攻基地，并为盟军可能在中国东南沿海的登陆作战创造条件。

向河南敌后进军的任务是由八路军和新四军共同完成的。

为扩大豫东抗日根据地，自 1944 年 6 月起，中共中央冀鲁豫分局和八路军冀鲁豫军区陆续抽调兵力进入水东和水西①地区，巩固、扩大了水东抗日根据地，开辟了水西抗日根据地。至 1945 年 7 月，八路军在豫东 14 个县建立了抗日民主政权。

为开辟豫南敌后新区，自 1944 年 7 月起，新四军第 5 师先后几次抽调部队北渡淮河，进入豫南敌后开展游击战争。到 1945 年 4 月，第 5 师挺进河南敌后的部队开辟了东西宽 70 余公里、南北长近 100 公里的抗日根据地，建立了 7 个县的抗日民主政权。

为恢复豫皖苏边区，1944 年 8 月，新四军第 4 师主力由淮北区西进。在新四军第 3 师一部的协助下，至同年 12 月，第 4 师控制了东起津浦路、西至商（丘）亳（县）公路、北自陇海路、南迄涡河的广大地区，胜利完成了收复原豫皖苏边区的任务。新四军第 4 师师长彭雪枫在率部西进作战中不幸牺牲，时年 37 岁。中共中央及华中局、新四军军部，分别为这位英年早逝的新四军将领举行了隆重的悼念活动。

为开辟豫西地区，1944 年 9 月至 11 月，以八路军太行、太岳军区及驻陕甘宁边区部队组成的 4 个支队，先后渡过黄河，挺进豫西，开展游击战争。同年年底，中共中央党校干部 100 余人和晋绥军区一部也奉命进入豫西。1945 年 2 月，八路军在豫西成立河南军区，王树声任司令员，戴季英任政治委员，统一领导当地的抗日斗争。3 月，太行军区又抽调部队组成 1 个支队进入豫西。至 5 月底，八路军在豫

---

① 1938 年 6 月，郑州以北的花园口黄河大堤被炸后，黄河改道流向东南，形成新黄河，把豫东分成水东、水西两个地区。

西开辟了拥有 20 个县、300 余万人口的抗日根据地。

经八路军、新四军的共同努力，开辟了豫西，发展了豫南，扩大了豫东，恢复了原豫皖苏边区，进一步打通了华北与华中的联系，基本达到了控制中原的战略目的。

向湘粤赣边进军的，主要是陕甘宁晋绥联防军所属第 359 旅一部。

1944 年 9 月，中共中央决定由第 359 旅组成南下支队，分批南下，首先在湘中创立以衡山为依托的抗日根据地，尔后打通与广东东江纵队的联系，造成南方一翼。11 月 9 日，由第 359 旅一部组成的八路军独立第 1 游击支队（通称"南下支队"）从延安南下。1945 年 1 月，该部进抵湖北大悟山与新四军第 5 师会师，继而渡过长江，进入鄂南；3 月，进入湖南平江，改称湖南人民抗日救国军。后该部转至湘鄂赣边开展游击战争，准备等后续部队到达后再一同南进。

1945 年 6 月，由第 359 旅另一部和陕甘宁晋绥联防军警备第 1 旅一部组成的八路军游击第 2、第 3 支队从延安南下。此时，欧洲战事已结束，日本法西斯行将崩溃。中共中央放弃在湘中建立抗日根据地的计划，要求南下支队及八路军游击第 2、第 3 支队均取道敌占区南进，直至湘粤边界，打通与华南人民抗日游击队的联系，创立五岭①抗日根据地。据此，南下支队主力于 7 月上旬从大幕山出发，向湘粤赣边挺进。8 月 28 日，部队到达粤北南雄县百顺地区，但因受国民党顽固派军队的围攻，难以立足。该部于 9 月奉命北返，并于 10 月在礼山地区与新四军第 5 师再次会师。八路军游击第 2、第 3 支队于 8 月中旬进至河南省新安地区时，日本已宣布投降，旋即转赴东北。

南下支队向湘粤赣边进军，历时近一年，转战陕、晋、豫、鄂、湘、赣、粤 7 省。虽然由于形势发生变化，未能实现创建五岭抗日根

---

① 五岭，指越城岭、都庞岭、萌渚岭、骑田岭、大庾岭。

据地的战略目的，但推动了所经地区人民的抗日斗争，扩大了共产党及八路军的影响，增强了中原抗战的力量。

向苏浙皖边进军的主要是新四军第1师主力。

日军占领闽、浙两省沿海地区后，中共中央于1944年9月27日电示华中局，要求对苏浙皖地区工作作出新的部署，以创造配合盟军登陆的有利条件。11月26日，中共中央进一步指示，新四军应以南下发展苏浙皖地区为主要任务。中共中央华中局迅速作出具体工作部署。

1944年12月27日，新四军第1师师长粟裕率该师3个团和一批地方干部渡江南下，1945年1月到达浙江省长兴地区与第16旅会合，随即成立苏浙军区，粟裕任司令员，谭震林任政治委员（未到职），统一指挥苏南和浙东地区的新四军部队。2月，苏浙军区部队由长兴地区南下，开辟了莫干山区，并以一部挺进安徽省广德以南地区。第3战区国民党顽固派军队为消灭南下的新四军，在孝丰、天目山地区两次进攻苏浙军区部队。新四军被迫进行了两次天目山自卫反击作战，击退了国民党顽固派军队的进攻。4月，第1师又增派教导旅渡江南下，编入苏浙军区。五六月间，苏浙军区部队又一次打退了国民党顽固派军队的进攻，取得了第三次天目山反顽作战的胜利。

新四军南下苏浙皖边的部队克服困难，英勇作战，有力地打击了日伪军，粉碎了国民党顽固派军队的进攻和阻挠，开辟了苏浙皖边敌后新区。

在1944年的局部反攻中，敌后抗日军民共歼灭日伪军约31万人，收复县城16座、国土8万余平方公里，解放人口约1200万。不过，由于敌后战场敌强我弱的态势还没有根本改变，这些局部反攻是以集中适当兵力作战与分散的群众性游击战相结合、军事攻势与政治攻势相结合、战略内线与战略外线相结合进行的，并掌握着先打弱敌、后打强敌的作战指导原则，同时逐渐实行以游击战为主向以运动战为主的军事战略转变。

4. 进一步扩大解放区、缩小沦陷区

1945 年年初，同盟国军队在欧洲战场已逼近德国本土。5 月，德国法西斯战败投降，欧洲战事结束。在太平洋战场，战火正逐步逼近日本本土。1945 年 6 月，美军攻占冲绳岛，打开了日本本土南部的门户。在中国战场，中共领导的敌后抗日军民经过 1944 年一年的局部反攻，迫使日军放弃了一些次要据点，逐渐向大中城市、交通要道和沿海一带集中，其处境日益被动。为作垂死挣扎，日军大本营在加强本土决战准备的同时，指示中国派遣军收缩在华兵力，以加强华北和华中战场重点地区的守备。

敌后抗日根据地军民经过 1944 年的局部反攻和此前已开始的整风、大生产运动，在政治、经济、军事等方面都得到了很大的加强，从而为进行更大规模的攻势作战奠定了基础。根据国内外形势的变化，毛泽东在 1944 年 12 月指出，1945 年敌后抗日军民的首要任务是"消灭敌伪，扩大解放区，缩小沦陷区"。[①] 同时，中共中央要求在 1945 年切实做好扩大解放区的工作。1945 年，解放区军民向日伪军发起了更为猛烈的春、夏季攻势。

山东军区在春、夏季攻势中先后组织了多次进攻战役，对山东境内的大股伪军荣子恒部、赵保原部、张景月部、厉文礼部、张步云部等进行了讨伐，并拔除了解放区内一些孤立的日伪军据点，歼灭了大量伪军，收复了大片国土。仅胶东军区在玩底（今万第）战役中即一举歼灭伪军 1.2 万余人。

晋冀鲁豫边区的春季攻势以扫清残存在解放区内和边沿地区的日

[①] 《毛泽东军事文集》第二卷，军事科学出版社、中央文献出版社 1993 年版，第 739 页。毛泽东在此时发出"扩大解放区，缩小沦陷区"的号召后，抗日根据地逐步改称解放区。

伪军据点及开辟豫北、晋南新区为主要目标，夏季攻势以打击平汉线两侧及鲁西、晋南地区日伪军为主要目标。为此，太行、太岳、冀鲁豫军区部队先后进行了道清战役、豫北战役、南乐战役、阳谷战役、安阳战役等作战，并均取得胜利，共收复县城 10 余座。

晋察冀军区的春、夏季攻势，以收复解放区边沿地区的敌占城镇和打击平绥线两侧及锦（州）承（德）线以南地区的日伪军为主要目标，先后进行了任（丘）河（间）、文（安）新（镇）、安（平）饶（阳）、雁（门关）北、察（哈尔）南、热（河）辽（宁）、子牙河等战役战斗，收复县城 10 余座，扩大解放区数千平方公里。

晋绥军区在春季攻势中控制了离岚公路绝大部分路段，扩大解放区 3800 平方公里。在夏季攻势中，晋绥军区部队以夺取忻（县）静（乐）、神（池）义（井）公路为重点，加紧围困静乐城和义井镇等地之敌，并肃清了清水河以南的日伪军。

新四军抓住华中日军调整部署、向沿海地区收缩兵力的有利时机，发动了 1945 年春、夏季攻势，集中部分主力向敌守备薄弱的城镇和据点展开进攻。新四军第 3 师兼苏北军区部队进行了阜宁战役及讨伐伪第 2 方面军等作战，解放了盐城、阜宁以东及灌河以北广大地区。新四军第 4 师兼淮北军区部队进行了宿（县）南、睢宁战役等作战，收复泗阳、睢宁等县城，并使淮北津浦路西解放区的 8 个县连成一片。新四军第 2 师兼淮南军区部队拔除了盱（眙）蚌（埠）公路沿线日伪军据点多处，袭击了嘉山、盱眙等县城。新四军第 5 师兼鄂豫皖湘赣军区部队恢复了白兆山和四望山解放区，扩大了豫中、鄂中、鄂南等基本区。新四军第 7 师兼皖江军区部队解放了彭泽、至德（今东至）之间部分地区，拔除了巢湖南岸巢（县）盛（家桥）公路沿线部分日伪军据点。新四军苏中军区部队解放了兴化、高邮、宝应地区 2400 平方公里的水网地带。

华南人民抗日游击队 1945 年的春、夏季攻势，以湘粤桂边、湘粤赣边为主要作战方向。自2月起，东江纵队以一部向粤北敌后挺进，以一部向广九线两侧和海陆丰等地出击，打击敌人，开辟新区。此前，在珠江三角洲和粤中活动的人民抗日武装分别成立了珠江纵队和广东人民抗日解放军。珠江纵队以一部挺进西江、开辟新区，另一部留在原地，坚持斗争。广东人民抗日解放军则以一部留在高明、鹤山等地活动，以一部向恩平、阳春等地挺进，开辟新区。在海南岛，琼崖纵队解放了琼山、陵水、崖县等地，并巩固了以白沙为中心的解放区。1945年夏，为打通与八路军南下支队的联系，东江纵队、珠江纵队各一部挺进粤北，向北江地区发展，但因国民党顽固派军队阻挠，未能实现与八路军南下支队会师的计划。这一时期，雷州半岛、梅（县）（大）埔、潮汕地区的人民抗日武装也有了较快的发展，分别成立了广东南路人民抗日解放军、广东人民抗日游击队韩江纵队。

在1945年的春、夏季攻势中，仅八路军、新四军即歼灭日伪军16万余人，收复县城60余座，扩大解放区24万余平方公里，解放人口近1000万。同时，人民抗日武装力量得到空前的发展。到1945年夏，八路军、新四军和华南人民抗日游击队已发展到90余万人。

解放区军民在进行局部反攻的同时，还根据战争形势的变化，加强了在敌占城市和交通要道的工作，进行了以改进部队思想政治工作和提高技战术水平为主要内容的冬季大练兵运动，改进和加强了后勤工作，加速实行以游击战为主向以运动战为主的军事战略转变，从而为全面反攻做了切实而有效的准备。

三、缅北、滇西反攻作战的胜利与 豫湘桂战场的大溃败

1. 中国驻印军、远征军反攻缅北、滇西的作战

1942年5月，缅甸失陷对同盟国的总体战略产生了十分不利的

影响。从缅甸失陷起，同盟国即开始考虑反攻缅甸的问题，特别是中国一直在为反攻缅甸的军事行动做准备。

中国远征军在 1942 年入缅援英作战失利后，一部撤回云南，另一部撤到印度。为准备反攻缅甸，打通中国西南国际交通线，中国战区参谋长史迪威于 1942 年 6 月向蒋介石提出拨用中国所得租借物资中的装备，由美国军官在印度训练 10 万中国军队和在云南装备训练 30 个师的计划，得到蒋介石批准。1942 年 8 月，国民政府军事委员会成立中国驻印军总指挥部，负责中国驻印部队的整训。1943 年 2 月，国民政府军事委员会重建远征军，任命陈诚为司令长官（后由卫立煌接任），负责第二批远征军的整训。

1943 年春，中国驻印军首批部队基本完成整训，随即派出一部自印度东部阿萨姆的利多进入野人山，掩护中美工兵部队修筑中印公路，并逐步向缅北推进。9 月，中印公路已通至南阳河附近，中国驻印军主力则集结于利多附近。反攻缅北、打通中印公路的时机渐趋成熟。10 月下旬，中国驻印军在英美军各一部的配合下，向缅北日军发起反攻。至 1944 年春，中国驻印军已推进至孟拱河谷。

1944 年 3 月，侵缅日军向印度科希马和英帕尔发动进攻。为牵制缅北日军、策应英军作战，中国应盟军东南亚战区统帅部的请求，于 4 月上旬紧急空运两个师到印度接受美械装备，随即投入反攻缅北的作战。至此，中国用于反攻缅北的兵力已达 5 个师。6 月，中国驻印军攻占孟拱城；8 月，攻克密支那。随后，中国驻印军利用雨季进行休整，并奉国民政府军事委员会命令将反攻缅北的 5 个师编成 2 个军，即新编第 1 军和新编第 6 军。10 月中旬，中国驻印军结束休整，分两路向瑞姑、八莫等地日军发起攻击，并于 1945 年 3 月 30 日与英军会师乔梅，胜利完成了反攻缅北的作战任务，不久相继回国。

为策应中国驻印军反攻缅北和英军在印度英帕尔的作战，并打通中印公路，中国远征军在美军第 14 航空队配合下，于 1944 年 5 月向滇西日军发起反攻。鏖战至 11 月，收复了松山、腾冲、平戛、龙陵等地。滇西残余日军退守芒市等地顽抗。中国远征军又一鼓作气攻克芒市、遮放。日军残部退向畹町。中国远征军乘胜沿滇缅公路及其两侧攻击前进，于 1945 年 1 月攻占畹町，继而进入缅甸追歼日军。1 月 27 日，中国远征军与中国驻印军在芒友胜利会师，中印公路全部打通。次日，两军在芒友和畹町分别举行会师典礼和中印公路通车典礼。至此，滇西反攻胜利结束，中国远征军陆续回国。

从 1943 年 10 月至 1945 年 3 月，中国驻印军和中国远征军在缅北、滇西反攻中，收复缅北大小城镇 50 余座，收复滇西失地 8.3 万平方公里，共歼灭日军 4.9 万余人。中国军队也付出了重大牺牲，伤亡官兵约 6.7 万人。

反攻缅北、滇西作战的胜利，具有重要的意义和影响。它不仅打通了中国西南国际交通线，把日军赶出了中国西南大门，支援了国内正面战场的作战，鼓舞了全国人民的抗战斗志，而且沉重打击了侵缅日军，为盟军收复缅甸创造了有利条件，并减轻了盟军在印缅地区和太平洋地区的压力，有力支援和配合了盟军的对日作战及东南亚人民的抗日斗争。同时，也弘扬了中国人民的国际合作精神和民族牺牲精神，提高了中国的国际声望，在中国抗战史上写下了光辉的一页。

2. 国民党军在豫湘桂战场的大溃败

自抗日战争进入战略相持阶段后，国民党当局在抗日上逐渐消极。太平洋战争爆发后，国民党当局进一步采取消极避战、保存实力、准备反共内战的政策，把抗战胜利的希望寄托在同盟国身上。从 1942 年至 1944 年春的两年多时间里，正面战场除了进行过几次"招架"性质的战役外，极少主动采取对日作战行动。国民党当局的消极避战，严重涣散了国民党军的抗战意志，进而严重削弱了军队战斗力。此外，一些国民党高级官员、高级将领及数十万军队打着"曲线救国"的幌子公然降日，成为可耻的汉奸、伪军，并专门与共产党及其领导的人民抗日武装为敌。

抗日战争进入1944年后，国民党当局继续消极避战、保存实力，幻想在战后消灭共产党。此时，日军突然向正面战场发动了一次规模空前的作战行动，国民党军竟出现了令人意想不到的大溃败局面，国民党当局由此陷入了前所未有的被动境地。

自1943年后，日军在太平洋战场屡遭失败，其海上交通运输日益困难，日本本土也开始受到同盟国空军的威胁。1944年1月，日军大本营为保持日本本土与东南亚占领区的联系，消除同盟国空军对其本土安全的威胁，并给中国正面战场军队以歼灭性的打击，摧毁中国政府继续抗战的意志，向日军中国派遣军下达了"一号作战"命令，决定投入50万兵力，占领并确保平汉铁路南部沿线要地及湘桂、粤汉铁路，摧毁铁路沿线地区的同盟国空军主要基地，贯通从中国直到越南的大陆交通线。

1944年4月中旬，日军华北方面军开始实施平汉线作战，向河南省中西部地区发起进攻。中国第1战区除洛阳等地的守军进行了较为顽强的抵抗外，多数守军一触即溃，甚至不战而退，日军很快即打通了平汉线。5月下旬，日军实施湘桂线作战，以第11军向湖南发动进攻。中国守军防线被迅速突破。6月下旬，衡阳陷入日军包围之中，衡阳守军进行了顽强的守城作战，给日军以很大杀伤，但第9战区始终未给衡阳守军解围。8月8日，在弹尽粮绝、孤立无援的情况下，守军第10军军长方先觉下令投降，衡阳陷落。守城官兵英勇奋战40多天的成果被断送。9月，日军第11、第23军又分别从湖南、广东向广西发起进攻，并于11月侵占了桂林、柳州。12月，日军第23军与由越南北上的第21师团在扶绥县南的绥渌会合。至此，日军在形式上完成了打通大陆交通线的任务。1945年1月至2月，日军又打通了粤汉路南段，占领并炸毁了江西遂川、赣州等地的空军机场，其"一号作战"到此结束。

豫湘桂作战，以国民党军的惨败而告终。国民党军损失近 60 万人，丢失大小城市 146 座、空军基地 7 个、飞机场 36 个，丧失国土 20 多万平方公里，使 6000 万同胞陷于日军的铁蹄之下，使中国人民的生命财产再度遭受了巨大的损失。

在世界反法西斯战争节节胜利的形势下，中国正面战场出现的大溃败损害了中国在世界反法西斯战争中的形象。同时，这次大溃败引起了国内各阶层人民对国民党当局反动、独裁统治的普遍不满和愤怒，国人进一步认清了国民党当局的腐败无能及其错误政策的严重危害，国民党当局威信扫地，进一步失去民心，大后方要求改革政治的民主运动一浪高过一浪。与此同时，越来越多的国人把实现民主、争取抗战胜利的希望寄托在中国共产党身上。正如当时美国驻华使馆人员在给美国政府的报告中所指出的那样："国民党与蒋委员长的地位是到了过去十年来最微弱无力的地步"，正在失掉中国的支持；与此形成鲜明对照的是，"共产党的政府和军队，是中国近代史中第一次受有积极的广大人民支持的政府和军队"，"共产党将在中国存在下去。中国的命运不是蒋的命运，而是他们的命运"。①

对日军而言，"一号作战"虽打通了平汉、粤汉、湘桂铁路线，但日军根本无力保障它们的运行安全，大陆交通线始终未能全线通车，其战略意图实际上未能实现。另外，日军在作战中还消耗了大量的人力物力，从而使原本就不足的兵力更加分散和捉襟见肘，战略态势更为不利，从而加速了日军在中国战场的失败。

"一号作战"结束后，侵华日军于 1945 年 3 月至 4 月接连向豫西、鄂北和湘西地区发动进攻，企图摧毁鄂西北老河口机场和湘西芷江机

---

① 《美国与中国的关系》（白皮书）附件，第三章，见《中美关系资料汇编》第一辑，世界知识出版社 1957 年版，第 590、596 页。

场，打击中美空军力量和当地中国守军，以确保其华北、华中主要交通线的安全。在此情况下，国民党军队在豫西、鄂北地区抗击日军的进攻，歼灭日军1.5万余人；在湘西地区，与来犯日军展开激战，毙伤日军2.4万余人；并乘侵占广西的日军收缩撤退之际尾追而进，至8月中旬将桂柳地区全部收复。此时，日本已宣布投降，整个正面战场的对日作战行动也就此结束。

四、中国人民为争取抗战胜利与
##　　成立民主联合政府的斗争

1. 制止国民党顽固派的第三次反共高潮

1943年3月，蒋介石出版了《中国之命运》一书。该书系统表达了蒋介石专制独裁的立场、观点和政策，攻击矛头直指中共及民主党派，暗示两年内要消灭中国共产党。该书的发行反映了蒋介石急于打击、削弱中共及民主力量，强化独裁统治的企图，是其发动新一轮反共高潮的宣言书。

5月，共产国际宣布解散。国民党顽固派乘机叫嚷"解散共产党""取消陕北特区""重新改编各地之红军"等，一时间，反共舆论甚嚣尘上。同时，国民党顽固派加紧军事部署，准备动用50万人的兵力分9路"闪击"延安。7月至8月间，国民党顽固派军队对陕甘宁边区进行了数十次试探性的挑衅进攻。

面对国民党顽固派策动的新的反共逆流，中国共产党针锋相对地发起宣传反击。从7月起，延安的《解放日报》连续发表社论和毛泽东等中共领导人的文章，揭露和批判国民党顽固派破坏抗战、准备进行反共内战的阴谋，号召各地军民团结起来，制止内战。延安及其他各抗日根据地的军民还纷纷集会，发表通电，要求国民党顽固派停止破坏抗战的反共行径。朱德、萧劲光等八路军将领还直接致电蒋介石及其他率部包围陕甘宁边区的国民党军将领，呼吁加强团结、避免内战。中国共产党的宣传反击，赢得了国内外进步力量的同情和支持。国内各民主党派、爱国人士及国民党内主张团结抗战的人士，坚决反对国民党顽固派的反共内战政策。美、苏、英等同盟国也纷纷表达对国民党顽固派反共行动的忧虑和不满。这就使国民党顽固派在政治上陷入了孤立。与此同时，中国共产党在军事上也做了应变准备，就保卫陕甘宁边区的作战行动进行了相应部署。

由于中国共产党在宣传上的揭露、批判及军事上的充分准备，加之国内外进步力量的反对，国民党顽固派不得不停止进攻陕甘宁边区的行动计划，其策动的第三次反共高潮在未及发展成为大规模的军事进攻前就被制止。

2. 国民党统治区民主运动的高涨

全国抗战初期，国民党当局一度放宽了党禁，在一定程度上给予社会各阶层以部分的民主权利，从而使得各民主党派、无党派民主人士等能以不同方式加入抗日救国的行列中。抗日战争进入战略相持阶段后，国民党当局在趋向消极抗日、积极反共的同时，极力加强其独裁统治，不给人民以更多的抗日民主和自由。共产党和各民主党派要求结束国民党的专制统治，在大后方开展了民主运动。

1943 年后，随着大后方的各种危机日益加深，各民主党派和各界民主人士要求国民党当局改革政治、实行民主的呼声愈发强烈。出于对日作战的需要，同盟国也希望国民党当局进行一定的政治改革，以利于团结全国力量共同抗战。在各方舆论压力下，国民党当局于1943 年 9 月假意允诺在抗战结束后一年内召集国民大会。大后方的民主运动迅速高涨起来。

为将此次民主运动引向深入，中共中央决定向全国提出废除国民党一党专政、成立民主联合政府的主张。1944 年 9 月 15 日，林伯渠代表中国共产党在国民参政会上正式提出这一主张。由于它反映了全国人民的愿望和利益，因此一经提出就在社会上引起强烈的反响，得到全国人民的拥护和支持。各党派、各阶层、各社会团体的代表纷纷集会，要求结束国民党一党专政，召开国是会议，成立联合政府，以挽救抗战危机。由此，中国共产党进一步赢得了全国的民心并成为凝聚一切民主力量的核心。

为更加明确斗争目标和斗争方向，中共中央以书面形式向国民党当局提出了成立联合政府的方案，同时派周恩来等代表与国民党就成立联合政府问题进行谈判，并将谈判的有关情况随时向民主党派、民主人士进行通报，推动了大后方民主运动的发展。至1945年春，大后方民主运动的规模进一步扩大，要求成立联合政府的呼声更加强烈。妇女界、教育界、文化界、工商界及国民党内的进步人士等，都以不同形式呼吁召开有各党派参加的国是会议、组建联合政府。就连海外侨胞也发表宣言，举行集会，拥护成立联合政府的主张。

在民主运动高涨的形势下，成都、昆明、重庆等地陆续成立了民主青年协会、民主青年同盟、新民主主义青年社、民主工人同盟等一批受共产党领导或影响的进步群众组织。这些组织在团结大后方广大工人、农民、学生及其他各行业的基层群众，推动大后方民主运动发展中，发挥了重要作用。

大后方民主运动，紧紧围绕抗日这一中心任务，以争取民主来促进抗战，为促进抗战而争取民主，有力地揭露了国民党统治集团的腐败，教育了中间党派，孤立和打击了顽固势力，壮大了进步势力。各界民主进步力量在成立民主联合政府的口号下逐渐聚集起来，形成了一支新的抗日民主力量，并与共产党建立了密切合作的关系。这不仅有利于中国人民争取抗战的最后胜利，而且为抗战胜利后中国人民争取新民主主义革命的最终胜利准备了有利条件，也为新中国成立后共产党领导的多党合作制度的形成打下了初步基础。

3. 中共七大的召开与争取抗战胜利和建立新中国路线方针的确立

1945 年春以后，第二次世界大战的形势已经非常明朗，中国抗日战争暨世界反法西斯战争已接近最后胜利。为系统总结中国革命的基本经验，争取抗日战争的胜利，并使这一胜利成为中国人民的胜利，从而为建设一个新中国做准备，中国共产党于 1945 年 4 月 23 日至 6 月 11 日在延安召开了第七次全国代表大会。会议讨论通过了关于政治、军事、组织方面的报告和政治、军事决议案与新的党章，制定了打败日本侵略者、建设新中国的路线、纲领和政策。

毛泽东在大会上所作的题为《论联合政府》的书面政治报告，论述了中国人民的基本要求、抗日战争的两条路线、中国共产党的政策和任务等问题，是一篇争取抗战胜利和建设新中国的纲领性文献。在报告中，毛泽东回顾了 1931 年以来特别是 1937 年以来抗日战争的历史，强调："从一九三七年七月七日卢沟桥事变到一九三八年十月武汉失守这一个时期内，国民党政府的对日作战是比较努力的"，"有比较积极的抗战；另一方面，国民党当局仍旧反对发动广大民众参加的人民战争，仍旧限制人民自动团结起来进行抗日和民主的活动"。毛泽东指出："两条路线：国民党政府压迫中国人民实行消极抗战的路线和中国人民觉醒起来团结起来实行人民战争的路线，很久以来，就明显地在中国存在着。这就是一切中国问题的关键所在。"毛泽东鲜明地提出："走团结和民主的路线，打败侵略者，建设新中国"，这是"中国人民的基本要求"。①

中共七大分析了抗战胜利前后的国内外形势，指出中国面临着光明与黑暗两种前途、两种命运的抉择，提出了全力去争取光明的前途和命运、反对黑暗的前途和命运的任务，从而为中国人民指明了奋斗的方向。中共七大制定了争取抗战胜利和建设新中国的政治路线：

---

① 《毛泽东选集》第三卷，人民出版社 1991 年版，第 1037、1034、1030 页。

"放手发动群众，壮大人民力量，在我党的领导下，打败日本侵略者，解放全国人民，建立一个新民主主义的中国。"①中共七大阐明了争取抗战胜利和建设新中国的一般纲领和具体纲领，强调了成立民主联合政府的重要性，拟定了建立民主联合政府的具体步骤；强调要准备实行从抗日游击战争到抗日正规战争的军事战略转变，以迎接抗日战争的全面反攻。

中共七大是在抗日战争胜利前夜召开的一次极为重要的会议。它总结了中国新民主主义革命20多年的历史经验，制定了正确的路线、纲领和策略，使全党在马克思列宁主义、毛泽东思想的基础上达到了空前的团结。这次大会为中国共产党及其领导的武装力量实行对日全面反攻在理论、思想、组织等各方面做了准备，也为中国人民争取抗战的胜利和新民主主义革命在全国的胜利、建立新中国奠定了基础。

---

① 《毛泽东选集》第三卷，人民出版社1991年版，第1101页。

第十章　日本宣布无条件投降，中国抗日战争暨世界反法西斯战争取得最后胜利

进入 1945 年，世界反法西斯战争出现了空前有利的形势，德、日法西斯已日暮途穷。在欧洲战场，反法西斯战争已临近最后胜利；在亚洲、太平洋战场，盟军步步逼近日本本土。中国解放区战场，继展开对侵华日军的局部反攻之后，又发起势如破竹的全面反攻。经过 14 年浴血奋战，中国人民取得了抗日战争的伟大胜利。

一、夺取抗战胜利前的国际形势

1. 雅尔塔会议与同盟国最后击败德、日法西斯的战略筹划

为早日结束反法西斯战争，同盟国先后召开雅尔塔会议和波茨坦会议，协调战略计划。1945 年 2 月 4 日至 11 日，苏、美、英三国政府首脑斯大林、罗斯福、丘吉尔及其外长在苏联克里木半岛的雅尔塔举行会议，讨论欧洲战后处理和对日作战问题。会议决定了对德国作战直至德国无条件投降，解散纳粹党和德国国防军，苏、美、英、法四国对德国进行分区管辖，以及惩处战犯、赔款和成立联合国安全理事会等事项。2 月 11 日，苏、美、英三国代表签订了关于日本问题的秘密协定，亦称雅尔塔协定。其核心条款是苏联承诺在德国投降及欧洲战争结束后两或三个月内参加对日作战，但其条件为：外

蒙古（今蒙古国）的现状须予维持；库页岛南部及邻近岛屿、千岛群岛等须交还苏联；大连商业港须国际化，苏联在该港的优越权益须予保证，苏联租用旅顺港为海军基地；中苏共同经营中东铁路和南满铁路，须保证苏联的优越权益。①

雅尔塔会议协调了苏、美、英三大国最后打败德、日法西斯的战略计划，对尽早结束反法西斯战争起了重要的推动作用。但这次会议在反法西斯战争即将胜利的形势下，以牺牲中国部分主权等作为条件，换取苏联参加对日作战，这是少数大国主宰世界、推行强权政治的大国沙文主义表现，并为战后形成美苏争霸的冷战格局埋下了伏笔。

4月25日，苏军和美军的先遣部队在易北河畔托尔高胜利会师。4月28日，意大利人民在北部各城市举行武装起义，并逮捕了法西斯头子、意大利前首相墨索里尼，将其判处死刑并陈尸米兰街头。4月30日，德国法西斯头子希特勒自杀身亡。5月2日，苏军攻克柏林。5月8日24时，德国宣布无条件投降，欧洲战争结束。

2. 波茨坦会议与《中美英促令日本投降之波茨坦公告》

欧洲战争结束后，世界反法西斯战争进入最后阶段。在亚洲、太平洋战场，盟军已占领硫黄岛和冲绳岛，中国、亚洲大陆各战场发起了对日大反攻，日本法西斯的灭亡指日可待。1945年7月17日至8月2日，苏、美、英三国政府首脑斯大林、杜鲁门和丘吉尔以及三国的外长、参谋长和顾问等，在德国柏林西南的波茨坦举行会议。会议通过了《柏林会议公报》和《柏林会议议定书》。《议定书》的主要内容是，召开中、苏、美、英、法五国外长会议，进行缔结和约的准备工作；同盟国管制期内处置德国的政治及经济原则，德国的赔偿等

---

① 参见《反法西斯战争文献》，世界知识出版社1955年版，第246—247页。

问题。这为战后处置德国和欧洲问题打下了基础。

同时，波茨坦会议还着重讨论了结束对日作战的条件和对日本的战后处置问题。7 月 26 日，波茨坦会议以宣言的形式发表了《中美英促令日本投降之波茨坦公告》，敦促日本法西斯立即投降，并宣布盟军将占领日本本土，依照法律惩办战犯，实施《开罗宣言》条款等。《波茨坦公告》指出："开罗宣言之条件必将实施，而日本之主权必将限于本州、北海道、九州、四国及吾人所决定其他小岛之内。"[①]《波茨坦公告》表明了打败日本法西斯的坚定决心，对赢得世界反法西斯战争的最后胜利起了非常重要的作用。

德国投降后，盟军的作战重心迅即东移，以全力对付日本法西斯。在雅尔塔会议刚结束时，苏军就拟订了增兵苏联远东地区的计划。此后，苏军加速对日作战的准备，大规模地重新部署兵力，将远达 9000 公里至 1.15 万公里的西部战区的部队调往远东。至 7 月底，苏军在远东的兵力共计陆军 80 个师（其中 6 个骑兵师、2 个坦克师）、火炮 2.6 万门、坦克和自行火炮 5500 余辆、作战飞机 3800 余架、海军各种舰船 500 余艘、海军航空兵飞机 1500 余架，总兵力达 150 余万人，形成了对日本关东军的绝对优势。

《波茨坦公告》发表后，日本政府全面拒绝《波茨坦公告》，仍继续顽抗。同盟国决心对日本法西斯进行最后一战。美国杜鲁门政府为迫使日本投降，于 8 月 6 日在日本广岛投下第一颗原子弹；8 月 9 日，又在长崎投下第二颗原子弹。广岛死伤 17 万人，长崎死伤 6.6 万人。美国陆军部部长史汀生认为：日本政府拒绝《波茨坦公告》，"此时美国除了按照《波茨坦公告》所述动用全部武装力量消灭日军并摧毁日本外，其他别无选择，而原子弹是实现这个目的的最佳武器"。[②]美

---

① 中国第二历史档案馆编：《中华民国史档案资料汇编》第五辑第二编军事（五），江苏古籍出版社 1998 年版，第 981 页。
② ［德］特奥·佐默：《波茨坦的决定》，德国《时代》周报 2005 年 7 月 21 日。

国对日本投掷原子弹，虽伤及日本居民，但加速了日本投降的进程。

8月8日17时，苏联外交人民委员莫洛托夫召见日本驻苏大使佐藤尚武，宣布苏联从8月9日起同日本处于战争状态。苏联对日宣战，大大出乎日本的意料。日本原来判断，苏军对德作战结束后，需要休整，对日作战时间可能在1946年春，最早也要在1945年9月上旬。1945年8月9日零时，苏军发起远东战役，从西、北、东3个方向同时对日本关东军发动进攻，经10余天作战，击毙日军8.3万余人，俘日军60.9万余人。苏军伤亡3.2万余人。

苏联参加对日作战并取得远东作战的胜利，加快了日本投降的进程。

二、解放区战场的全面反攻

中国战场的全面反攻，主要是中共领导的解放区战场的全面反攻作战。当时，国民党军正规部队大多偏处西南各省，而中国共产党领导的解放区抗日武装利用身处抗日前线的有利态势，在苏联红军开始实施远东作战的同时，将持续近两年之久的局部反攻发展成为全面反攻。

1. 向大中城市与交通要道的反攻作战

1945年8月9日，毛泽东发表题为《对日寇的最后一战》的声明，要求："中国人民的一切抗日力量应举行全国规模的反攻……猛烈地扩大解放区，缩小沦陷区……为夺取最后胜利而斗争。"[①]同日24时至8月11日18时，延安总部朱德总司令向各解放区所有武装部队先后发布第1号至第7号命令，要求各解放区所有抗日武装部队均得

---

① 《毛泽东选集》第三卷，人民出版社1991年版，第1119、1120页。

依据《波茨坦公告》规定，向附近各城镇交通要道的日伪军队及其指挥机关送出通牒，限其于一定时间向我作战部队缴械，迫使日伪军无条件投降。解放区军民的全面反攻进入第一阶段。

8月11日，晋察冀军区向日军华北方面军发出通牒，令其缴械投降。同时，先后将38个小团扩编为大团，将地方武装编成50余个团，共约11万人，另有民兵63万余人，共同参加全面反攻作战。8月12日，晋察冀军区全面反攻作战开始，其所属各部队迅速逼近指定的进攻目标，作战仅半月余，即夺取县城29座，并于8月23日攻占张家口，切断战区内日伪军控制的铁路交通，日伪军被迫龟缩在北平、天津、保定、石家庄、唐山、太原等孤城。河北、山西两省广大地区获得解放。

晋绥军区于8月11日向日伪军发出最后通牒，促令其缴械投降。此外，决定集中主力在冀晋、太行军区各一部配合下，分南北两线对太原、归绥及同蒲铁路北段、平绥铁路西段的日伪军展开进攻。北线反攻作战先后攻克武川、朔县县城等。至此，晋绥解放区与晋察冀解放区连成一片。南线反攻作战以太原为中心展开，先后攻克晋源镇、忻口等据点。至此，晋绥军区部队已逼近归绥、太原两城及平绥、同蒲铁路两侧，日军被迫放弃中小城镇据点。

晋冀鲁豫边区参加反攻作战的有太行军区、太岳军区、冀鲁豫军区等共26个军分区的部队，计72个团、7个支队约19万人，另有民兵40余万人配合作战。8月10日，太行军区主力7个团组成的西进集团，向山西省以长治为中心的上党地区进攻，切断了白晋、道清铁路。太岳军区主力5个团，向山西省平遥、介休进攻，分别攻克运城、盐池、夏县、平陆等大小据点50余处。冀鲁豫军区以13个团组成的中路军，分3个纵队向河南省郑县、开封地区攻击前进；以3个团组成的南路军，向开封、兰封地区的日军发动进攻，一度占领开封西侧陇海铁路；以11个团及地方武装组成的北路军，收复了河北省平乡、曲周等县城,尔后向平汉铁路逼近。

山东军区于8月11日发布向城市要道进军的命令。8月中旬,把军区主力及基干部队计8个师和12个警备旅,共21万人,编成5路野战部队,执行全面反攻任务。同时,山东各地由10万余名民兵组成数十个"子弟兵团"开赴前线配合主力部队作战,还动员10万余民工支援前线。8月中旬起,5路野战部队向敌占城镇和交通要道展开全面反攻作战。鲁中军区部队先后切断了胶济铁路西段,从东南方向逼近济南市。滨海军区部队在8月21日解放赣榆、青口,切断陇海铁路东段,逼近海州、连云港。胶东军区部队于8月24日解放烟台,之后攻占流亭机场和即墨,威逼青岛。渤海军区部队先后解放寿光、临邑等地,切断了胶济铁路中段,从东北方向逼近济南市。鲁南军区部队在8月25日解放台儿庄,从东北方向逼近徐州市。

河南军区部队相机袭击平汉、陇海铁路沿线日军,以主力一部组成陇海、平汉支队,分别向铁路沿线的日伪军进攻,先后攻占密县、登封县城等地,打通了与鄂豫皖边区和山东军区的联系。

8月12日,新四军鉴于华中地区日伪军兵力较大、难以夺取大中城市的实际状况,遂决定夺取广大乡村及众县城。以第2、第3、第7师主力迅速出动,巩固占领津浦线以西地区;以第4师一部配合八路军歼灭陇海路东段之敌;以各军区武装迅即向本区内敌占城镇进攻。先后攻克宿迁、泗县、泗阳、沭阳、扬中、南通、溧水、溧阳、金坛等县城,直接威胁南京翼侧。第5师兼鄂豫皖湘赣军区各军分区部队向信阳、武汉之敌发起进攻,并以第13旅从大悟山西进,攻占了安陆东南的魏家店、晏家河及花园车站。尔后沿平汉铁路南进,在孝感东南三汊埠歼灭日军一部。

华南各抗日游击队根据中共中央关于以主力继续向粤北发展,同时以一部兵力进占广九线及一些小城市的指示精神,迅速攻歼盘踞本地区的日伪军。8月17日,东江纵队主力一部收复宝安县城,攻克常平、西乡等据点，歼伪军第 30 师及日军各一部，8 月 20 日，占领厚街、赤岭和深圳等日军据点，切断了广九铁路。珠江纵队、广东南路人民抗日解放军等部也分别对日伪军发起反攻，收复了一些集镇。

2. 解放中小城市与广大乡村，歼灭拒降的日伪军

在中国抗日战争逐步走向最后胜利之际，美国的对华政策逐渐由原来的扶蒋联共抗日，明显转为扶蒋反共，希冀在中国建立一个由蒋介石领导的亲美政府。因此，美国用支持蒋介石"统一"中国的做法来削弱中国共产党的力量。

1945 年 8 月 15 日，日本宣布无条件投降。美国总统杜鲁门在当日发布的第 1 号通令中，竟然指定只有国民党政府才享有中国受降权。与此同时，日军中国派遣军总司令官冈村宁次于 8 月 18 日通令所属各部：只向国民党军队投降，不向其他军队缴械。面对美蒋同日伪勾结抢夺抗战胜利果实的严重局势，中国共产党采取了针锋相对的斗争方针。8 月 15 日，朱德以"中国解放区抗日军总司令"名义致美、英、苏三国政府的说帖指出："中国解放区、中国沦陷区一切抗日的人民武装力量，在延安总部指挥之下，有权根据波茨顿宣言条款及同盟国规定之受降办法，接受被我军所包围之日伪军队的投降，收缴其武器资材，并负责实施同盟国在受降后之一切规定。"[①]但由于美蒋的支持和纵容，侵华日军继续同中国共产党领导的人民军队作战。

为抢夺抗战胜利果实，国民党军急忙空运大批部队前往华北、华中、华南和东北各大城市受降，同时向解放区进逼。

面对国民党军加紧向大中城市和交通要道推进的态势，中共领导的各抗日武装原定夺取大中城市的计划难以达成。因此，中共中央、

---

① 中共中央文献研究室、中央档案馆编：《建党以来重要文献选编（一九二一——一九四九）》第 22 册，中央文献出版社 2011 年版，第 633 页。

中共中央军委于 8 月 22 日发出《关于改变战略方针的指示》，要求各党委、各大战略区迅即调整部署，以一部兵力继续威胁大城市，以主要兵力立即转向夺取中小城市和广大乡村，歼灭拒降之敌。解放区军民的全面反攻作战进入第二阶段。

晋察冀军区以一部兵力继续破击铁路线，威胁大城市的日伪军；以主力广泛夺取日伪军占领的县城及据点，共歼灭日伪军 7 万余人，解放热河、察哈尔两省全境，河北省大部和山西、绥远、辽宁省各一部，收复了张家口、承德、秦皇岛、集宁、山海关、绥中等 70 多座中小城市，拥有人口 4000 余万。晋察冀军区野战部队发展到 21.5 万余人，地方部队发展到 10.4 万余人，基干民兵扩大到 90 余万人。

晋绥军区部队以主力夺取绥南、绥东和太（原）汾（阳）公路上的中小城镇及广大乡村，使北起左云、右玉，南迄离石的晋西北地区全部获得解放。晋绥军区部队在全面反攻作战中，共歼灭日伪军 1.6 万余人，俘 5100 余人，收复 10 座县城，使晋绥区与晋察冀区、晋冀鲁豫区连成一片。

晋冀鲁豫军区以部分兵力威胁开封、新乡等城之敌，以主要兵力夺取中小城镇，歼灭拒降的日伪军，共歼灭日伪军 10 万余人，缴获步枪 7 万余支、轻重机枪 1600 多挺、各种火炮 130 门，收复县城 80 余座，使太行、太岳与冀南、冀鲁豫边区连成一片。

山东军区以一部兵力封锁围困济南、青岛、徐州等主要城市，以主力夺取津浦、胶济、陇海铁路沿线的车站，控制交通线，歼灭拒降的日伪军共 1.2 万余人，使鲁中、鲁南、滨海 3 个地区连成一片。

根据中共中央、中共中央军委指示，罗荣桓率山东军区主力进军东北。新四军军长陈毅到山东工作并组成野战指挥部，统一指挥津浦铁路线两侧我军的作战。至 12 月底，山东军区部队共歼灭日伪军 12 万余人，解放城镇、港口 54 个，切断胶济、津浦和陇海铁路线。山东境内除铁路沿线及西部几座城镇外，均获解放。

新四军为歼灭华中地区拒绝投降的日伪军，以苏中、苏北、淮南、淮北连成一片为目标。在江北，第3师等部先后于9月发起两淮战役，攻克淮阴、淮安，共歼伪军1.4万余人。10月至11月，又发起盐城战役，攻占盐城，全歼伪军两个师，俘1万余人。12月，刚由新四军主力组成的华中野战军，以第7、第8纵队及地方武装15个团，发起高邮战役，攻占高邮县城，歼灭日伪军5000余人。在江南，第7师及皖江军区驻皖南部队扫清了芜湖外围据点。苏浙军区部队解放了浙江安吉，安徽郎溪、广德和江苏高淳、句容等县城，以及江阴、无锡、常熟三角地区内的全部集镇。新四军在全面反攻和歼灭拒降之敌作战中，共消灭日伪军6万余人，迫使伪军7000余人投降，解放县城30余座，攻克据点400余处，扩大了华中解放区。

华南人民抗日游击队根据华南敌我力量对比悬殊的实际情况，决定分散坚持斗争，积极寻机打击敌人。9月3日，活动于广九铁路南侧的东江纵队一部，围攻元塱的日军，迫其投降。另一部在惠东地区于9月8日收复白芒花和稔山墟，控制平海盐场。琼崖纵队一度收复儋县、感恩县城，并攻克100多个日伪军据点。

3. 解放热河、察哈尔全省，进军东北

热、察两省北靠蒙古，南临河北，东接辽宁，西连山西、绥远，是连接东北和西北的枢纽。8月11日，朱德总司令在第2号命令中即令晋察冀军区部队进军热、察，配合南下苏军作战；令晋绥军区、晋察冀军区和山东军区各以一部兵力迅即进军东北，配合苏军解放东北。8月20日后，中共中央和中共中央军委连续向各中央局和各军区发出指示，要求派出组建100个团所需的干部及主力部队陆续进入东北，消灭分散孤立的日伪军，控制热、察全境。

晋察冀军区主力一部攻克宣化后，于9月19日攻占平绥铁路东段重镇新保安。冀中军区于9月下旬解放冀中广大地区。冀晋军区至

11 月初解放察哈尔省全境。

冀热辽军区向热河进军的部队先后攻克隆化、承德，至 9 月 23 日，全部肃清了热河省内的日伪军。主力于 8 月 31 日在苏军配合下攻克山海关，尔后进入东北。第 1 梯队迅速解除了辽宁省西部 15 个县的伪满军警武装，先头部队于 9 月 5 日进入沈阳后，随即分兵辽阳、鞍山、营口、本溪、抚顺等地，在东北抗日联军配合下，对大城市实行军事管制，筹建人民政权。第 2 梯队 5000 余人，于 9 月 6 日进至山海关，尔后沿北宁铁路抵沈阳，与第 1 梯队会师。至 11 月底，解放辽宁全省、吉林省南部和黑龙江西部地区，迫使伪满军 3 个旅、2 个团和 60 个县市的警察大队等约 4 万人，以及日本关东军残部 5000 余人缴械投降。

东北抗日联军在配合苏军和八路军、新四军进军东北对日伪军作战中，起了重要作用。1945 年 7 月，东北抗联教导旅一部以地面和空降方式进入东北 18 个地区，实施反攻前的战略侦察。从 8 月 26 日起，东北抗联教导旅担负随苏军各方面军分别占领东北战略要点的新任务，教导旅的全部指战员分赴 12 个地区的 50 个城市，协助苏军收复和管理城市，恢复人民抗日政权。

在 1945 年 8 月 9 日至年底的全面反攻和歼灭拒降之敌的作战中，解放区军民共歼灭日军 1.37 万余人、伪军 38.5 万余人，缴获步、马枪 24.3 万余支，轻重机枪 5000 余挺，各种炮 1300 多门，收复县以上城市 250 多座，为加速日本法西斯的彻底灭亡作出了重大贡献。

八路军、新四军和华南人民抗日游击队在 8 年全国抗战中，共作战 12.5 万余次，以伤亡 61 万余人的重大代价，歼灭日伪军 171.4 万余人（其中，歼灭日军 52.7 万余人），缴获长短枪 69 万余支、轻重机枪 1.1 万多挺、各种火炮 1800 门，收复国土约 100 万平方公里，解放人口约 1 亿。全国抗战结束时，人民军队发展到 132 万人，民兵达 268 万余人，并建立了陕甘宁、晋绥、晋察冀、冀热辽、晋冀豫、冀鲁豫、山东、苏北、苏中、苏南、淮北、淮南、皖中、浙东、广东、琼崖、湘鄂赣、鄂豫皖边、河南19块抗日根据地。这些抗日民主根据地不仅成为歼灭日本侵略者的战略基地，而且为新民主主义革命的胜利奠定了坚实基础。

三、日本投降与中国战区的受降

1.日本宣布无条件投降

中国战场的全面反攻、苏联参加对日作战和美国在日本投掷原子弹，逼迫日本统治集团不得不接受《波茨坦公告》。1945年8月15日正午，日本天皇裕仁亲自宣读的"终战诏书"录音向日本全国播放，以此形式正式宣布无条件投降。

9月2日9时，在停泊于日本东京湾的美国"密苏里"号战列舰上举行了签降仪式。9时4分，日本外相重光葵代表日本天皇和政府，

1945年9月2日，在"密苏里"号军舰上举行日本向同盟国投降仪式。

参谋总长梅津美治郎代表日军大本营在投降书上签字。9 时 8 分，麦克阿瑟以同盟国最高司令官的身份签字。然后是接受投降的 9 位同盟国代表分别代表本国依次签字：美国代表尼米兹海军上将、中国代表徐永昌上将、英国代表福莱塞海军上将、苏联代表杰列维亚科中将，以及澳大利亚、加拿大、法国、荷兰、新西兰等国代表。签字结束后，上千架美军飞机越过"密苏里"号军舰上空，庆祝这个具有伟大历史意义的纪念时刻。

至此，正式宣告了日本军国主义的彻底失败和世界反法西斯战争的最后胜利。1951 年 8 月 13 日，中华人民共和国中央人民政府政务院发布由周恩来总理签署的通告，确定 9 月 3 日为抗日战争胜利纪念日。2014 年 2 月 25 日，第十二届全国人民代表大会常务委员会第七次会议通过决议，进一步明确 9 月 3 日为中国人民抗日战争胜利纪念日。

2. 中国战区的受降仪式

1945 年 8 月 20 日，中国陆军总司令何应钦率陆军总部参谋长萧毅肃等人及中国战区各受降主官先后抵达芷江，与日本乞降使节、日军中国派遣军副总参谋长今井武夫一行洽谈受降事宜。8 月 26 日，中国战区划分为 16 个受降区，并任命了受降长官，分别接受日军投降。9 月 9 日，中国战区日军投降签字仪式在南京国民政府中央军校大礼堂内举行。应邀参加的有美国、英国、法国、苏联、加拿大、荷兰、澳大利亚等国的军事代表和驻华武官，以及中外记者、厅外仪仗队和警卫人员近千人。8 时 52 分，中国战区最高统帅蒋介石的特派代表、中国陆军总司令何应钦，以及第 3 战区司令长官顾祝同、陆军总部参谋长萧毅肃、海军总司令陈绍宽、空军第 1 路司令张廷孟 5 人步入会场，就座受降席。接着，中国战区日本投降代表、日军中国派遣军总司令官冈村宁次，率总参谋长小林浅三郎、副总参谋长今井武夫、中国方面军舰队司令官福田良三、台湾军参谋长谏山春树等 7 人，脱帽由正门走进会场。9 时整，何应钦将事先写好的日军投降书（中文本两份）交萧毅肃转送冈村宁次。冈村宁次阅毕，分别在这两份投降书上签字、盖章，然后由小林浅三郎呈交何应钦。何应钦在日军投降书上签名、盖章。至此，中国战区受降仪式结束。

1945 年 9 月 9 日，中国战区日军投降签字仪式在南京举行。

从 9 月 11 日至 10 月中旬，在华日军除因拒降被八路军、新四军和华南人民抗日游击队等部歼灭外，其余均缴械投降。由中国战区接受投降的日军共有 1 个总司令部、3 个方面军、10 个军、33 个步兵师团、1 个坦克师团、2 个飞行师团、41 个独立混成旅团，以及警备、守备、海军等部队，共计 128 万余人，另接收日军大批武器装备。

从 1945 年 11 月开始，投降的侵华日军被遣送回国。中国政府和中国人民发扬国际人道主义精神，对日俘采取了一系列善待措施，在较短时间里顺利完成了日俘遣返工作。至 1946 年 8 月，从中国大陆及台湾地区遣送回国的日俘共 125.5 万人，遣返日侨共 78.5 万人。[①]
至 1946 年年底，中国东北的 100 余万日侨遣返工作基本完成。

四、台湾人民的抗日斗争与台湾光复

台湾的命运与祖国的兴衰紧密相连。1895 年甲午战争后，日本
通过《马关条约》强行割占中国台湾。1945 年，当祖国抗日军民在
战场上进行全面反攻之际，饱受日本殖民统治之苦的台湾同胞也终于
迎来了回归祖国的曙光。

1. 抗日保台运动与台湾人民的抗日斗争

1895 年，清政府将台湾割让给日本的噩耗一传出，全国民众无
不为之震惊。台湾民众更是无比愤慨，纷纷表示"愿人人战死而失
台，决不愿拱手而让台"。5 月底，日本侵略军开始进攻台湾。以协
理台湾军务的清军将领刘永福为首的黑旗军等部清军和丘逢甲、徐
骧、吴汤兴、姜绍祖等各地乡绅率领的义军互相配合，以手中落后武
器同掌握着先进武器的日军从北到南先后作战百余次，打击了侵略者
的嚣张气焰。日军付出 4800 余人死亡和 2.7 万余人负伤的惨重代价
才占领台湾，日军近卫师团师团长、中将北白川宫能久亲王和近卫第
2 旅团旅团长、少将山根信成先后毙命。

1895 年年底，日本宣布占领台湾仅一个月，台湾北部的宜兰即
发生抗日起义。起义军以"驱逐倭奴，恢复中华"为号召，与日本殖
民者展开斗争。此后，台湾从北而南连续爆发多起抗日武装起义。被
称为"抗日三猛"的简大狮、柯铁虎、林少猫等人，领导抗日武装坚
持游击斗争长达 7 年之久。1907 年至 1915 年，在辛亥革命的影响下，

---

① 参见吴相湘：《第二次中日战争史》上册，综合月刊社 1973 年版，第 1202 页。

台湾北埔、林杞埔、土库和六甲等地，先后发生多次反日起义。

第一次世界大战后，受五四运动的影响，台湾的民族资产阶级和知识分子发动并领导了反日民族运动。台湾留日学生先后成立启发会、应声会、新民会和台湾青年会，林献堂等士绅也积极参与其中。他们抨击日本殖民暴政，要求撤废日本任命的台湾总督赖以维持独裁的"六三法"。1920年年底，"六三法"撤废活动演变为台湾议会设置请愿运动。1927年7月，蒋渭水等人组织了台湾岛内的第一个政党——台湾民众党，积极开展"以工农为中心的民族运动"。同年12月，全台农民联合成立台湾农民组合，领导台湾农民进行抗争。1928年2月，成立了全台工会组织——台湾工友总联盟，以非暴力手段与日本殖民当局进行斗争。1928年4月，台湾共产党组织在上海成立。一批中共党员潜回台湾，组织革命活动。

为抵制日本的文化殖民，台湾爱国知识分子与日本殖民当局进行保存中华民族文化的斗争。他们组织诗社、文社以"维持汉学"。1921年10月，在蒋渭水、林献堂等人的积极组织下，台湾文化协会在台北成立。该协会通过创办《台湾民报》，举办各种文化讲习会、演讲会，组织读报社，以及放映电影、演出戏剧等活动宣扬祖国文化。台湾爱国史学家还编写史书，记载台湾同胞抗日斗争的动人事迹。史学家连横历经10年艰辛，搜集史料完成《台湾通史》的撰写。黄玉斋编写的《台湾革命史》，记述了1895年至1925年台湾同胞30年抗日斗争的历史。

1930年10月，雾社地区原住民泰雅族，在部落首领莫那鲁道领导下，经过周密计划发动起义。以此为标志，武装抗日活动又一次活跃起来。

2. 全国抗战时期台湾人民的抗日斗争

1937年7月全国抗战爆发后，日本为将台湾变成侵略战争的后方基地，进一步强化在台湾的殖民统治，但台湾人民的抗日斗争从没有停止过。

　　心系祖国的台湾同胞深信，中国一定能打败日本，并最后收复台湾。1938年3月，台湾工党领袖高斐反对抽调台胞到大陆为日军作战，领导数千名矿工在宜兰暴动，进攻日军司令部，焚毁火药库，同日军激战数小时后退入阿里山，与当地居民联合展开抗日游击斗争。同年夏，抗日志士炸毁日军的久留米储油库。同年10月，被强征准备前往大陆战场的300名壮丁，在基隆举行反战暴动，杀死175名日军士兵后逃入山中。1941年，台北帝国大学台湾学生蔡忠恕，集合校内外同志200多人策划起义。事泄后蔡忠恕遭逮捕，被毒死在狱中，受牵连入狱者近千人。

　　面对日本的文化殖民，台湾同胞坚持中华民族的历史文化传统。台湾民众仍然在暗中学习被禁止使用的汉语。爱国士绅林献堂更是提出终身不读日文、不说日语、不穿和服。日本殖民当局强制推行的更换日式姓名运动也受到冷落。据统计，从1940年2月到8月的半年中，台湾人改日式姓名的只有168人。为了反抗日本殖民当局强力推行的"皇民化运动"，台湾文艺界创办了启文社与《台湾文学》等，以各种方式维系中华文化。台湾作家吴浊流创作了长篇抗日小说《亚细亚孤儿》，塑造了一个坚信"汉魂永不灭"的知识分子形象，以表达对祖国母亲的向往和依恋。

　　1937年七七事变后，先后有5万余爱国台胞冲破重重阻力，回到祖国大陆参加抗战。许多台湾青年奔赴解放区参加八路军和新四军，投身中国共产党领导的各种抗日活动。陪都重庆，也活跃着许多爱国台胞的身影。著名台湾爱国人士丘逢甲的长子丘念台，毅然放弃所学专业，投身于抗日战场，并在1938年组织了东区服务队，在广东等地进行抗战动员和宣传活动。新竹人邹洪，先后担任国民革命军新编第2军军长、第35集团军副总司令等职，率军转战湘粤一带。台湾雾峰林家后代、抗法名将林朝栋的曾孙林正亨，也毅然投笔从戎，走向抗日战场。台湾著名人士连横之子连震东，在日本庆应大学毕业后直接回到祖国参加抗战。台中人何非光积极投身于抗战题材电影的拍摄工作，先后拍摄了《保家乡》《东亚之光》《气壮山河》与《血溅樱花》等电影。他全部使用日本战俘拍摄的电影《东亚之光》，被誉为"银幕上的一柄正义之剑"。台湾同胞在祖国大陆组织了台湾民族革命总同盟、台湾独立革命党、台湾青年革命党、台湾国民革命党等许多抗日团体。1941年，台胞在大陆的各抗日团体在重庆联合成立台湾革命同盟会。在东南沿海，还活跃着一支由台湾同胞组成的抗日武装，即1939年年初由李友邦领导成立的台湾义勇队和台湾少年团。

即便是被征调到中国大陆战场的台籍士兵也没有忘记自己的民族身份，他们进行秘密的反战运动，在关键时刻支持抗日活动。不少人还寻机起义参加到祖国抗战的队伍中，仅在海南岛一次起义的台胞即达298人。

3. 台湾光复

祖国大陆时刻不忘驱逐日寇、光复台湾。特别是抗日战争爆发后，收复台湾的呼声日益高涨，各项准备工作也随抗战胜利的脚步而不断加快。

1937年全国抗战开始后，中国共产党在其发表的《中共中央为公布国共合作宣言》和《抗日救国十大纲领》中，明确提出要"收复失地和恢复领土主权之完整"，"废除日本条约"，收复被日本侵占的失地。次年4月1日，蒋介石在国民党临时全国代表大会闭幕式上发表演讲指出："台湾是我们中国的领土"，是"中国安危存亡所关的生命线"，必须光复台湾。1940年4月上旬，在重庆召开的国民参政会第一届第五次会议上，中国共产党代表董必武与其他与会代表联署提交《策进台湾朝鲜革命使敌益速崩溃案》，强调中国与日本为交战国，应立即宣布《马关条约》无效，确认台湾也属须收复之失地范围。

1945 年 10 月 25 日台北举行受降仪式时，赶来参加庆祝活动的群众聚集在会场外欢呼台湾光复。

1941 年 12 月 9 日，中国政府发布《国民政府对日宣战文》，公开"昭告中外，所有一切条约协定合同，有涉及中日间之关系者，一律废止，特此布告"。宣告日本通过侵略战争强迫中国割让台湾的《马关条约》自此失效，同时郑重宣布，中国将"收复台湾、澎湖、东北四省土地"。

1942 年 4 月，台湾光复运动宣传大会在重庆召开。台湾革命同盟会发表《台湾革命同盟会第二届大会宣言》宣告："祖国向倭寇正式宣战，马关条约已宣告失效，台湾已与其他沦陷区相同，站在祖国省群中，站在祖国疆域上。吾台已不复孤立，吾台六百万同胞，已与祖国四万万五千万同胞混为一体，破而重圆。"

1943 年 11 月，中、美、英三国政府首脑在开罗召开会议，蒋介石关于收回台湾的要求得到了美、英两国政府首脑的支持。《开罗宣言》在国际法上确定了中国对台湾及其附属岛屿（包括钓鱼岛在内）恢复主权的法律依据。

1945 年 7 月 26 日，中、美、英三国发表《波茨坦公告》，重申"开罗宣言之条件必将实施"，日本必须将台湾和澎湖列岛归还中国，再次从国际法上明确了中国拥有台湾和澎湖列岛的主权。开罗会议后，光复台湾工作即被中国政府提上具体的议事日程。8 月 15 日，日本宣布无条件投降。8 月 28 日，国民政府任命陈仪为台湾行政长官兼台湾警备司令部总司令，负责包括澎湖列岛在内的台湾地区的受降工作。

10 月 25 日上午，中国战区台湾省受降典礼在台北中山会堂隆重举行。日方代表安藤利吉在投降书上签字盖章。从此，被日本侵占 50 年的宝岛台湾终于回到祖国怀抱。为纪念台湾光复，10 月 25 日被定为光复节。

台湾光复，一举洗雪了中华民族在甲午战争中遭受的巨大屈辱。这是中国抗日战争的伟大成果，是包括台湾同胞在内的全体中华儿女团结奋斗的结晶，是全民族的骄傲。

五、对日本战犯的正义审判

1. 东京远东国际军事法庭对日本战犯的审判

第二次世界大战结束后，作为战后处理的重要一环，同盟国在日本东京设立了远东国际军事法庭，根据国际法对日本战犯进行审判。

早在 1943 年 11 月 1 日，苏、美、英三国外长发表《莫斯科宣言》，提出"不限特殊地域，依同盟国的共同决定惩办"侵略元凶，首次提出追究战犯不限国家、地域的主张。1945 年 8 月 8 日，美、英、苏、法四国达成《关于追诉及惩处欧洲轴心国主要战犯的协定》（即《伦敦协定》）。作为该《协定》附件的《纽伦堡国际法庭宪章》，规定了该法庭的构成、管辖权和任务，是审判纳粹战犯的"宪法"。

1945 年 7 月 26 日，中、美、英三国发表的《波茨坦公告》确定了惩办日本战犯、铲除日本军国主义、建立和平民主新日本的政策目标。

东京审判的检控方是由 11 国（中、苏、美、英、法、澳、荷、菲律宾、加拿大、新西兰、印度）检察官组成的国际检察局，隶属于驻日盟军总部。1945 年 12 月 8 日，驻日盟军最高统帅麦克阿瑟任命美国联邦司法部部长助理基南为首席检察官。中国检察官代表是上海特区法院首席检察官向哲浚。东京审判是根据《远东国际军事法庭宪章》，由上述 11 国法官组成的法官会议作出审判决定。麦克阿瑟任命澳大利亚人韦伯为法庭庭长。中国法官是国民政府立法院代理外交委员会主席梅汝璈。法庭采取少数服从多数的议事、决策原则；出庭法官过半数所作决定，方能生效。

1946 年 1 月 19 日，麦克阿瑟颁布了《特别通告》及《远东国际军事法庭宪章》，明确规定了判断战犯罪责的 3 条基本原则：第一，国际法规定的"通行的战争犯罪"。第二，计划、准备、发动或实施侵略战争，或违反国际条约、协定或诺言的战争，或参与为实现上述战争的一种共同计划或同谋的"反和平罪"。第三，在战前、战中针对任何平民的屠杀、灭绝、奴役、强制迁移以及其他的非人道行为的"反人道罪"等。

1945 年 9 月 11 日，驻日盟军总部下令逮捕日本前首相东条英机等 39 名战犯嫌疑人。到同年年底，作为甲级战犯嫌疑人被拘留的日本军人、皇族、阁僚、财界人物等已超过百人。另外，还有属于乙级、丙级的战犯嫌疑人约 2.5 万人在各地被逮捕。1946 年 4 月 17 日，国际检察局最后确定 28 人为甲级战犯，作为被告被起诉。4 月 29 日，远东国际军事法庭对东条英机等 28 名甲级战犯正式起诉。法庭设在原日本陆军省，庭长室设在东条英机原来的办公室。审理采用美、法法律，分立证和辩证两个阶段。

5 月 3 日，法庭在军事会议厅召开第一次公开会议，开始正式审理东条英机等战犯的罪行。首席检察官基南宣读长达 42 页的起诉书，起诉书历数了被告自 1928 年 1 月 1 日至 1945 年 9 月 2 日期间所犯下的种种战争罪行。东京审判至 1948 年 11 月 12 日结束，前后持续两年半之久。

判决书第 5 章专门论述了日本从 1931 年 9 月 18 日至 1945 年 9 月 2 日期间的侵华过程及罪行。判决书第 10 章是对 25 名甲级战犯的判刑决定。被告最初是 28 人，但前外相松冈洋右和前海军大将永野修身病死，为日本军国主义侵略炮制法西斯理论根据的大川周明因精神病中止受审，因而最后只对 25 人进行了审判和判决。对 7 人处以绞刑（东条英机、广田弘毅、土肥原贤二、板垣征四郎、木村兵太郎、松井石根、武藤章）。对 16 人处以无期徒刑（荒木贞夫、桥本欣五郎、畑俊六、平沼骐一郎、星野直树、贺屋兴宣、木户幸一、小矶国昭、南次郎、冈敬纯、大岛浩、佐藤贤了、嶋田繁太郎、白鸟敏夫、梅津美治郎、铃木贞一）。判处 2 人有期徒刑（东乡茂德 20 年，重光葵 7 年）。1948 年 12 月 23 日凌晨，东条英机等 7 名甲级战犯在东京巢鸭监狱被执行绞刑。

远东国际军事法庭对日本主要战犯作出的判决，对于世界历史产生了广泛、深远的影响，具有重要的历史意义。

第一，东京审判是和平对战争、文明对野蛮、正义对邪恶的一次大审判。东京审判以反和平罪、战争罪和反人道罪审判战犯，其本质是国际正义对法西斯邪恶势力的审判。反和平罪乃指发动侵略战争本身积聚了所有其他罪行的全部恐怖行为，所以是最严重的国际罪行；反人道罪是对和平居民的杀害、奴役、强迫迁徙或以政治、种族或宗教的原因而实施的种族灭绝和大屠杀等罪行，不仅为国际战争法规所禁止，也为任何爱好和平的人们所不容。

第二，东京审判为国际法的发展特别是国际刑法的发展作出了重大贡献。东京审判的军事法庭，是由第二次世界大战期间同盟国达成的《波茨坦公告》《促令日本投降书》等一系列具有法律约束力的国际文件确定设立的。远东盟军最高统帅部的《特别通告》和《远东国际军事法庭宪章》，是基于《非战公约》以及《莫斯科宣言》《伦敦协定》等国际法和国际文件而制定的。远东盟军最高统帅部的这两份文件与欧洲军事法庭判决书一样，是世界各国公认的关于战争的重要的国际法文件，肯定了反和平罪、战争罪、反人道罪等都是违反国际法的罪行等等。这在国际法上首开先例，推动了国际战争法规的建立与发展，对于国际法的理论和实践具有重大开拓意义。

第三，东京审判为研究日本近现代史、中日关系史、远东国际关系史和国际法特别是战争法规，提供了一个丰富、权威而庞大的历史资料库。为参加和进行东京审判，检察方和被告及辩护方都准备了庞大的资料，仅法庭英文速记就达 48412 页（日文为 10 卷）。超过 1000 万字以上的有关证据资料 8000 件，其中检察方的证据资料为 21200 页，辩护方的为 26800 页。出庭作证的证人为 12 个国家的 419 人。这些都是不可多得的珍贵资料。

从总体上来说，东京审判还是比较公正的，体现了反法西斯同盟国和世界人民的共同意志，体现了国际法的正义原则，但东京审判也存在明显的缺陷与不足。

第一，没有追究日本天皇裕仁的战争责任。裕仁天皇对日本侵略战争以及日军暴行负有最高领导责任。他在策划日本对外侵略战争方面发挥了重要作用，"无论是 1931 年日本侵占中国东北，还是 1937 年日本对中国发动全面侵略战争，抑或对日军在中国犯下的暴行——南京大屠杀、三光政策、虐待俘虏、屠杀平民、开发使用化学武器等，裕仁不仅未采取任何阻止行动，反而嘉奖了犯罪者"。[①] 但是，

---

① ［美］赫伯特·比克斯：《裕仁天皇与侵华战争》，新华出版社 2005 年版，第 522 页。

作为日本侵略战争的最高统帅，裕仁天皇却没有受到任何追究。天皇是日本宪法体制和战争责任体制中的最高权力者，不追究天皇的战争责任带来了一系列后果，造成战后日本一些政要、右翼势力拒绝对侵略战争进行诚心的反省和悔改，使日本政治长期右倾化。

第二，没有把"反人道罪"作为独立的起诉原因。"反人道罪"包括日本对朝鲜、中国台湾等殖民统治地，特别是在中国的占领区进行的残酷统治罪行。如在中国实施最野蛮的烧光、杀光、抢光的"三光"政策，制造数以千计的重大惨案和对无设防城市居民的无差别大轰炸，以及强掳劳工、强征妇女充当日军性奴隶，等等。虽然远东国际军事法庭确认"反人道罪"是违反国际法的一种罪行，但检察官在起诉书中没有把日本殖民统治的这些暴行作为犯罪来追究。

第三，没有严惩实施细菌战和化学战的战犯。战争期间，有5000多名日本军人公然违背国际公约，在中国进行细菌战和化学战，参与细菌武器、化学武器的研制、生产和使用，包括惨无人道地用活人进行实验，理应受到严惩，但他们受到美军占领当局的保护，并成为向美国提供细菌战研究资料的"有价值的合作者"。作为被免予起诉的交换条件，石井四郎等20名"细菌战专家"，向美国提交了长达60页的人体实验报告、20页的19年的作物毁灭研究报告和8000张"细菌战实验人体及动物的解剖组织"幻灯片；另外，还有记述石井四郎从事"细菌战各阶段研究20年经验的专题论文"等。"对美国来说，日本细菌战资料对美国国家安全的价值远远超过'指控战争罪犯'所产生的价值"。① 正是由于美国的庇护，许多日本战犯并没有受到应有的惩罚，从而逍遥法外。更令人无法接受的是，一些参与研制细菌武器的日本军人，凭借在中国开展"活体实验"获得的数据，

---

① ［美］谢尔顿·H.哈里斯：《死亡工厂——美国掩盖的日本细菌战犯罪》，上海人民出版社2000年版，第353—354页。

撰写和发表了一批学术论文，数十名毫无人性的恶魔竟因此获得了医学博士学位。

需要特别指出的是，为了把日本变成美国反苏反共的东方前哨阵地，1948年12月24日，即对7名日本甲级战犯执行绞刑的第二天，麦克阿瑟主持的驻日盟军总部宣布，释放本已被判刑、仍在巢鸭监狱中服刑的岸信介等19名拟审判的日本甲级战犯嫌疑犯。1949年10月19日，又宣布对日本乙级、丙级战犯也结束审判，不再逮捕、搜查战犯嫌疑犯。1950年3月7日，更悍然颁布"第5号指令"，规定所有根据判决书仍在服刑的日本战犯都可以在刑满前按"宣誓释放制度"获得释放，这实际上又变相地否定了远东国际军事法庭的判决，更使日本法西斯余孽未得到根除，为日本极端右翼分子和势力提供了政治生存空间。

1950年5月15日，中华人民共和国外交部发表声明严正指出："中央人民政府认为驻日盟军最高统帅麦克阿瑟违法越权的行为，不仅破坏了第二次世界大战中远东同盟国关于设立国际军事法庭的协议，不仅破坏了远东国际军事法庭惩治日本战犯的庄严判决，同时，这种狂妄行为必然严重损害了中国人民以八年血战换来的制裁日本战犯的基本权利，损害中国人民防止日本法西斯侵略势力复兴的基本利益。因此，中华人民共和国中央人民政府对于麦克阿瑟以单方命令擅自规定提前释放日本战犯一事，绝对不予承认。"

1950年11月21日，已经轻判且刑期未满的重光葵被非法释放。不久，他竟成为日本外务大臣和副首相。荒木贞夫、畑俊六等人也被释放。到1958年4月7日，所有刑期未满的日本战犯都得到了"赦免"。更有甚者，甲级战犯嫌疑犯岸信介在被释放当年即当选为日本国会议员，后又出任日本首相，组成"战犯内阁"。没有彻底对日本的战争罪行进行清算，美国这种纵容行为导致日本国内弥漫着"集体无罪意识"，也使当今日本的许多政要不愿意认真反省和悔改侵略战争罪行。

总之，第二次世界大战后，美国保留日本的天皇制，成为战后日本重建右倾保守政治体制的政治基础和精神支柱；对日本实行单独占领并包庇、赦免一大批犯有侵略战争罪行的日本战犯，且予以庇护，使日本在战后一直没有认真反省和清理对外侵略历史，为复活日本军国主义思潮提供了温床。这是自 20 世纪 80 年代以来日本少数右翼势力否认、歪曲和美化其侵略历史的谬论肆意泛滥，为军国主义战犯招魂的闹剧连年迭演，政治右倾化趋势日益严重的主要历史渊源。

2. 中国政府对日本战犯的审判

1945 年 12 月，国民政府与联合国战争犯罪审查委员会远东及太平洋分会组成战争犯罪处理委员会，并相继设立保定、东北、南京、广州、济南、武汉、太原、上海和台湾等审判日本战犯军事法庭。从 1945 年年末至 1947 年 12 月底，上述各军事法庭共受理日本战犯案件 2435 件；其中，已判决的 318 件，不起诉的 661 件。经国民政府国防部核定判处死刑的 110 件。涉及的日本战犯，包括南京大屠杀主犯之一、日军第 6 师团师团长谷寿夫，南京大屠杀时举行"杀人竞赛"的第 16 师团片桐部队富山营副官、少尉野田毅和炮兵分队长、少尉向井敏明，第 6 师团第 45 联队上尉中队长田中军吉等人。这些双手沾满中国人民鲜血的刽子手最终在南京被枪决。原日军第 23 军司令官田中久一，因在广东地区纵容其部队屠杀中国百姓，于 1947 年 3 月 27 日在广州被枪决。

同时，国民政府还审判了一大批恶贯满盈的汉奸。从 1946 年 4 月起，开始对逮捕的汉奸进行审判。至 10 月底，各省市法院共审判处理汉奸案件 2.5 万余件；其中，判处死刑 369 人，判处无期徒刑 979 人，判处有期徒刑 1.3 万余人。除中国头号大汉奸、伪"国民党主席兼行政院院长"汪精卫病死在日本外，中国第二号大汉奸、汪伪政府"代主席""行政院院长"陈公博，汪伪政府"立法院院长"梁鸿志，汪伪政府"立法院副院长"缪斌，伪"国民党中央常委兼社会部部长"丁默邨，汪伪政府"宣传部部长"林柏生，华北第一个伪政权"冀东防共自治政府"主席殷汝耕等大汉奸被判处死刑，执行枪决；伪"国民党中央政治委员会秘书长"、汪伪政府"行政院副院长"周佛海，汪精卫之妻、伪"国民党中央监察委员"陈璧君等大汉奸被判处无期徒刑，死在监狱。

1949年10月1日中华人民共和国成立后，中国对日本侵华战争罪犯的正义审判进入了一个新的阶段。至1956年，除苏联政府移交给中国的969名日本战犯外，还有被中国人民解放军逮捕的140名，其中死亡47名，实际在押的日本战犯仍有1062名。根据1956年4月25日中华人民共和国全国人民代表大会常务委员会《关于处理在押日本侵略中国战争中犯罪分子的决定》，中华人民共和国最高人民法院特别军事法庭分别于沈阳、太原开庭，对在押日本战争罪犯进行公开审判，一些战犯分别被判处8年至20年有期徒刑。中华人民共和国最高人民检察院于1956年6月至8月，先后分3批对在押的罪行较轻、悔罪表现较好的日本战犯，宣布从宽处理，免予起诉，即行释放。

遭受日本侵略的其他各国，也相继在伯力、新加坡、马尼拉、仰光、西贡（今胡志明市）等地成立了军事法庭，对乙级和丙级日本战犯进行审判。据统计，被同盟国起诉的日本各类战犯总数为5423人，被判刑者4226人，其中被判处死刑者941人。

苏联特别军事法庭于1949年12月25日至30日，对原日本关东军司令官山田乙三大将等12人进行了审判。

英国在香港、新加坡设立特别军事法庭，对日本战犯进行审判。在香港，对118名日本战犯予以起诉；在新加坡，对446名日本战犯予以起诉。其中，133名被判处死刑，2名被判处终身监禁，369名被判处有期徒刑。日军投降时担任第 14 方面军司令官的山下奉文，在菲律宾被美军逮捕并处以死刑。

日军在印度尼西亚也犯有严重的罪行，中国著名文学家郁达夫就是在印尼的苏门答腊岛被日军所杀害。荷兰政府在印尼各地对 995 名日本战犯予以起诉，判处 226 人死刑、30 人终身监禁、697 人有期徒刑。

美国对 1453 名日本战犯予以起诉，判处 140 人死刑。澳大利亚对 939 名日本战犯予以起诉，判处 153 人死刑。

对日本战犯的正义审判，使发动侵略战争、双手沾满各国人民鲜血的罪魁祸首受到应有的惩处，把战争罪犯永远钉在历史的耻辱柱上。对这些战犯进行审判的正义性质是不可动摇、不容挑战的！中国人民将同世界各国人民一道，坚决捍卫中国抗日战争和世界反法西斯战争胜利成果，决不允许否认和歪曲侵略历史，决不允许军国主义卷土重来，决不允许历史悲剧重演！

结　语

中国人民在抗日战争中，用自己的顽强奋战和巨大牺牲，彻底粉碎了日本军国主义殖民奴役中国的图谋，赢得了近代以来中国反抗外敌入侵的第一次完全胜利，彻底洗刷了近代以来抗击外来侵略屡战屡败的民族耻辱。从此，再也没有侵略者可以在中国的土地上横行肆虐。

在这场伟大的斗争中，中国人民的爱国热情像火山一样迸发出来，向世界展示了天下兴亡、匹夫有责的爱国情怀，视死如归、宁死不屈的民族气节，不畏强暴、血战到底的英雄气概，百折不挠、坚忍不拔的必胜信念。在中国共产党倡导建立的以国共合作为基础的抗日民族统一战线旗帜下，全国人民义无反顾投身到抗击日本侵略者的洪流之中。

中国人民抗日战争的伟大胜利，为中华民族由近代以来陷入深重危机走向伟大复兴确立了历史转折点。在血与火的洗礼中，中国人民进一步认识到：只有实现民族独立和人民解放，建立人民当家作主的新中国，才能真正实现民族振兴、人民幸福。在抗日战争胜利的基础上，中国共产党团结带领全国人民继续奋斗，建立了中华人民共和国，并进而确立了社会主义制度，开启了中华民族伟大复兴新的历史征程。

中国抗日战争，从一开始就具有拯救人类文明、保卫世界和平的重大意义，是世界反法西斯战争的重要组成部分。世界反法西斯战争是 20 世纪最重大的历史事件，战火遍及亚洲、欧洲、非洲、大洋洲，有 80 多个国家和地区、约 20 亿人口卷入其中，军队和民众伤亡总数达 1 亿余人，财产损失达 4 万亿美元。在这场人类历史上规模空前的战争中，中国抗日战争开始时间最早、持续时间最长，中国战场长期牵制和抗击着日本军国主义的主要兵力，对日本侵略者的彻底覆灭起到了决定性作用。在这场战争中，中国军队共毙伤俘日军 150 余万人，占日军在第二次世界大战中伤亡总数的 70% 以上；日本战败后，向中国投降的日军共 128 万余人，超过在东南亚及太平洋各岛的日军总和，占当时日军海外投降总兵力的 50% 以上。中国反抗日本法西斯侵略的战争长达 14 年时间，是苏联、美国反法西斯战争时间的三倍半，是英国反法西斯战争时间的两倍半。特别是从 1931 年九一八事变到 1941 年太平洋战争爆发，中国在长达 10 年的时间里独立坚持抗击日本侵略军，是东方唯一的反法西斯战场。太平洋战争爆发后，中国战场仍然抗击着日本陆军主力和日本海空军事力量，继续发挥着世界反法西斯战争东方主战场的作用。中国抗日战争在战略上有力策应和支持了盟国作战，配合了欧洲战场和太平洋战场的战略行动，为盟国提供了大量战略物资和军事情报，制约和打乱了日本法西斯和德、意法西斯进行战略配合的企图。中国人民为世界反法西斯战争作出的重大贡献，赢得了世界爱好和平人民的尊敬，赢得了崇高的民族声誉。

为赢得抗日战争的胜利，中国人民付出了巨大的民族牺牲。据不完全统计，中国军民伤亡 3500 万人以上（其中，军队伤亡 380 余万人），约占第二次世界大战各国伤亡人数总和的 1 / 3。尤其是日军对中国人民实施的灭绝人性的南京大屠杀，发动的令人发指的细菌战、化学战，进行的惨无人道的人体"活体实验"，都是人类文明史上骇人听闻的暴行。抗日战争期间，日本军国主义者还对中国的资源和财富进行大肆掠夺、破坏。据不完全统计，按照 1937 年的比价，中国官方财产损失和战争消耗达 1000 多亿美元，间接经济损失 5000 亿美元。

　　日本法西斯犯下的滔天罪行，都是铁的事实，受到了正义的审判，为世人所公认，是不容否认的，也是否认不了的！日本部分政要和正义人士也通过"村山谈话"①"河野谈话"②等形式，予以深刻的反省和由衷的道歉。但令人遗憾的是，直到今天，日本一些政治组织和政治人物依然矢口否认甚至美化日军侵略的野蛮罪行，依然在执意参拜双手沾满受害国人民鲜血的战犯亡灵，依然在藐视历史事实和国际正义，依然在挑战人类良知。20 世纪 80 年代以来，日本右翼势力为军国主义战犯招魂的政治丑剧连年迭演不断，政治右倾化日趋严重。历史就是历史，事实就是事实。日本右翼势力否定殖民统治和侵略战争的言行，不仅违背了日本政府在历史问题上的承诺，而且严重伤害了中国人民和广大亚洲国家人民的感情，必然遭到中国和世界爱好和平人民强烈的谴责和反对。

　　殷忧启圣，多难兴邦。中国抗日战争的胜利证明，中华民族是具有顽强生命力和非凡创造力的民族，全国各族人民紧密团结起来，就没有克服不了的艰难险阻，就没有战胜不了的凶恶敌人。中国抗日战争胜利 70 年来，中国发生了翻天覆地的变化，中国共产党团结带领人民前仆后继、持续奋斗，把贫穷落后的旧中国变成了日益走向繁荣

---

① "村山谈话"，是 1995 年 8 月 15 日日本无条件投降 50 周年之际，时任日本首相村山富市发表的正式谈话。"村山谈话"主要包含三个层次的内容：一是反省日本的殖民统治和侵略历史；二是对受害国家和人民表示道歉；三是发誓走和平道路，避免重蹈覆辙。"村山谈话"对日本的殖民统治和侵略表示深刻的反省和由衷的道歉，受到中国、韩国等遭受日本殖民主义侵略的国家和日本国内部分人士的肯定。

② "河野谈话"，是 1993 年 8 月 4 日，时任日本内阁官房长官河野洋平就"慰安妇"问题调查结果发表的谈话。该谈话承认日军直接参与在朝鲜半岛、中国等地设置"慰安所"及强征当地妇女充当"慰安妇"，并对此表示道歉和反省。"河野谈话"为此后历届日本政府所继承，是日本政府在"慰安妇"问题上的正式立场。2014 年，日本安倍晋三政府对"河野谈话"出台背景进行调查的举动，被认为是试图弱化"河野谈话"所体现的日本官方立场，在国际社会招致广泛批评。

富强的新中国。回望中国抗日战争的壮丽史诗，就是要铭记历史、警示未来，勿忘国耻、圆梦中华，以中华民族伟大复兴不断前行的新成就，告慰为中国抗日战争胜利献出生命的所有先烈。今天的中国，将坚定不移走和平发展道路，坚定不移维护世界和平，与世界上所有爱好和平的国家和人民一道，做世界和平的坚决倡导者和有力捍卫者，为人类和平与发展作出更大的贡献。

后 记

《中国抗日战争史简明读本》是马克思主义理论研究和建设工程重点成果，是为纪念中国人民抗日战争暨世界反法西斯战争胜利70周年而推出的重要读物。本书在编写过程中，得到了马克思主义理论研究和建设工程咨询委员会的指导，得到了有关部门和专家学者的帮助和支持。

马克思主义理论研究和建设工程咨询委员会主任徐光春以及咨询委员孙英、金炳华、刘永治、江流、汝信、侯树栋、李君如、李捷、贾高建、逢锦聚、韩震等审阅书稿并提出了指导性意见。课题组主管单位军事科学院成立了工作领导小组和办公室，领导小组组长葛东升、何雷，副组长曾庆洋，成员齐德学、肖裕声、何仁学、陈新生，办公室主任邓红洲等具体指导了课题组编写工作。

课题组首席专家支绍曾担任本书主编，刘庭华、贺新城担任副主编，对书稿进行了多次修改和统稿。参加书稿撰写和修改的有（以负责章节为序）：支绍曾、柳茂坤、张从田、岳思平、耿成宽、李蓉、贺新城、彭玉龙、步平、孟国祥、潘泽庆、刘庭华、于兴卫。夏伟东、邵文辉主持了工程办公室组织的统稿和修改工作。田岩、宋凌云、王昆、冯静、邢国忠、曹守亮、范为、陈硕、杨荣、沈永福等参加了具体统稿和修改工作。参加本书审阅并提出修改意见的还有：沙健孙、梁柱、邵维正、陈明显、蒋立峰等。

本书所选照片由王雁、杨克林提供。

2015 年 5 月

责任编辑：任　民
封面设计：石笑梦
版式设计：肖　辉　王欢欢
责任校对：阎　宓

图书在版编目（CIP）数据

中国抗日战争史简明读本/《中国抗日战争史简明读本》编写组　编著．
　—北京：人民出版社，2015.5
ISBN 978－7－01－014866－3

I.①中…　II.①中…　III.①抗日战争史－中国　IV.①K265

中国版本图书馆 CIP 数据核字（2015）第 097045 号

中国抗日战争史简明读本

ZHONGGUO KANGRI ZHANZHENG SHI JIANMING DUBEN

《中国抗日战争史简明读本》编写组

人民出版社 出版发行
（100706　北京市东城区隆福寺街 99 号）

北京新华印刷有限公司印刷　新华书店经销

2015 年 5 月第 1 版　2015 年 5 月北京第 1 次印刷
开本：787 毫米 ×1092 毫米 1/16
印张：19.25　字数：245 千字

ISBN 978－7－01－014866－3　定价：55.00 元

邮购地址 100706　北京市东城区隆福寺街 99 号
人民东方图书销售中心　电话（010）65250042　65289539

"出版物版权追溯保护系统"标识位于本书封底，请参与验证查询，支持正版。
举报盗版行为一经核实给予奖励。
举报电话：（010）84095189（人民出版社）